互联网时代高校英语教学思路创新与发展研究

杨 蕾 / 著

中国商务出版社

图书在版编目（CIP）数据

互联网时代高校英语教学思路创新与发展研究 / 杨蕾著. — 北京：中国商务出版社，2023.3

ISBN 978–7–5103–4599–9

Ⅰ.①互… Ⅱ.①杨… Ⅲ.①英语–教学研究–高等学校 Ⅳ.① H319.3

中国版本图书馆 CIP 数据核字（2022）第 248259 号

互联网时代高校英语教学思路创新与发展研究
HULIANWANG SHIDAI GAOXIAO YINGYU JIAOXUE SILU CHUANGXIN YU FAZHAN YANJIU

杨　蕾　著

出　　　版：	中国商务出版社
社　　　址：	北京市东城区安外东后巷 28 号　　邮　　编：100710
责任部门：	发展事业部（010–64218072）
责任编辑：	刘玉洁
直销客服：	010–64515210
总　发　行：	中国商务出版社发行部（010–64208388　64515150）
网购零售：	中国商务出版社淘宝店（010–64286917）
网　　　址：	http://www.cctpress.com
网　　　店：	https://shop162373850.taobao.com
邮　　　箱：	295402859@qq.com
排　　　版：	北京亚吉飞数码科技有限公司
印　　　刷：	北京亚吉飞数码科技有限公司
开　　　本：	710 毫米 ×1000 毫米　1/16
印　　　张：	14　　　　　　　　　　　　　字　　数：251 千字
版　　　次：	2023 年 4 月第 1 版　　　　　印　　次：2023 年 4 月第 1 次印刷
书　　　号：	ISBN 978–7–5103–4599–9
定　　　价：	86.00 元

凡所购本版图书如有印装质量问题，请与本社印制部联系（电话：010–64248236）

版权所有　盗版必究（盗版侵权举报可发邮件到本社邮箱：cctp@cctpress.com）

前言

当前,中国处于现代化的转型期,教育从过去的"追求成绩与统一""强调苦学与服从"转向"追求质量、个性""强调幸福与尊严",教育公平也从之前的配置公平、机会公平转向获得公平,这些现实为我国当前的教育提供了新的思路。以互联网为代表的新一代信息技术在教育领域的跨境融合,不仅可以实现传统教育所关注的规模问题,而且可以解决教育的质量问题。

互联网的发展,尤其是"互联网+"、移动互联网的出现,逐渐影响着人们生活的方方面面,尤其对高校英语教学模式产生了巨大影响。随着互联网的普及,高校学生的英语学习有了更多选择,他们不仅可以共享网络资源,而且能够摆脱时空界限,这对于高校学生来说是非常便捷的、灵活的。同时,互联网技术也可以开阔高校学生的视野,激发学生学习的积极性和主动性,从而不断提升他们的英语学习水平。当然,除了对学生有重大作用外,对于高校教师来说,互联网有助于他们改革教学模式、革新教学手段,从而提升高校英语教学的质量和效率。基于此,本书作者撰写了《互联网时代高校英语教学思路创新与发展研究》一书,以期构建符合我国国情的高校英语教学体系。

本书共包含七章。第一章开篇点题,对互联网、"互联网+"、高校英语教学的内涵进行分析,并进一步探讨了互联网时代高校英语教学的机遇与挑战。第二章从高校学生的英语学习视角入手,分析他们在英语学习中遇到的具体问题,并提供一些改善策略。第三章到第六章为本书的重点,分析了互联网时代高校英语教学的创新模式、创新思维、创新内容、评价的多元化发展。最后一章为创新章节,从课程思政、生态教学、ESP教学视角分析了高校英语教学的创新发展趋势,以期凸显高校英语教学的人文性与生态化。

  本书全面细致地论述了互联网时代高校英语教学的各方面内容,呈现出以下几个特点。首先,本书立足于现代社会的发展现状,将互联网技术与高校英语教学结合起来,不仅观点新颖,而且指明了当前高校英语教学的发展趋势。其次,本书分析了互联网技术与高校英语教学的相关理论知识,在此基础上重点探讨了互联网时代高校英语教学各个方面的实践应用,结构严谨、逻辑清晰,理论与实践相结合,符合读者的认知规律。最后,本书内容丰富翔实,语言通俗易懂,实用性极强。无论对于教师、学生还是专门致力于高校英语教学研究的专业人士而言,本书都有着很高的借鉴价值。

  本书在撰写过程中,参阅了大量与本书相关的资料与文献,引用了诸多专家或学者的观点,在此表示真诚的感谢。所引用参考文献已在书后列出,如有遗漏,还望谅解。因作者水平有限,本书难免存在疏漏,恳请读者批评指正。

作 者

2022 年 9 月

目 录

第一章 导 论 …………………………………………………… 1
  第一节 互联网的发展与"互联网+"的内涵 …………………… 1
  第二节 高校英语教学的内涵阐释 …………………………… 6
  第三节 互联网时代高校英语教学的机遇与挑战 ……………… 12

第二章 互联网时代高校学生英语学习的问题及改善策略 ……… 17
  第一节 高校学生英语学习情感障碍及改善策略 ……………… 17
  第二节 高校学生英语学习动机衰退及改善策略 ……………… 27
  第三节 高校学生英语学习焦虑问题及改善策略 ……………… 36
  第四节 高校学生英语学习拖延问题的影响及解决策略 ……… 44

第三章 互联网时代高校英语教学的创新模式 ………………… 52
  第一节 转变课堂形态,构建智慧课堂 ………………………… 52
  第二节 积极搭建数字化教学平台 …………………………… 56
  第三节 创新高校英语教学组织模式 ………………………… 57

第四章 互联网时代高校英语教学的创新思维 ………………… 77
  第一节 创新教学理念,体现学生主体地位 …………………… 77
  第二节 开展分层教学,重视个体差异性培养 ………………… 80
  第三节 优化教学资源,实现自主探究学习 …………………… 85

第五章 互联网时代高校英语教学的创新内容 ………………… 100
  第一节 高校英语词汇与语法教学的创新策略 ………………… 100
  第二节 高校英语听说教学的创新策略 ………………………… 124
  第三节 高校英语读写译教学的创新策略 ……………………… 138
  第四节 高校英语文化教学的创新策略 ………………………… 154

第六章　互联网时代高校英语教学评价的多元化发展……………160
　　第一节　高校英语教学评价简述………………………………160
　　第二节　互联网时代高校英语教学评价的意义与原则………176
　　第三节　互联网时代高校英语教学评价的多元化手段………180

第七章　互联网时代高校英语教学的创新发展趋势……………191
　　第一节　互联网时代高校英语课程思政教学…………………191
　　第二节　互联网时代高校英语生态教学………………………194
　　第三节　互联网时代高校英语ESP教学　………………………198

参考文献………………………………………………………………208

第一章 导 论

随着科技的飞速发展,互联网技术已经进入人们的生活,同样在教育领域也得到了广泛的运用。当前,互联网技术与高校英语教学的融合正推动着教学理念、教学内容、教学方法、教学环境、学习方式等的改变与创新。作为重要的工具和手段,互联网融入高校英语教学顺应了时代要求,这就要求教师应该具备利用互联网技术开展英语教学的能力,并且教师要不断拓宽自己的知识面,真正地实现教学相长。本章作为开篇,首先对互联网、"互联网+"、高校英语教学的内涵展开了分析,并探讨了互联网时代高校英语教学的机遇与挑战。

第一节 互联网的发展与"互联网+"的内涵

一、互联网的发展

2022 年是中国连接全球互联网的第 28 年,随着互联网功能和应用的不断完备以及智能手机的进一步普及,我国网民数量快速攀升。今天的互联网世界,更多地体现出"+"、体现出融合创新。随着新兴业态的成长及传统业态的升级与转型,"互联网+"成为经济社会的基础设施,"大数据+"成为国家和企业赖以生存与发展的战略性资源。互联网带来的大变革,正催生着各种业态的跨界融合。

(一) Web1.0(1994—2004 年)

人们通常将 1994—2004 年这个阶段称为 Web1.0。就全球而言,

Netscape（网景）、Yahoo（雅虎）和 Google（谷歌）等公司都是在 Web1.0 时崛起的，并作出很大贡献。Web1.0 的主要特点是单向传播，主要功能是信息展示。我们现在所熟知的三大门户网站搜狐（www.sohu.com）、新浪（www.sina.com）、网易（www.163.com）都是在这一时期发展起来的。

（二）Web2.0（2004—2009 年）

2004 年，互联网进入 Web2.0 时代。Web2.0 概念始于 O'Reilly Media 的创造人蒂姆·奥莱利（Tim O'Reilly），在一场和灵动媒介国际公司（Media Live International）之间的头脑风暴论坛上，他认为互联网泡沫破裂是互联网的一个转折点，这也带来了"Web2.0"运动。笔者以为，较之 Web1.0，Web2.0 最大的不同不在于技术，而在于主导思想及应用。Web2.0 与 Web1.0 最大的不同，是从"用户获取内容"转向"用户获取并生产内容"，更注重的是交互作用。可以说，是用户"主动创造""共同建设"了 Web2.0。这从 Web2.0 具有代表性的技术以及支撑的业务可以看出。

（三）Web3.0（2009 年后）

Web3.0 较之 Web2.0，有了一些新的方向和特征，包括将互联网本身转化为一个泛数据库，跨浏览器、超浏览器的内容投递和请求机制，人工智能技术的运用，语义网、地理映射网、运用 3D 技术搭建的网站甚至虚拟世界等。

Web3.0 时代的重大突破是网络连接从人和人之间转向万物互联，这时物联网的发展开始起步。2009 年，欧盟执委会提出欧洲物联网行动计划，推动互联网向万物互联发展。

二、移动互联网的发展及其特点分析

移动互联网（Mobile Internet）的定义有很多，通常是指将移动通信和互联网二者结合起来。如果从用户角度出发，那么可以将移动互联网则可以描绘为"移动的用户从自身需求出发，能够通过以手机、移动互联设备为主的无线终端随时随地接入互联网来消费内容和使用应用"。

移动互联网不仅仅是在手机上使用互联网，也不仅仅是简单的桌面互联网的移动化，一些在桌面互联网上热门的、赚钱的业务都能平移到移

第一章 导 论

动端,门户、搜索都是其中典型的业务。在移动互联网时代,屏幕大小的变化、用户使用习惯的变化、注意力的变化,包括社交在内的行为变化,都和桌面互联网有着很大的不同。移动通信技术把手机独有、随身携带、实时移动等功能和互联网这一新技术有机结合起来,创造出很多新应用、新模式。移动互联网具有以下六大特点。

(一)移动性与便携性

从 2G、3G、4G 到 5G,移动通信技术的发展使手机、平板等智能终端随时随地接入互联网,使互联网逐步移动起来。特别是 4G 的应用创新解决了传输瓶颈,真正实现了"移动宽带",让长久以来被网线束缚的互联网获得自由。

另外,移动互联网的根本是智能终端,智能终端属于个人随身携带物品;而智能眼镜、手表、手环等穿戴设备的兴起,使智能终端逐渐成为人类随身携带物品的延伸。

(二)即时性与私密性

由移动性和便携性引发而来的是用户可以随时随地使用互联网。另外,用户对互联网反馈速度的需求也在进一步提高。

有报告显示,92.8%的安卓手机用户在手机中存放隐私,智能手机已经成为隐私最多的设备。隐私通常包括两个部分:一个是存储的私人信息,一个是生活习惯的隐私。

(三)个性化与智能化

移动互联网的每一次使用都精确地指向一个明确的个体,再加上大数据技术,移动互联网能够为每一个个体提供更为精准的个性化服务。

另外,电视、汽车等传统设备的智能化,衍生出新形态。同时,人机交互更加智能,而重力感应、磁场感应,甚至人体心电感应、血压感应、脉搏感应等传感器,使通信从人与人通信,向更智能的人与物通信以及物与物通信演进。

三、"互联网+"与"互联网+教育"

（一）"互联网+"的内涵

伴随着"互联网+"的兴起与发展，社会上涌现出一系列新名词、新概念，而人们在探讨"互联网+"问题时，首先要问的一个问题就是"互联网+"究竟是什么？

人们对"互联网+"有多种理解，下面列举几个比较重要的解释。

（1）于扬认为，"互联网+"是"互联网化"这个概念的深化与提升，给各行各业的互联网化提供了具体的落地思路。

（2）马化腾认为，"互联网+"是将互联网作为平台，运用信息技术与各行业进行跨界融合，推动传统行业的转型与升级，并不断创造出新的产品与模式，构建新业态。

（3）阿里研究院认为，"互联网+"是以互联网为主的一系列信息技术在社会生活、经济等各个层面的应用。

（4）雷军认为，"互联网+"是运用互联网的思维，与实体经济紧密结合，从而促进实体经济的增值与转型。

上述这些概念虽然各不相同，但核心内涵比较类似。下面这个概念对"互联网+"的认识更为深刻，即"互联网+"是将互联网的成果与社会经济各个领域融合，推动技术的进步、效率的提升，以提升生产力，形成以互联网作为创新要素与基础设施的经济社会发展的新业态。在这个概念中，"互联网+"被定义得更为全面：在宏观层面，从实体经济发展的角度考虑互联网对经济社会的影响和推动；在微观层面，从技术进步、效率提升和组织变革的角度思考互联网与各领域的融合创新。

我们在对"互联网+"进行解读时，要明确一点，这里的"+"不是简单的相加，而是强调基于互联网的信息通信技术与平台，引导与推动互联网及传统行业的深度融合。在"互联网+"背景下，各行各业与互联网进行深度融合，这就要求各行业首先要抛弃自己对互联网的成见，转变自己的思维观念，要在意识上实现"互联网+"；其次要充分认识到"互联网+"是一种趋势，同时更要深刻地认识到互联网只是服务于各行业而不会取而代之。因此，各行业要有主动去接纳、拥抱和融入互联网的勇气和气度，要有一种与互联网融合的胸怀和胸襟。

但我们也要清醒地认识到"互联网+"没有固定的模式、套路，它只是给各行业提供一个互联网落地的思路。"互联网+"不是万能的，也不是包治百病的灵丹妙药。各行业及服务在与互联网进行跨界融合时，要善用互联网思维去观察和思考，认真研读自己的产品和服务所具有的跨界融合能力，切忌生搬硬套。"+互联网"仅仅是将行业及服务与互联网进行连接，这是一种浅层次的融合，与"互联网+"的深度融合有着明显区别。

（二）"互联网+教育"的内涵

"互联网+"是现代的主流思想，其意义是把传统的生产、销售、运营乃至生活方式都以互联网的思维进行全新的诠释。"互联网+教育"也是最近的热门话题，那么"互联网+教育=？"，答案是技术对教育的变革。

首先是对教学思维及模式的改变。传统的教学是以教师为主体。在互联网的思维模式下，教师与学生的地位已经改变。所以，现在强调要提升学生在课堂上的主体地位，激发学生的学习积极性，增加课堂的互动性及灵活性。

其次是助学工具的改变。传统的助学工具就是提供试题，让学生来做题而已。但是现在，这些简单的助学工具已经无法满足当下教育的需求。所以，很多的教育机构开始提供更多、更科学、更人性化的服务。比如，孩子们上下学都是交通的高峰期，有很多一线城市堵车非常严重，动辄一个小时或者几个小时。那么，学生会有一部分时间浪费在上下学途中，这就缩短了学生的自主使用时间，无形中增加了学生的负担。而网上的教学系统则很好地解决了这个问题，只要在手机中下载软件，就可以离线学习，于是堵车的过程变成学习的过程。这样不但科学地整合了学生的零散时间，而且及时地帮助学生在最短时间内完成课后的复习，巩固了知识点，相对减轻了学生的学习负担。

总体而言，"互联网+教育"就是在教育行业中引入互联网，实现一些基于互联网的教育应用，如K12在线教育、MOOC等，"互联网+教育"将会改变教育行业的很多行为方式。"互联网+教育"没有一个固定的形式与定义，"互联网+教育"等于变革，即变革了传统的教育思维、教育方式及教育工具，而三者的变革又相辅相成，共同促进着教育变革的发展与深入。

第二节　高校英语教学的内涵阐释

一、我国高校英语课堂教学现状

目前的高校英语课堂教学，多以传统教学为主，然而传统教学无法满足学生个性发展与全面发展的需要。课堂教学过程是周而复始地预习、讲解、练习，教师大多延续传统教学模式，制约了教师和学生的积极性及主动性。以教师为主导的传统课堂教学，教师很少为学生提供表达思维、观点、立场的机会，师生交流沉闷单一，学生认知主体性被忽视，学生的潜能和个性被扼杀。众多学者已经在各自的研究中表达了对目前我国高校英语教学现状的担忧。此外，也有研究者从不同的研究角度阐述和分析了我国高校英语课堂教学的问题。

刘敏从高校英语课堂教学"教什么""怎么教"入手，分析了目前我国高校英语课堂教学中存在的问题，研究指出目前课堂中使用的传统教学方法把教学重点放在了语言体系上，学生仅对语言规则死记硬背，却不能灵活和自由地掌握语言；而在课程教学中，如高校英语的重头课——精读课，教学模式也遵循着机械的教学理念和教学模式，整个课堂教学贯穿着教师串讲课文，用举例、释义、解释、比较等方式讲解语言点，并核对课后题答案，久而久之，学生只会盲目接受知识信息，而不会运用所学的语言材料。研究要求高校英语课堂结合课文语境或社会语境，落实学生对语言的具体使用。[①]

黄宇元的研究则继续指出了高校英语课堂教学明显存在的问题：教师忽略了对学生态度、兴趣、情感的培养，学生对英语学习无法形成主观价值感等，导致课堂教学效果不尽如人意。该研究同样对教师提出了转变教学理念、实施有效教学等要求。[②]

蒋亚瑜和刘世文则认为目前高校英语课堂教学存在学生语言交际能力差、学习主动性不高、教学效果差等问题的原因在于教师、学生、学校和社会几个方面，要改善高校英语课堂教学"费时低效"的现状，教师则应

---

① 刘敏.高校英语教学课堂思考[J].新疆大学学报（社会科学版），2003（S1）：46-48.
② 黄宇元.高校英语课堂教学有效性探究[J].学术论坛，2009（11）：201-204.

摒弃传统的教学模式,展开情感教学,构建和谐的教学生态环境,研究还要求教师使用动机策略调动学生学习的积极性以改善课堂教学中出现的问题。[①]

随着对高校英语教学课堂的关注,有很多学者看到了高校英语教学课堂发生的变化:自2008年以来,高校英语课程教学模式单一、教学方法陈旧的问题已逐步解决。教师虽然会使用传统讲授法(语法翻译法),但还会结合交际性教学法和任务型教学法,每种教学方法都在课堂教学中显现着各自的作用。此外,听说法、情景教学法等教学方法被高校英语教师认可并广泛运用在课堂教学之中,教师采用精讲多练的方式,以学生为中心,改讲解性课堂为交际性课堂,重视师生间的双边活动,强调学生的参与性,避免机械性灌输。教师在课堂教学中也在积极营造与学生学习主题相关的情景,并注意教学内容的实用性和趣味性。然而,由于高校英语教学课时数少、各地方教学环境不尽相同、师资水平参差不齐等,目前大多数课堂教学仍不能很好地满足学生学习的需要以及适应课程教学的要求。

从目前对高校英语课堂教学现状的研究可以看出,虽然高校英语课堂教学中的问题逐渐解决,学者及一线教师也在教学方法、教学内容上不断尝试改进,但教学中仍然存在教师教学理念落后、师生交流互动少、教学方法陈旧单一、教学效果不尽如人意等问题,而目前对高校英语课堂教学的研究,无论是依据教学现状,还是结合教学环境、教学方法,抑或是联系教学策略,都着重向教师提出了要求,要求教师改变教学理念、重视学生学习的要求、增进与学生的交流、改进教学方法等。这些研究的观点和结论都与本书的部分观点相似:立足高校英语课堂教学实际,解决高校英语教学中存在的问题,要着眼于教师,从调整和改进课堂教学入手,寻求新的途径并作用于课堂教学。

二、高校英语教学的目标与要求

(一)高校英语教学的目标和要求

高校英语教学是高等教育的一个重要组成部分,是素质教育的重要体现,其教学的重点是进一步打好英语语言的学习基础,提高语言的应变

---

① 蒋亚瑜,刘世文.高校英语课堂教学现状剖析及有效性研究[J].集美大学学报,2015(3):76-79.

能力,达到语言交往的目的。高校英语教学不仅要提高学生听、说、读、写、译及英语语言运用的能力,还要提高学生的文化素养,培养学生自主学习的能力。①

2007年颁布的《高校英语课程教学要求》(以下简称《课程教学要求》)提出:高校英语教学应采用新的教学模式……体现英语教学的实用性、文化性、趣味性相结合的原则,应充分调动学生和教师两方面的积极性,确立学生在教学过程中的主体地位。《课程教学要求》还强调,转变教学模式,转变教学理念,从以教师为中心,单纯传授语言知识与技能的教学模式向以学生为中心,既传授语言知识与技能,又注重语言运用能力和自主学习能力的模式转变。《课程教学要求》为本书立足课堂教学、探求新的教学途径、寻求课堂教学的新模式提供了政策依据。

高校英语教学要求采用多变的教学方法,基于国情、校情和教学对象的特点,调动学生积极性,根据教学要求随时变换教学方法;要求教师发挥主导作用和主观能动性,激发学生学习兴趣,培养学生自主学习的能力;要求学生掌握英语语言综合运用能力,还要让学生广泛学习语言文化背景知识,了解西方的文化;要求使用现代化教学手段;要求教师不断提高专业水平和个人素质;要求创造良好的学习和使用英语的环境。②

(二)学生英语语言学习的要求

"我国高校学生处于18～25岁的身心发展黄金时期,他们的逻辑记忆能力连续发展,思维的独立性和批判性大大增强,思维的独创性日益发展,个性心理品质趋于稳定、成熟和完善。高校学生的学习具有知识专业性、外延开放性、求解探索性、运用实践性、个体差异性等特点。他们要求摒弃'填鸭式',崇尚提高思考问题的能力,培养自主学习能力、创新能力、探索能力的教育。"③对于高校英语,虽然有部分学生还停留在通过高校英语四六级考试或通过各高校自己拟定的校四级或同等水平英语测试的阶段,但是随着近几年社会需求和学生个人发展及严峻就业形势等因素的影响,越来越多的学生意识到高校英语学习的重要性,也越来越关注高校英语在考研进修、出国深造、就职就业等方面起的积极作用。因此,学

---

① 杨治中.从实际出发,求实际成效——关于高校英语教学的若干思考[J].考试与评价(高校英语教研版),2013(4):1.
② 同上,第1-6页。
③ 畅肇沁.大学生学习特点探究[J].山西师大学报(社会科学版),2010(5):131-133.

生对语言学习的兴趣逐渐提高,对课堂的关注度也较以往更高,他们希望教师采用多种教学方式,帮助提高自己的学习兴趣,增强自己的英语语言运用能力。此外,目前高校学生基本为"00后",普遍表现出独立自主的个性特点,对教学的"教"与"学"都有更高的要求和标准。因此,高校英语教学既要保证学生在整个大学期间的英语语言水平稳步提高,又要有利于学生个性化的学习,以满足他们各自不同专业的发展需要。在这样的形势下,学生对教师、对教学赋予了更多的希望,他们盼望有个性、有品位、有见地、有思想、有学术道德的教师,要求课堂教学带来的不仅仅是知识,更注重自身独立思考和独立判断能力的培养。

(三)对教师课堂教学的要求

高校英语教师应善于同学生交流,通过交流活动解决学生生活学习方面的问题,成为学生亦师亦友的伙伴。高校英语教师要努力转变传统的教学模式,并有意识地尝试转变角色,成为课堂的组织者、管理者和学生学习的引导者,促进学生自主学习、管理课堂,并激发学生的学习兴趣和参与意识。教师在教学中应运用英语语言知识和英语国家的文化知识,使用相应的外语教学技能,包括教学方法与教学手段的灵活运用,并在教学中具备终身发展的意识,不断以教学实际和教学要求为导向,更新教学内容,不断改进教学方法与手段,提高个人素质以适应教育教学需求。

(四)高校英语教学的特点

高校英语教学有它的要求与目标,在实际教学当中应遵循教学要求与目标,呈现不同的教学特色,也能为探索新教学手段、提高教师素质以适应高校英语教学奠定理论依据。

高校英语教学要体现以人为本、以学生为中心、以交流为导向的特点,在具体教学过程中呈现教学形式多样化、高校英语课程体系与教学内容进一步优化、教学方法与教学手段不断更新、教师能力与素质不断提高等特点。高校英语教学体现以人为本的特点,既符合语言教学的要求,又凸显教育即交往的理念,在课堂教学中具体体现为以学生为中心,以师生间的交流互动为教学的导向,立足高校英语课堂教学,依托不断更新的教学方法、手段、途径,通过高素质的教师不断丰富和优化教学内容,体现高校英语教学的特点,实现高校英语教学的目标。

三、高校英语教学的基本理论

（一）对话教学理论

"对话"的概念最早由俄国学者巴赫金提出，教育家保罗·弗莱雷将它转化为教育理论。对话教学理论把教学过程看作师生"对话"的过程，把教学看作双向互动的过程，提倡师生平等、自我实现、共同分享、主动参与、双向互动，主张师生对话、生生对话，通过师生间的平等关系实现互动关系。[①]对话教学理论还认为，在教学过程中，学生不是被动接受的个体，他们能够积极地进行创造性思维，并能调动自我意识。而在教学活动中，开展对话教学，则要求教师转变角色，建立同学生平等的师生关系，考虑教学过程，以专业知识为载体和对话素材，通过课堂中的语言交流，保证学生意识的积极活动和思维的活跃，并传递教师较深刻全面的观点，丰富学生的思想，弥补他们阅历、视野和专业素养的不足。

（二）监控理论

第二语言习得（Second Language Acquisition，SLA）是在语言环境和语言条件两个方面通过语言交际交流活动，有意或者无意地获得和学习除母语以外的语言。在二语习得研究中，由美国语言学家克拉申（Krashen）提出的监控理论是影响最大的理论体系，他认为语言是具有规则或原则约束的系统，语言习得的过程就是将心理规则（原则）或语法内化的过程。[②]监控理论提出语言习得与学习假说、监控假说、自然顺序假说、语言输入假说和情感过滤假说，通过语言环境和语言输入两个条件完成"二语"的习得。在五大"假说"中，语言输入假说在理论和实践上都具有重要意义。克拉申提出，一定量的可理解的输入要对语言学习者起作用。他认为，对学习者的语言输入是略高于学习者目前的语言水平，并不断反复出现，才能形成习得，这也就是著名的"i+1"公式（i=学习者现有的水平，1=学习者下一阶段要达到的水平）。同时，输入的内容应具有可

[①] 周兴国．对话教学：有待进一步澄清的几个问题——对当前对话教学理论研究的审视与反思[J]．课程·教材·教法，2010，30（7）：26-30．
[②] 刘正光，冯玉娟，曹剑．二语习得的社会认知理论及其理论基础[J]．外国语，2013（6）：42-52．

理解性并有趣且相关。从克拉申的输入理论可以发现,要向语言学习者输入一定形式、程度的内容,这些内容有助于学习者语言习得的形成。此外,克拉申还指出,习得之所以能够获得足够的语言输入,是因为情感因素起着过滤的作用。语言必须通过学习者个人的情感过滤,才会被吸收,这一情感因素在于学习者个体是否具有明确的学习目的、良好的学习动机,个体是否置身一个良好的学习环境之中,是否具备良好的人格及性格特征。他还强调学习者良好的情感和精神状态会产生较低的屏蔽,会接受较多的输入,反之则输入较少,而具有"i+1"的输入和较低或较弱的情感过滤作用是习得必须具备的两个条件。因此,在学习过程中,应当尽量创造一种情感过滤程度低的环境,排除习得者的心理障碍,这是语言输入的前提和输出效果的保证。习得者不仅要理解语言输入,而且还要愉快地接受语言输入。

监控理论提出的输入假说强调了外语教学中对语言学习者(习得者)给予输入性语言,其语言输入的内容、程度、频度会影响语言学习者(习得者)对于语言的接受,同时如果输入的语言内容形式过于枯燥,就很难调动学习者(习得者)的兴趣和积极性,甚至会使学习者(习得者)产生排斥,因此输入内容除了包含词汇语法的篇章输入外,还要为学生提供在轻松愉悦学习环境中有趣的话语输入。这也证实语言输入的内容与形式会作用于学习者(习得者)的情感并产生情感过滤,输入的语言内容和形式经过学习者(习得者)的情感过滤后不同程度地被吸纳。

(三)动态系统理论

动态系统理论源于经典力学,是指确定性规律随时间演化的系统。1997年,拉森-弗里曼(Larsen-Freeman)将其引入应用语言学领域。动态系统理论视角下的语言习得观认为,可将语言学习者视为一个社会系统中的动态子系统,该系统包含大量相互作用的动态子系统:认知环境(如记忆能力、智力、母语和二语知识、动机、意图)、社会环境(如与二语的接触、受教育的程度、与教师和同学的社会交往)、教学环境(如课程、教材、教法)以及社会政治环境、客观物质环境等。[①]而这些子系统之间又相互作用、相互影响,使整个过程呈现非线性变化。拉森-弗里曼认为,语言系统对新的事物和能量是开放的,它通过吸收环境中的新事物和能量

---

① 韦晓保.第二语言习得研究的新视角——D-C-G模式[J].外语界,2012,(5):20.

增加语言的秩序性及复杂性。语言学习者的子系统之间发生复杂的相互作用与关联并产生系统的自组织,继而引起复杂语言的重现,而无须先天机制的存在。[①]动态系统理论为二语习得的研究开辟了一条新的认知领域,它认为语言的学习受多种因素的作用和影响,二语习得的形成不能靠固有的模式、形式及方法使其形成线性发展的过程,语言学习的过程是一个动态发展的过程,其中每个子系统中的诸多变化、细小差异都会对学习者语言学习产生作用和影响。从目前已有的动态系统理论视域下的二语学习研究表明,学习者在词汇、语法、语言、学习习惯等方面,即使在相同或相似的背景、学习环境与教学方法下仍然存在较大的差异,有些学习者的学习过程呈现 S 型而非线性趋势。这也再次表明,在二语学习过程中,应考虑子系统中更多变量对学习者的影响,语言学习的过程中有不可控因素的影响和作用,如一项关于二语习得者词汇量输入的研究就表明,学习者二语词汇的发展呈线性趋势,即并非学习者付出了时间和精力,各项词汇能力就一定会得到提高。因此,动态系统理论认为,语言学习的系统是发展变化的且敏感的,任何细微因素和细小的变化都会对二语学习产生影响,甚至是蝴蝶效应,因此二语学习和语言习得的形成,要考虑某些变量对其他某些变量的影响,甚至是对整个系统产生的作用及影响。高校英语教学存在教师与学生之间的交往,存在师生之间的信息传递和语言输入及输出,更有多样的教学环境影响着师生间的教学交往活动。在复杂多变的教学过程中,必然会产生更多影响学习者语言输入的子系统因素,也会产生更多影响学习者学习的变量。

第三节　互联网时代高校英语教学的机遇与挑战

一、互联网技术对高校英语教学的深刻影响

互联网技术在高校英语教学中有着非常显著的影响,并且在高校英语教学中得到了广泛的应用。在高校英语教学中,有三个基本的要素,即教师、学生、教学设施。随着互联网技术的融入,这三个要素都会相应地发生变化,不仅改变了教师的教学作用,也改变了学生的学习能力。互联

[①] 韦晓保.第二语言习得研究的新视角——D-C-G 模式[J].外语界,2012(5):20.

网技术对高校英语教学的改变主要有如下几点表现。

（一）教育思想和教育观念：凸显能力培养

传统的高校英语教学，无论是在课程设置，还是在教学内容组织、教学方法运用等层面，都是为了传授知识。在互联网技术背景下，要求高校学生不仅要掌握基本的知识，还需要具备获取知识的能力，因此需要对教育思想与观念加以变革，这样才能将高校英语教学从知识的传授层面转向对能力的培养层面。

（二）教育目的：走向大众教育

互联网技术的进步使得高校英语教学逐渐走向社会，并且趋向平等，其各个层面与人们的生活相融合。人们可以对学校、教师、课程等进行自由选择，将办学的开放性充分展现出来。随着互联网技术的运用，高校英语教学的组织形式变得更为方便、灵活，教学计划也更有针对性与柔性。在当今信息社会背景下，知识更新速度加快，人与人之间的竞争更为明显，这就使人们对学习更加重视，愿意接受高等教育，甚至终身教育，因此导致英语学习更接近终身化。

（三）教学内容与方式：走向前沿与互动

在教学内容上，教师可以运用互联网技术的网络搜索功能，对英语这门学科的前沿知识、最新的成果进行查询，从而将这些内容运用到高校英语教学中。在教学方法上，教师通过互联网技术，对传统的高校英语教学方式加以改变，创设良好的教学情境，从而将教学内容更便捷地表达出来，既凸显了互动性，也便于对学生综合能力的培养。

（四）师生关系：转向主动合作

传统的高校英语教学模式主要是以教授为主，是一种单向的模式。互联网技术使得高校英语教师的作用发生改变，从知识的传递者转向学生学习的引导者、协调者转变，学生可以运用互联网技术，对英语这门学科的前沿知识进行学习与接受,使自己从被动的学习者转向主动的学习者,即学习的主人。显然,师生角色在互联网背景下都发生了改变,彼此成了合作者与交流者。

(五)教育评价制度:变得更为透明开放

互联网技术使学校的办学行为更为开放、透明,社会机构也对学校更加关注,并且更为突出的是,教育评价的主体从政府逐渐转向社会,这都有助于互联网教育的进步与发展。教育评价的内容也会发生改变,其中对于学生的评价从以往对知识的过分重视转向对能力的要求,从过去单纯考试的方式转向考试与实践相结合的方式,这些变化都是因为互联网教育的影响。

二、互联网时代高校英语教学的优势

(一)提升了学生的英语综合素质

计算机网络体现出交互性的特点,这一特点有助于将学生学习的积极性调动起来,让学生有学习的欲望,愿意去学习,形成学习动机。在互联网环境下,交互性就是学生在学习中,不再是被动学习,而是参与具体的学习过程。传统的教学过程往往是教师占据主导地位,学生被动地接受学习,但是互联网技术环境下的交互学习改变了这一局面。

在互联网环境下,计算机对学生提出的问题做出处理,对学生给出的答案进行逻辑分析,并能够将结果反馈给学生,这对于学生而言有助于锻炼他们的英语运用能力。在这一环境下,学生可以从自己的兴趣出发,对学习的内容进行选择。可见,这种模式为学生提供了理想环境,帮助学生从自己的知识基础与认知出发,展开学习,提升自身的知识水平和能力。

(二)丰富了高校英语课堂知识

课堂知识的容量大、延展性强,有利于丰富课堂内容和提高教学的效率及质量。在互联网技术环境下的高校英语教学课堂上,教师可以利用互联网技术把大量的教学内容融入课堂中,知识的展现不再是单纯的文字和图片,而是集文字、图片、音频、视频等多种媒体于一体的综合体,在课堂上学生可以通过不同媒体的展示获取新知识,而且在视觉和感官上都有新的认识,从而在有限的时间内,进行知识的有效学习。

(三)充分发挥教师主导与学生主体作用

互联网技术环境下的高校英语教学中,学生占据主体地位,教师发挥主导作用,这就营造了一个轻松、和谐、融洽的师生交互环境。通过借助互联网技术的优势,设计活动、组织教学,充分发挥教师的主导性,让学生在不同的活动中参与、体验、感悟、交流和成长。所设计的活动既有自主学习,又有合作探究学习等,以培养学生的自主、合作学习能力,充分发挥学生在学习中的主体作用。另外,互联网技术又为师生互动营造一个宽松、和谐、融洽的环境,使学生乐于参与、敢于谈论、积极思考,形成自己的新知识,提高自我思考和处理问题的能力。

三、高校英语信息化教学的挑战

(一)对教学方法与手段提出了挑战

传统的高校英语教学是从教材出发一步步地传授知识,教学主要是以教师为中心,采用"填鸭式"的教学模式来展开。随着互联网技术的引入,以及慕课教学、微课教学、翻转课堂教学等手段的实施,教学内容不断深化与多样,学生可以运用互联网技术在任何地方获取教学内容。在传统的高校英语教学中,教师是教学的主导,学生被动接受知识,但是随着互联网技术的引入,这种角色发生了改变,教师展开探究教学、项目教学等,实现教与学方式的改变,其间教师主要负责引导,学生主动进行学习。显然,传统的教学模式与当前的高校英语教学改革已不相符,当前的高校英语教学需要运用新的教学手段,提升教学水平和质量。

(二)对教师角色与技能提出了挑战

"教师教、学生学"这一模式就意味着教师是知识的传授者,学生只是知识的接受者。但是,随着互联网技术的融入,一些新的教学模式兴起,教师的角色发生了转变,从传授者转向引导者,学生从接受者转向主动学习者。虽然教师的主体地位被颠覆了,但是教师仍然是推动学生展开学习的动力,他们需要不断指导学生的学习,是学生学习的必要支持者。显然,教师成了学生获取资源的一种途径,当然教师在教学中不仅需要为学生答疑解惑,还需要不断提升自身的技术水平。

在传统的高校英语教学中,教师只需要具备专业素养就可以了,教师只要会用电脑执行一些基本的任务,就能够完成教学。但是,在当前新时代背景下,教师需要提升自身的技术能力,能够多样化地组织课堂教学。互联网技术为教师和学生提供了海量的资源,学生在面对如此多的资源时是很难做出选择的,这就需要教师的帮助,教师可以帮助学生对资源进行甄别,然后在课前将这些资源提供给学生,如微课视频、微课课件等。在课堂之上,教师要努力激发学生学习的兴趣和积极性,熟练把握课堂活动,如进行合作学习等。同时,教师还需要掌握互联网技术,能够运用该技术制作视频,对学习进行监测,实现与学生的互动。当然,教师还需要处理好传统手段与现代手段的关系,发挥好自身的情感与人格作用。

（三）对学习观念与方式提出了挑战

在互联网技术环境下,自主学习、合作学习、体验式学习等是最为常见的方式。随着互联网技术的不断引入,知识变得更为开放,学生要想获取知识,除了从课堂和教师那里获取,还可以通过网络获取。显然,互联网技术融入高校英语教学使学生的学习路径更为宽广,让学生获得了丰富的学习资源,让学生的学习变得更为主动。

在资源选择上,学生的自主性更为明显,他们可以选择本校教师的视频讲解,也可以选择其他学校教师的视频讲解。同时,学习的时间、地点也非常灵活,只要具备无线网络,学生就可以在任何时间、地点展开学习,这将传统课堂只能讲授一两遍的弊端予以消除。

互联网技术融入高校英语教学,使学生学习更加具有互动性,学生不仅可以和教师交互,还可以和计算机交互。学习平台可以监控学生的学习情况,教师也可以实时查看学生的学习情况,为学生提出一些意见和建议。师生之间、生生之间可以随时展开交流与合作,将英语学习的困难放在明面上解决。可见,泛在性、自主性、随时性是互联网时代高校英语学习方式的主要特征,颠覆了传统的"机械"和"被动"的学习方式。

第二章　互联网时代高校学生英语学习的问题及改善策略

众所周知,高校学生在学习英语的过程中通常会遭遇各种各样的问题,这些问题往往为他们的英语学习带来或大或小的障碍,在某种程度上影响了高校学生英语水平的提升。例如,英语学习过程中的情感障碍、学习动机衰退、学习焦虑、学习拖延等,这些问题在当前互联网时代其实仍然存在,因而需要教师以及学生给予足够的重视,并找到恰当的改善策略。

第一节　高校学生英语学习情感障碍及改善策略

一、高校学生英语学习情感障碍

情感障碍具体表现为焦虑、厌倦、恐惧、紧张、冷漠等。在通常情况下,如果学习者心理压力很大,思想过于紧张,势必会使其学习效果大打折扣。

(一)担心否定的社会评价

有些学生害怕给老师、同学们留下负面印象,为了维护自身形象采取消极态度面对各项课堂活动。

(1)逃避。学生严重关注自身缺点,担心自己无法回答教师提问,而最终选择放弃。

（2）白日梦。学生因回避课堂活动，心不在焉，任凭想象天马行空。他们从外表看表现得文静、守纪，但内心却想入非非、心猿意马。教师向学生提问时，他们仿佛没有听见，毫无反应，或者教师让他们回答课文上的问题时，他们半天找不到地方。[①]

（3）过分依赖。学生缺乏自信，一味地依赖教师或班上同学，特别是在学习遇到困难时，望而生畏。当作业难度大，完不成时，他们不是积极思考，努力想办法，而是等待同学的帮助、老师的讲解。练习做不出，他们等着对标准答案；作文写不出，他们等着参看范文。

（二）存在挫折心理

1. 攻击

有些学生对班上英语成绩好的同学不服气、看不惯，认为他们在课堂上积极发言是图表现、出风头。老师对成绩优异者稍加指导或偶尔与他们多交谈一会儿，有些学生便认为老师不公平，偏爱好学生，看不起成绩不好的学生，因而有时攻击老师和成绩好的同学，以获得心理上的平衡。

2. 退化

退化也称"回归"，是指个体受挫后表现出一种与自己的年龄、身份很不相称的幼稚行为，如有的学生听力跟不上，不是多听多实践，而是看到大部分同学在突击记单词，也盲目地拿着词汇手册，跟着死记硬背单词。

3. 冷漠

有些学生在外语学习过程中受了挫，产生冷漠心理，普遍地表现为对外语提不起兴趣。他们认为，反正学不好，不如把精力花在其他功课上。他们上英语课、做英语作业或参加英语考试勉强应付，敷衍了事，缺乏应有的热情和兴趣。

4. 固执

学生英语学不好，有很大一部分原因是方法不对，受挫的学生在心理上并不灰心，也不服气，认定他自己的方法是行之有效的，固执己见，我行我素，而且有什么想法都埋在心里，不愿外露。在学习上呈闭锁性，孤芳

[①] 文卫平，朱玉明. 外语学习情感障碍研究[M]. 西安：西北大学出版社，1998：48.

自赏,自以为是。

5. 逆反

这一情况常常因为学生考试不及格或在课堂语言实践中自尊心受到了伤害,产生失败者心态。学生自身对学习无兴趣,对老师的感情表现淡漠,采取封闭和疏远态度,甚至产生对立情绪,不接受正面的教育和影响,不按教师的要求或课堂要求行事,心里和老师同学对着干。例如,该交作业的时候不交作业;该发言的时候不发言,而不要求讲话的时候却念念有词,埋怨老师、同学不给其机会。

(三)存在苦恼心理

从观察与调查中我们发现,学生中普遍存在不同程度的苦恼,并且主要集中在学习、学校生活、家庭生活、同学朋友关系和师生关系这五个方面。

第一,学习方面的苦恼。学生在学习方面有下列苦恼:觉得有些学科没有意思,有些学科总是学不好;自己花了时间,成绩总是上不去;教师讲课枯燥无味,但又不得不去;作业不会做,但无从问起;基础差,底子薄,赶不上别人;成绩差,无人关心;学习不得法,又无人指导;考试太多;课业负担太重;学习条件差。

第二,学校生活方面的苦恼。在学校生活方面,学生常因一些无法克服的矛盾引起内心不快:如校园生活单调、枯燥;个人兴趣、爱好受到抑制;班级学风不好,影响学习;做了好事或工作积极却得不到理解;学习刻苦、成绩好却受到孤立。

第三,家庭生活方面的苦恼。来自家庭的压力,也使学生情绪受到干扰:家庭经济困难,负担重;家庭不和睦,经常生气;父母不理解自己,一味强调学习;父母在自己学习就业问题上无能为力。

第四,同学朋友关系方面的苦恼。学生在交友过程中常生出不少苦恼:没有人理解自己;朋友不忠实;学习不好,同学看不起自己;和同学相处不好;得不到同学朋友的帮助。

第五,师生关系方面的苦恼。学生在师生关系方面有下列烦恼:老师偏向、不公正;老师不关心学生,冷漠;老师粗暴,缺乏爱心和耐心;得不到老师的关心和尊重;不能和老师坦率地交谈;师生交往少。

学生对于自己的苦恼是如何处理的呢?一般有四种情况。

第一种情况：自己解决。例如，跟要好的同学讲，一吐为快，或告诉老师、家长，及时排遣。

第二种情况：置之不理，顺其自然。

第三种情况：没有办法，干生气，或者忍着，窝在心里。

第四种情况：以报复、顶撞的方式发泄。

很明显，第三种和第四种处理方式带来的问题及负面效应较大。因为学生在学习过程中，未能将苦恼有效排遣，将之积聚在心中，他们或闷闷不乐、沉默寡言，或暴躁不安、借题发作，没有一种良好的心理状态，所以也就难以形成积极的学习态度。

二、高校学生英语学习情感障碍的改善策略

人的情感的力量非常庞大，在强烈的情感支配下，什么事情都可能发生。只要方向正确，人的情感可能产生巨大的潜在力量，创造出伟大的事业。因此，情感的动力作用非常大，这就是所谓的情感动力。那么如何启动情感动力呢？下面就对其展开分析。

（一）培养积极的先决情感

在学习层面，学生往往表现出很大的差异性。那么，这些差异是怎样形成的呢？如何将学生的差异缩小呢？教育心理学家与教育工作者对这些问题进行了深入研究。尤其是20世纪60年代开始，学者布鲁姆（Bloom）对这些问题着重进行了探究，提出了"三大教学变量"理论。[①]

（1）先决认知行为，即学生要想完成学习自身所具备条件的程度。

（2）先决情感特点，即学生能够被触动而完成学习的程度。

（3）教学质量，即教学与学生相适应的程度。

在布鲁姆看来，上述三大变量对学生的学习成绩、学生的学习进度、学生的情感等起着决定作用。具体来说，三大变量与教学结果、学习结果之间的关系如图2-1所示。

---

① 黄志成.布鲁姆对影响学习的变量的系统研究综述[J].外国教育资料，1990，（4）：31-39.

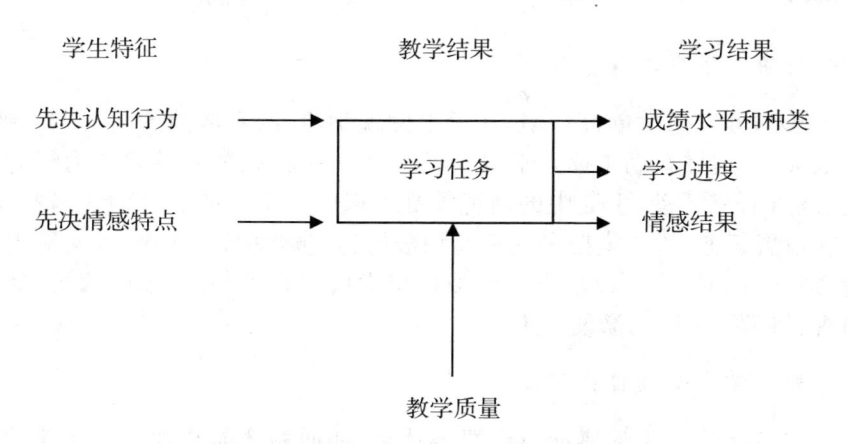

第二章 互联网时代高校学生英语学习的问题及改善策略

```
学生特征              教学结果           学习结果

先决认知行为 ─────→  ┌────────┐ ─────→ 成绩水平和种类
                    │ 学习任务 │ ─────→ 学习进度
先决情感特点 ─────→  └────────┘ ─────→ 情感结果
                        ↑
                     教学质量
```

图 2-1　布鲁姆的三大变量与教学结果、学习结果的关系

（资料来源：文卫平、朱玉明，1998）

在这里，布鲁姆强调的是，在学习中，任何一项学习任务都是与前面一个学习任务紧密相关的。先前的学习经验不仅有助于学生知识的掌握，也有助于学生情感的形成。也就是说，不能舍弃学生的先决认知行为，也不能放弃学生的先决情感特点。

什么是先决情感特点？其指的是学生受到鼓励之后参与学习的程度。在学习中，学生的情感对学习非常重要，如果学生带着热情展开学习，那么他们学起来会非常轻松，并且能够取得好的成绩。那么，如何培养学生积极的先决情感呢？关键在于让学生在学习中获得成就和满足，具体而言可以从如下几点着手。

1. 获得成功的学习经验

这就是说在学习中，教师应该引导学生学懂、学会，鼓励学生创造积极的、定向的、与自身实际符合的自我概念与志向，让他们体会到获得成功的感觉。很多学者都认为成功的经验对于学习非常重要。如果学生刚开始学习就遭遇了失败，那么他们有可能丧失学习的兴趣，也很难展开进一步的学习。因此，获取成功的学习体验是非常重要的。为了感受到成功，学生需要设定切合实际的目标，具体而言教师需要做到如下几点。

第一，设定学生可以达到的目标或者学生自主选择的目标。

第二，得出结果后着重积极层面的介绍和强调。

第三，鼓励学生对自己的学习进行指导。

第四，在教学中鼓励自我竞争，减少个别的对比，允许学生设定自己的目标。

2. 唤起学生的好奇心

教师可以通过创设情境,让学生发现学习,亲身体验到学习的乐趣,获取成功,这样有助于提升学科的吸引力。一般来说,一些身体力行的活动、调查研究活动、生活中的情境等都可以吸引学生的注意力。当然,教师在设置任务时,一定要考虑那些积极的,且包含探索、调查、社交等内容的方法。同时,也可以从学生的爱好出发成立兴趣小组,如语法组、翻译组等,将学生的潜力激发出来。

3. 让学生明确自身目标

这就是让学生弄清楚自己要做什么,如何做才能实现目标。就动机而言,目标的设定应该是学生能够理解并且能在短期内完成的。但是,目标的设定要适当。如果目标设定得太高、太难,那么学生就会丧失学习动机,因此教师在设定远期目标的时候,应该在过程中设定一些小的近期目标。

(二)实施教学的积极情感背景原则

所谓教学的积极情感背景原则,即教师将饱满的热情与情感置于教学过程中,为学生提供良好的情感背景,将学生的自主性与积极性调动起来,使学生感受到学习的愉悦。

根据情知教学论,学生参与活动的心理可以归为两种:第一种是包含想象、感知等在内的认知因素,第二种是包含兴趣、动机、性格等在内的性情因素。教学过程就是两项因素交叉的结果。具体来说,需要从如下几点着手。

1. 教师呈现良好的心理素质与品质

在课堂上,教师除了传授给学生课程内容外,还需要传授一项看不见的内容,即品质。一名优秀的教师,需要具备的品质如图2-2所示。

这些品质归纳起来,可以总结为如下几个层面。

(1) 高尚的情操

教师应该敬业,具有良好的职业道德,具有无私奉献的精神。尤其在当今社会,教师应该耐得住寂寞,经得起金钱的诱惑,讲求为学生付出,不求回报。

（2）谦虚的品质

教师不应该自大、自满,而应该具有谦虚的品质,对学生也不能颐指气使,给学生以居高临下之感。另外,教师在教学中也应该实事求是,不能装腔作势,时刻注意自己的言行,不能鲁莽,不能给学生的尊严造成伤害。

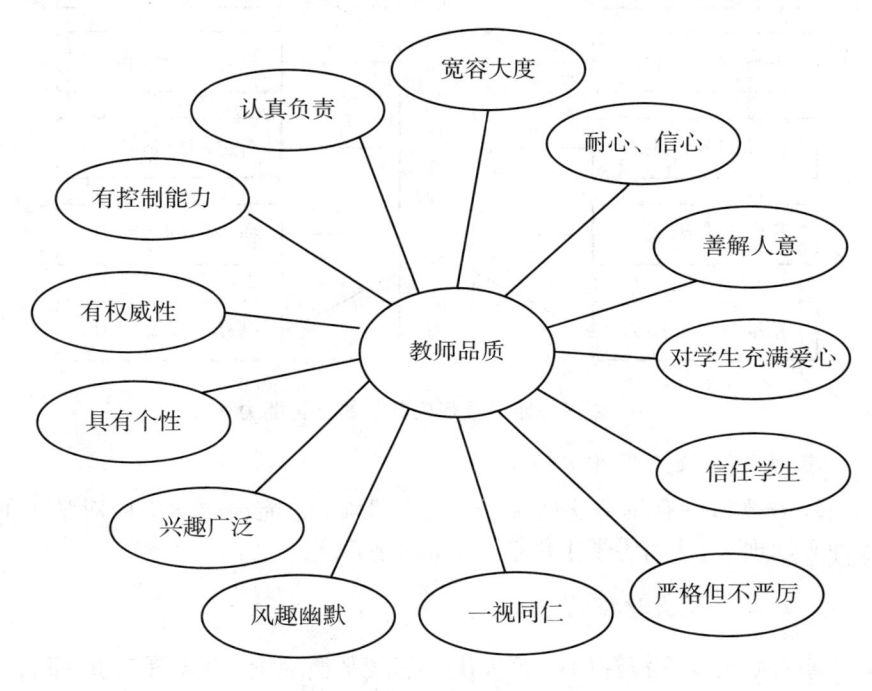

图 2-2 优秀教师的品质

教师品质：宽容大度、认真负责、耐心、信心、善解人意、对学生充满爱心、信任学生、严格但不严厉、一视同仁、风趣幽默、兴趣广泛、具有个性、有权威性、有控制能力

（资料来源：文卫平、朱玉明,1998）

（3）坚强的意志

一名合格的教师,应该目的明确、毅力顽强,当他们与学生接触时,应该富有耐心,能够将自身的涵养展现在学生面前,让学生学习与亲近。

（4）广泛的兴趣

教师应该兴趣广泛,除了对本学科诲人不倦外,还需要对有益于学生进步的东西抱有热情,如很多学生热爱音乐、体育、旅游等,教师对这些都应该有所涉猎,甚至可以将这些内容融入英语教学中,这不仅有助于学生知识的增加,还有助于增进与学生的情感。

（5）愉快的心境

教师在教学中应该和颜悦色,以愉快的形象给学生以情感熏陶。同时,在教学中也应该乐观向上,在课堂上应该保持幽默,这样才能调动起学生的积极性。

另外,外语教师的心理素质可以归纳成十种能力,如图2-3所示。

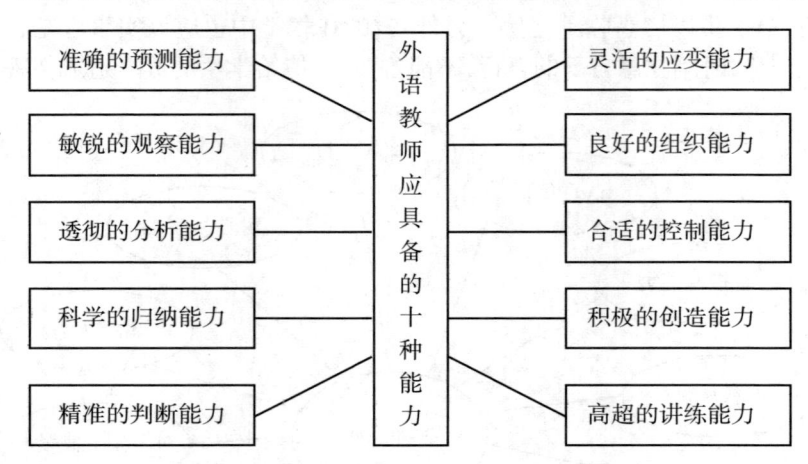

```
准确的预测能力 ─┐         ┌─ 灵活的应变能力
                外
敏锐的观察能力 ─┤ 语       ├─ 良好的组织能力
                教
                师
透彻的分析能力 ─┤ 应       ├─ 合适的控制能力
                具
                备
科学的归纳能力 ─┤ 的       ├─ 积极的创造能力
                十
                种
精准的判断能力 ─┘ 能       └─ 高超的讲练能力
                力
```

图2-3 外语教师应具备的十种能力

(资料来源:文卫平、朱玉明,1998)

外语教师只有具备这些优秀的心理素质,才能在教学中应对学生的各种心理现象,从而为学生创造积极的情感背景。

2.教师表现出积极的态度

著名心理学家海德(Hidi)提出了态度平衡理论,如A喜欢B,那么A对于B的穿着也会表示欣赏。从这一理论中可以看出,在教师对教学内容的价值进行肯定的基础上,学生在认知"教师—教师所教学科"这一关系时,为实现平衡,往往表现为如下两种情况,如图2-4所示。

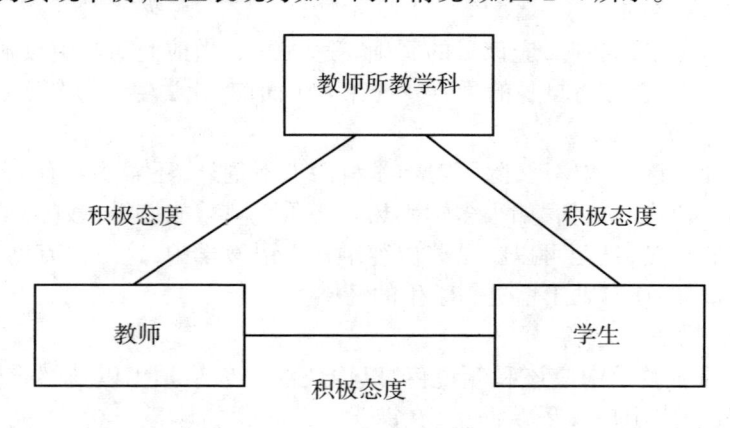

```
            教师所教学科
           /            \
     积极态度            积极态度
         /                \
      教师 ──── 积极态度 ──── 学生
```

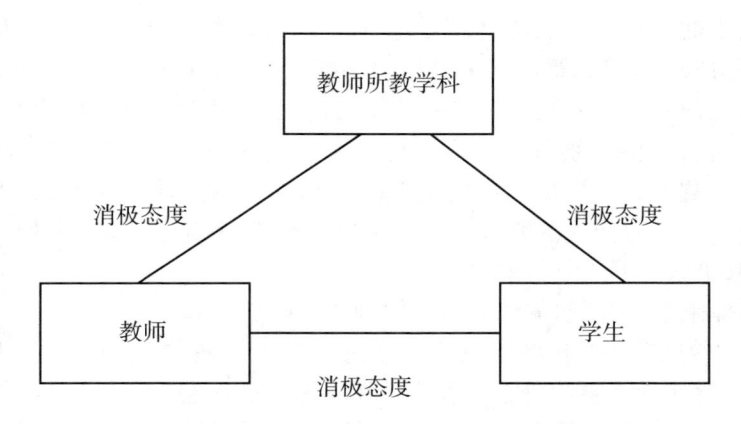

第二章 互联网时代高校学生英语学习的问题及改善策略

图 2-4 教师、学生、教师所教学科之间的平衡

从图 2-4 中不难看出，学生如果对教师持有积极的态度，那么对于教师所教的学科也持有积极的态度；学生如果对教师持有消极的态度，那么对于教师所教的学科也持有消极的态度。同样，教师如果对自己所教的学科持有积极的态度，那么对学生也持有积极的态度；教师如果对自己所教的学科持有消极的态度，那么对于学生也持有消极的态度。可见，教师的态度能够对学生以及学生所持有的价值观起着直接的影响。

那么，教师在教学中如何展现积极的态度呢？

首先，教师要将英语这门学科的价值尽量突显出来，让英语这门学科与学生的实际生活相联系，让学生感受到学习英语是有用的。

其次，教师要努力将自身对学生的积极态度转化成学生对自己的积极态度，使学生能够接纳教师，只有学生接纳了教师，才能增进教学的效果。

（三）培养学生肯定的自我

总体来说，自我可以划分为两种：一种是肯定的自我，另一种是否定的自我。前者对自我有准确的认识，积极地看待情感体验；后者对自我的认识是扭曲的，消极地看待自己的情感体验。显然，肯定的自我对于自己的发展十分重要。

学生如何培养肯定的自我呢？当然，在这之中，教师是一个重要的因素，可以创造条件让学生实现肯定的自我。

1. 培养学生的归属感

所谓归属感，即个体被他人接受和接纳的心理态度。从本质来讲，人是社会中的一份子，人从社会的角度对自己进行考察与认知，当自我与他我出现分裂的时候，意识到自己脱离了社会、脱离了世界，就必然需要将自我放在他我之中。这就是自我认识的过程，当然自我认识的程度，取决于他人对自己的接纳程度。根据马斯洛的理论，人在生理与安全的需要得到满足之后，往往需要寻找归属感的群体，被这个群体接受，获得群体的关爱。归属感使人的心理获得安全感，获得情感寄托，一个人的归属感越强，其更容易形成肯定的自我。

具体来说，归属感的培养需要做到如下两点。

（1）教师应该鼓励学生明确自己的角色、扮演好自己的角色。也就是说，归属感使学生更明确自己在群体中的地位，并且这个地位是由其角色扮演的成功与否决定的。众所周知，学生的学习情况与其获得的成就有着紧密的关系，并且也成为判断他/她在班级里面的位置的依据。如果一个人的学习态度良好，愿意努力付出，与集体的目标保持一致，那么他/她很容易得到班级的认可，获得自己的位置。对于教师而言，无论学生的学习状况如何，都需要鼓励学生定位自身的角色。

（2）教师应该为学生创造多种参与活动的机会。实际上，参与的过程就是与集体相融合的过程，如果个体积极参与集体的活动，那么他/她很容易融入集体之中，获得集体的认可。在英语课堂上，教师可以进行角色扮演、任务分组等，让每一位学生都积极参与，彰显每一位学生的个性和才能，让他们的潜力得到发挥。

2. 培养学生的自尊自强意识

学生如果具备自尊自强的意识，那么是对自我形象的肯定。要想培养学生的自尊自强意识，教师可以从如下几点着手。

（1）以成功经验作为引导提升学生自我观念。如果学生在英语学习中经常失败，往往会丧失学习的信心，从而影响学习英语的动力。因此，在英语课堂教学中，教师应该为学生提供成功的机会，让他们感受到成功的喜悦，从而增强他们的自信心。

（2）尊重学生的情感，避免错误的褒贬。在课堂学习中，学生的个性、兴趣等存在明显差异，学生有时候会产生不同的想法，教师应该首先对这些想法进行接纳，然后通过实证分析，让学生认识到自己的想法是否正确。需要指出的是，教师应该避免随意褒贬，因为未经过论证的做法显然会对学生造成影响，甚至一些随意的贬低会让学生丧失自我意识。

（3）提出合理的要求。当然，教师不能一味满足学生的情感需要，这样会放纵学生，应该在关心的同时严格要求学生。

第二节 高校学生英语学习动机衰退及改善策略

一、高校学生英语学习动机衰退

动机是激发人们展开行动的内部力量,是个体发动行动、维持行动的一种心理状态。一个人的动机往往与其是否能够满足自身需要有着紧密的联系。

而英语学习动机是个体展开英语学习的强烈愿望,是推进英语学习的内部动力。学生只有具有动机的英语学习,才能取得较好的学习效果;无动机的英语学习往往是将英语视作一种学习负担,学生也很难取得较好的英语学习效果。[①]

英语学习要将学习动机的广义和狭义作为研究前提,对英语学习动机进行细致区分。一般情况下,我们可以将英语学习动机的内容概括为四种(图2-5),即影响因素、动机状态、语言学习结果和相关因素。

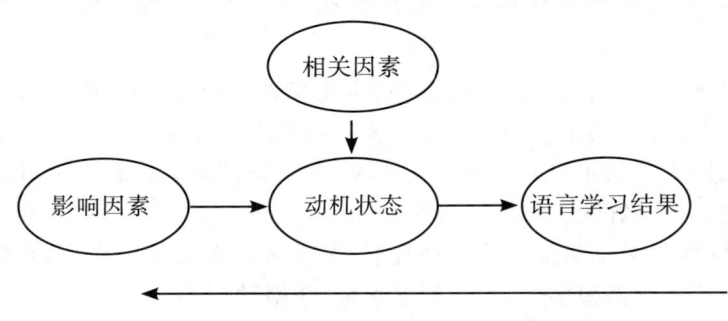

图2-5 英语学习动机的研究内容

通常来说,影响因素就是动机的原因,它包括归因、倾向性、语言环境等产生动机的各种直接因素。语言结果和非语言结果是语言学习结果的两种表现形式。语言结果指的是受动机作用的影响而收获的语言知识和能力;非语言结果指的是在语言学习的过程中可能会造成情感、态度层面的结果,如出现满足、期待、焦虑等情绪。除此之外,由于非语言影响因素和结果在内容上有一定的重合,因此动机同样也会受到非语言结果的影

---

① 王志敏.外语学习动机激发策略的理论与实证研究[M].北京:光明日报出版社,2014:27.

响。动机中包含那些存在差异化的因素,如性别、年龄、性格、风格等。这些因素往往会因为个体的差异化而产生不同的动机,但是其并不会随着发展而发生变化。英语学习动机系统的内在结构是由影响因素、动机状态和语言学习结果共同构成的。

（一）内在动机与外在动机

内在动机往往是在学生内部起作用的动机,是由学生对学习的兴趣、需要、理想、好奇心、自尊心、责任感等内在因素转化成的,因此具有主动性与积极性,对于英语学习而言有着巨大的意义。

外在动机是指英语学习受外部因素的影响,由外部因素如考试压力、社会要求、伙伴认可、父母奖励、荣誉奖金等引发起来的,表现为心理上的压力。受外部因素的影响,学生不得不进行英语学习,如为了获得文凭、为了以后的工作等,但是由于外在动机是受外部因素影响的,且外部因素不断变化,因此外在动机也具有较大的可变性。

（二）主导性学习动机与辅助性学习动机

主导性学习动机的动力非常强,主要起着主导性的作用,会随着学生的成长不断发生改变。例如,大一学生的英语主导性学习动机主要是为了获得教师、家长的认可；到了高年级,其主导性学习动机变成获得优异成绩,找到一份好的工作。

辅助性学习动机的动力一般比较弱,主要起着辅助的作用,可能不仅仅只有一个,而是很多个,如得到奖学金、获得赞赏等。

（三）远景性学习动机与近景性学习动机

远景性学习动机与学习活动之间并没有直接的关联性,而是间接性的,其对学习活动的价值、结果等起着强调性的作用,与英语学习的社会意义之间有着紧密的联系,对英语学习的主动性产生有力的影响。也就是说,这类动机与长远活动关系密切,具有极强的稳定性。

近景性学习动机与学习活动有着直接的联系,主要是由学习活动本身引起的,表现在对英语这门学科的兴趣和积极性上,希望通过学习获得成功的结果和体验。这类动机可能是同学之间的竞争引起的,也可能是

第二章　互联网时代高校学生英语学习的问题及改善策略

由教师、家长等施加的压力引起的。

二、高校学生英语学习动机的激发策略

当前,很多教师十分关注如何调动学生的学习积极性,而动机激发策略对于学生的英语学习有着十分重要的作用,因此很多学者对其展开了研究。

(一)激发内在动机

当前,人们普遍认为比较有效的动机策略不仅包括内在动机策略,也包括外在动机策略。但是,从一定条件来说,外在动机可以转化成内在动机,因此教师将内外动机结合起来,可以更好地激励学生。具体来说,教师可以从如下几个层面激发学生的内在动机。

1. 激发学生的兴趣

在教学中,学生具备浓厚的学习兴趣,有助于他们投入学习中,也决定了他们的学习能否取得成功。海德等人提出了兴趣培养的四阶段模式,如图2-6所示。

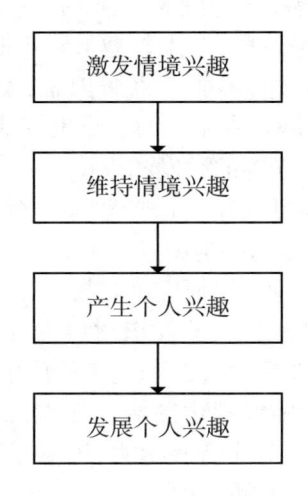

```
┌──────────────┐
│  激发情境兴趣  │
└──────┬───────┘
       ↓
┌──────────────┐
│  维持情境兴趣  │
└──────┬───────┘
       ↓
┌──────────────┐
│  产生个人兴趣  │
└──────┬───────┘
       ↓
┌──────────────┐
│  发展个人兴趣  │
└──────────────┘
```

图2-6　兴趣培养的四阶段模式

(资料来源:王志敏,2014)

互联网时代
高校英语教学思路创新与发展研究

阶段1：情境兴趣的激发

所谓情境兴趣的激发，即认知或者情感在短期内产生的一种心理状态。一般来说，一旦情境兴趣被成功激发，就可能持续一段时间，只不过持续的时间可能较长或者较短，并且这种情境兴趣也有助于学生建构自己的学习内容。要想激发情境兴趣，除了依靠外部因素，还可以依靠小组活动、电子设备等。

阶段2：情境兴趣的维持

所谓情境兴趣的维持，即情境兴趣激发之后产生的一种心理状态，其往往是在较长时间内持续的一种心理倾向。因此，需要借助教师或者其他同伴的支持，使情境兴趣得到加强和维持。当然，也不能仅仅依靠外部力量，学生自己也需要创造环境和条件，如参加一些小组活动等。

阶段3：个人兴趣的产生

所谓个人兴趣阶段的产生，其实际上是一种心理状态，即对某一特定内容产生持久的兴趣。要想形成个人兴趣，学生需要对学习内容予以高度重视，无论外部是否给予支持，学生都需要投入学习之中，并对自身学到的知识进行巩固。同时，学生应在学习过程中发现自身的问题，找到适合自己的学习行为，对更多信息进行积累。在这一阶段，学生大多是自发形成，虽然有很多外部条件的支持，但是更多的都是靠个人的调节与反思。

阶段4：个人兴趣的发展

所谓个人兴趣的发展，同阶段3一样，是一种心理状态，也是对某一特定内容的关注。在这一阶段，个人兴趣得到不断的强化，并且除提出问题、对学习进行自我调节外，还能够克服困难、发挥自身的主观能动性。当然，在这一阶段，外部环境、专家等的引导也有助于个人兴趣的发展。

（1）英语教学中情境兴趣的激发和维持

在英语教学中，教师可以通过选择教学材料、设计学习活动、利用信息技术等，将学生英语学习的兴趣激发出来。

在选择教学材料的时候，教师应该坚持三个因素：连贯性、生动性与细节具有吸引力。所谓连贯性，即要求材料内容连贯、结构清晰，这不仅便于学生理解，而且容易吸引学生的兴趣。所谓生动性，即语言较为形象、内容更为新颖，如果材料能够提供新颖的知识，减少生僻的语言，很容易让学生觉得有趣。所谓细节具有吸引力，即尽量选择能够吸引学生注意力的内容，如爱情、友情等话题。

在设计学习活动时，应该将听、说、读、写、译各项技能考虑进去，并且可以将听说、读写、读译等两两结合，不仅有助于学生提升自身的语言综合能力，还避免了学习的枯燥性。另外，活动形式应该多样，如角色扮演、小组讨论等。

（2）英语教学中个人兴趣的培养和发展

这就要求在英语教学中，教师应该从学生的需求出发，激发学生的好奇心，为学生提供必要的指导。只有从学生的需求分析入手，教师才能将学生的学习兴趣调动起来，关键是选择合适的学习活动作为主题，这些主题能够激发学生的学习兴趣。当然，不是说所有的全新主题就能激发学生的好奇心，很多时候，学生对熟悉主题的某些方面会产生好奇心，这些好奇心能促使学生探索新问题、获取新信息。

在好奇心的驱使下，学生开始寻求解决问题的方法。具体来说，可以从如下几点着手。

第一，学习之前，首先进行思考，确认需要解决的问题。

第二，确认与问题相关的所有事实。

第三，对问题进行解决。

第四，对问题进行思考，不能草率地得出问题的结论。

第五，多思考一些问题的解决方法。

第六，如果被问题难住，不应该退缩，应该继续思考。

第七，对于一些不太可能的想法，也应该设定其是可能的，并着手去分析。

第八，应该留意问题中令自己困惑的细节。

总结起来，其中主要是要求学生多进行独立的思考，教师在其中应该发挥指导的作用。当然，指导不是代替，而是给予帮助，让学生能够承担自身的学习任务，教师的指导注意要适度。也就是说，如果学生遇到困难，教师不应该立即伸出援手帮助学生解决所有麻烦，而应该让学生先尝试解决，然后在合适的时候给出提示和帮助。

2. 满足学生能力需求

如果学生相信自己能够胜任某项任务，那么他们就会愿意去做、去承担。要想明确学生的能力需求怎样得以满足，则需要考虑多个因素，如学习任务的难易程度、学生自身先前的学习经历、学生自身具备的学习水平等。当然，学习任务的难易程度应该与学生自身的能力水平相符，既能够让学生胜任这项活动，又需要具备挑战性。如果任务过于简单，那么会降低学生的成就感，这就很难提升学生的自我效能感。

努南（Nunan, 1989）对影响任务难度的因素进行了分析，具体如图2-7所示。

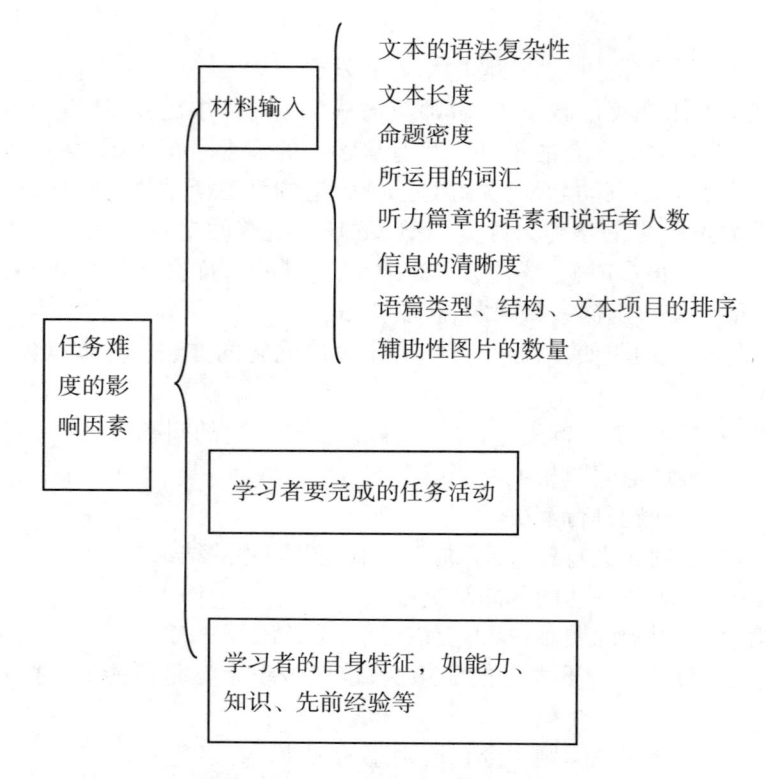

```
任务难             ┌ 材料输入 ─┬ 文本的语法复杂性
度的影              │           ├ 文本长度
响因素              │           ├ 命题密度
                    │           ├ 所运用的词汇
                    │           ├ 听力篇章的语素和说话者人数
                    │           ├ 信息的清晰度
                    │           ├ 语篇类型、结构、文本项目的排序
                    │           └ 辅助性图片的数量
                    ├ 学习者要完成的任务活动
                    └ 学习者的自身特征,如能力、
                      知识、先前经验等
```

图 2-7　努南的任务难度影响因素

（资料来源：王志敏，2014）

布林德利（Brindley，1987）认为，除了学习者要完成的任务活动本身以及学习者的自身特征，任务难度与教师也有着密切的关系。在布林德利看来，任务难度的影响因素主要有如下几种，如图 2-8 所示。

通过分析这些影响因素，我们知道教师应该尽可能选择那些与学生知识、能力水平相当的材料，如果任务材料的难度较大，教师可以设计一些简单的任务，并且为学生提供一些帮助和指导，或者给予学生充足的时间准备。反之，如果任务难度较低，应该适当增加难度，或者让学生独立完成，或者缩短学生完成任务的时间。

当然，学生如果对自己丧失信心，在面临困难的时候，他们很容易焦虑，这种焦虑必然会导致兴趣的下降、自信心的不足。因此，教师应该创设愉快的学习氛围，以缓解学生的焦虑感。另外，教师还要避免对学生进行优劣对比，避免伤害学生的自尊，应该引导学生对学习内容多加关注，从而帮助他们掌握知识和内容。

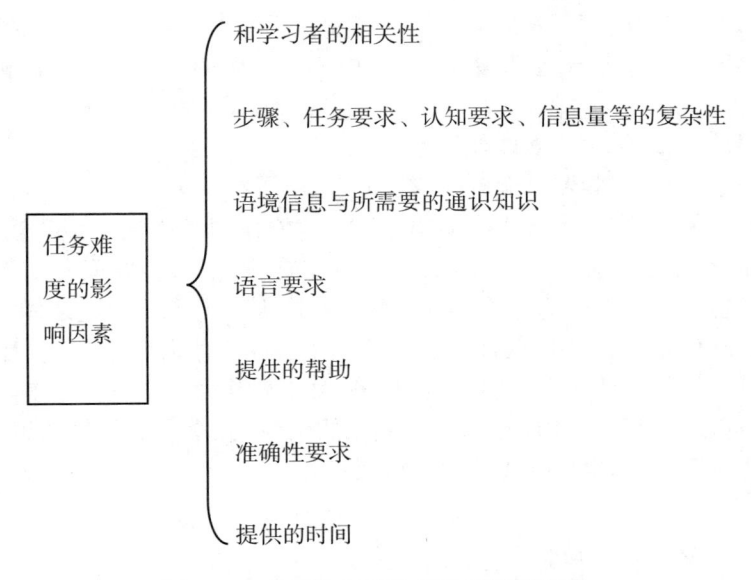

```
                    ┌ 和学习者的相关性
                    │
                    │ 步骤、任务要求、认知要求、信息量等的复杂性
                    │
                    │ 语境信息与所需要的通识知识
┌─────────┐        │
│任务难   │        │ 语言要求
│度的影   ├────────┤
│响因素   │        │ 提供的帮助
└─────────┘        │
                    │ 准确性要求
                    │
                    └ 提供的时间
```

图 2-8 布林德利的任务难度影响因素

（资料来源：王志敏，2014）

3. 满足学生归属需求

所谓归属需求，即学生需要与他人建立一种愉快的关系，从而使自己获得归属感。在英语教学中，对学生归属感的满足，要求教师与学生建立一种信任、和谐的关系，并通过小组凝聚力，促进学生之间的团结相处。

教师的亲和力能够拉近师生之间的距离，促进师生之间更加和谐。常见的教师亲和力主要体现在语言行为与非语言行为两个层面。其中语言行为涉及风趣的言语、亲切的问候、真诚的赞美等，非语言行为涉及教师与学生的目光交流、教师的微笑、生动的手势语等。

虽然在大学英语课堂中，学生人数较多，教师仍旧需要花费一定的时间，争取在短时间内记住学生，这样直接呼喊学生的名字可以拉近与学生之间的距离，总比"那位靠窗户的同学"这样的言论更加尊重学生。同时，在课下，教师也要利用机会与学生进行交谈，增进对学生的了解，同时主动与学生分享感悟与经历，让学生对自己有所了解。

通过实际行动，教师应该表达对学生的关心，具体的做法如下。

第一，提供学生一些具体的帮助。

第二，给予个别学生一些单独辅导，为学生解答困惑。

第三，学生需要帮助的时候，教师应该立即回应。

第四,教师应该及时批阅学生的试卷。

第五,教师应该定期给学生发送一些有趣的、与学习内容相关的文章。

第六,组织学生开展课外学习。

第七,当学生学习不顺利时,教师应该给予特别关注。

从分析中可知,教师只有付出真心,才能换回学生的爱戴。当然,除了师生之间的关系,生生之间的关系也非常重要,生生之间只有互助合作,才能形成一个具有凝聚力的小组或者班级。为了让学生之间互相了解,教师可以组织一些"破冰行动",让学生彼此记住名字,交换个人信息,之后可以提供一些机会,通过一些任务,加深学生之间的了解。教师可以设计一些小组任务,并让小组内部展示成果,提升学生的集体意识;也可以创造机会,让学生接受挑战、共渡难关等。

(二)激发外在动机

要想激发学生的外在动机,教师应该让奖励成为激励,让表扬更加有效,以批判温暖人心。

1.让奖励成为激励

奖励究竟对学习动机起到正面的作用还是负面的作用,目前未给出一个一致的意见,很多学者仍旧展开研究。一方面,奖励被认为能够激发学生的学习动机,也是最为直接、简单的手段,不仅能够吸引学生的注意力,让学生努力学习,还能够激发学生的兴趣。另一方面,很多学者认为,外部的奖励只不过是在控制学生的行为,而不是激励学习本身,学生对奖励的关注多于对学习过程的关注,很容易导致学生自身的学习效能降低与学习动机下降。

笔者认为,其实奖励没有对错之分,它能否对学生的学习起到激励作用,关键在于教师采用何种方式实施奖励。只要教师的奖励得当,尽量消除奖励可能引发的负面影响,就可能有效发挥奖励的作用。

英语学习往往需要反复地操练,这就需要学生具有一定的耐心和恒心。教师可以给予学生一定的物质奖励,尤其是对那些一直努力的学生,通过鼓励能调动他们学习的积极性。当然,这种奖励也需要控制数量,不能太过于频繁。这种常规的奖励往往是对学生学习态度的奖励,对于那些复杂的学习任务,应该从完成的结果与情况考量。如果是小组活动,教师在进行奖励时应该考虑整个小组,而不是个人。当然,教师还可以对学生的课外学习进行奖励,这样可以鼓励学生多进行课外学习,如课外阅读、课外写作等。

教师奖励的标准应该透明,即让学生知道有奖励,并且学生也认可这种奖励。奖励的尺度不应该过大,以免对学生造成过大的压力,违背了奖励是为了促进学生的学习这一初衷。教师可以赠送一些小礼物作为奖励,对于大学生来说,一份小小的礼物也能打动他们的内心,让他们感受到教师的关爱,并且也能让他们与教师的隔阂不断缩小,产生一种亲近感。

2. 让表扬更加有效

学生都希望得到教师的表扬,教师也希望通过表扬让学生的学习成绩蒸蒸日上。但是,作为一种激励手段,表扬并不是像我们想象得那么简单。恰当的表扬能够增加学生的自信心,培养他们的进取意识;如果表扬不恰当,反而会出现适得其反的结果,甚至让学生失去学习的兴趣和积极性。

当然,教师何时表扬学生、如何表扬学生,需要依据一定的标准。

首先,表扬应该有标准和条件,教师应该对那些真正付出努力的、取得学习进步的学生进行鼓励。那些随意的表扬,显然不会起到激励的作用。当然,这并不是说只有那些成绩突出的学生才能获得表扬,一些学生本身基础薄弱、取得了一定进步的学生也应该受到表扬。当然,教师也不能仅仅因为学生参与了任务就大肆地对他们进行表扬,而是应该关注他们在任务完成过程中的实际表现。

其次,表扬应该是具体的、真诚的。在表扬学生的时候,教师的语气应该自然,让学生感受到教师的赞扬是发自内心的。当然,表扬的内容要具有实质性,不能仅仅是"真棒!""很好!"这些简单的话语,应该告诉学生他们哪里棒、哪里好。只有具体的表扬,才能打动学生的内心,让学生感受到教师是时刻关注他们的,也希望他们能够不断进步。

3. 以批评温暖人心

批评和表扬看起来是对立的两个方面,实际上却有着异曲同工之妙,都是教师激励学生的手段。与表扬一样,批评如果运用得当,也会对学生起到一定的激励和鞭策作用。如果批评不当,很可能导致学生的自尊心和自信心受挫,引发学生对教师的抵触情绪。虽然批评不如表扬那般受欢迎,甚至很多学生认为批评是丢脸的,是很不愉快的经历,但是教师恰当的批评也能够传达出"我很在意你""我不放弃你"的意思。

当然，在批评时，教师需要注意如下两点。

首先，教师要告诉自己，批评的目的在于促进学生的进步，而不是对学生进行惩罚。因此，批评应该是从教师内心出发的，是对学生的期待，而不是为了发泄自己的情绪。教师的批评可能是委婉的，也可能是直截了当的，但是切记不要挖苦学生，不能使用暴力的语言，否则只会起到负面的作用。

其次，教师在批评学生时，应该公正、客观，要就事论事，而不是批评学生个人，不能因为学生的某一项错误而否定学生这个人。每一名学生都有自身的优点和长处，教师应该让学生知道自己并未忽略他们的优点，只不过是希望他们改正自己的缺点，让自己的优点更加凸显，让自己更好、更优秀。

第三节 高校学生英语学习焦虑问题及改善策略

一、高校学生英语学习焦虑问题

（一）英语交际恐慌

1. 英语口头表达焦虑

口头表达焦虑是指说话者由于表达水平有限或者受紧张氛围的影响而引起的内心焦虑不安，导致交际无法正常进行。这种情况在英语学习的初级阶段比较常见，有时也会发生在中高级阶段。

学生开口表述本来就存在一定的困难，再加上气氛紧张、沉闷或压抑，表述时势必出现焦虑，出现焦虑的学生其想法不外乎以下几种：第一，自己不如别人；第二，讲不好失面子；第三，沉默是金。其典型的心理活动如下。

——我不习惯用英语回答问题。

——一想到要用英语表述，我就紧张、惶恐。

——那么多人盯着我，我很不自然。

——我害怕老师叫我单独回答问题。

——我现在不行，等适应了环境再慢慢争取机会。

2. 英语领会焦虑

（1）领会的心理机制

在说英语时，人们按照英语语法及发音规则将意思"编成语言信号"（encode a message）表达出来。因而，在听英语时，我们就必须按照同样的语法和发音规则将语言信号"破译出来"（decode a message）。

（2）领会的困难

学生在听的过程中，不能充分发挥心理机制的作用，出现一些难以克服的困难。焦虑心理及表现：由于领会困难，学生在语言交际或课堂师生交往过程中，听不懂、跟不上，自然而然产生一系列的消极心理，我们称为"焦虑心理"。例如：

——一听到讲英语，我就头发麻、心发慌。

——我实在是每个字、每个词都注意到了，还是听不懂，真不知怎么办。

——我在听和领会方面实在是无能为力。

——听不懂真是活受罪。

——我对自己失去了信心。

——为什么别人都能听懂，而我却不行。

——反正听不懂、跟不上，不如做点别的事。

焦虑在语言交际或课堂学习中常以下列形式表现出来。一是恐惧。害怕参与交际或与教师、同学进行课堂交往，进而发展为害怕上英语课，特别是听力课。二是烦躁不安。学生听不懂，抓不到重点，心烦意乱，坐立不安。三是抵触。学生因听不懂、跟不上而赌气。跟自己赌气，放弃交际和交往；跟老师赌气，摔钢笔、课本，不交练习作业，怨恨老师；或拿公共财物赌气，将课桌椅弄坏，在墙上乱涂乱画，以发泄心中的不满。

（二）英语考试焦虑

考试焦虑是一种由于害怕失败而过于担心考试成绩的情感。英语考试是种类最多的考试，一直贯穿学习的各个阶段，即便是平时成绩不错的学生也极有可能在考试中发挥失常，因此考试焦虑现象普遍存在。

1. 一般考试焦虑

不管是常规的还是非常规的英语考试，都会带给学生一定程度的心理压力，从备考阶段到成绩公布的整个过程中，学生时刻处在一种焦虑、心慌的状态下,一般可以概括为以下几种情况。

（1）复习期间的担忧心理。英语考试题型众多,知识涵盖面广,基本不会组织系统复习,不划定考试范围,另外听力和口语测试也带给学生很大的压力。要应对英语考试就要掌握听、说、读、写、译五项基本技能,学生在备考时,常因为复习内容太多而不知如何下手,不清楚考试重点和学习要领,这种盲目复习加重了学生内心的焦虑、紧张。

（2）考试中的紧张心理。英语考试题量较大,相比其他考试,时间更为紧迫。学生很容易因为考场严肃的气氛而感到恐慌、不安,伴随出现无法集中注意力、视听困难、思维混乱,不能发挥自己的日常水平。有的同学由于紧张甚至会出现手发抖、忘写姓名的情况。

（3）交卷后的懊悔心理。学生交完试卷,走出考场,发现没有把握重点,大意失分,责怪自己平时没有好好学习,悔恨自己由于过度紧张没有答完。

（4）成绩公布前的焦急不安心理。在结束考试后,学生以一种急迫、不安、期待的矛盾心理等待成绩公布。成绩好的学生关注自己是否发挥了实际水准,是否能稳住排名。成绩一般的学生想知道自己是否有进步,排名有没有变化。基础较差的学生担心自己能否及格,排名是否有进步。

2. 统考焦虑

英语是所有学科中统考最多的课程,在各个英语学习阶段都有相应的全国性质的统一考试。

统考是一种全国性质的考试,可以说从实施以来就对英语教学起到了一定的推动作用。在我国高校学生学习中,大学英语四、六级和专业英语四、八级这两种统考有着十分重要的地位。考生逐年增加,考试成绩也逐年提高。由于统考在广大考生心中地位非同一般,因此大多数学生都会出现不同程度的焦虑心理,主要表现为以下几种情况。

（1）不知所措。由于学生自身对统考了解并不深入,加之家长、教师过分夸大统考的意义和难度,导致考生对统考有一种"遥不可及"的印象,在心理上产生恐慌、焦虑。面对统考,学生不知道从哪入手,紧张情绪进一步影响其学习效果,慢慢地就会形成恶性循环。

（2）情绪表现失控。在考试前很长一段时间,有些考生都一直陷入低迷的情绪状态中,他们对周围的一切都失去兴趣,很少与教师、同学联系,几乎不去参与各种文化活动。他们虽然对英语感到迷茫、无奈,却也不敢出现一点松懈,所以就使自己在焦虑与痛苦之中无法自拔。

（3）生理机制失调。考试引起的焦虑、紧张在生理上有十分明显的表现,如出现神经衰弱、食欲不振、记忆力下降、精神涣散、头晕恶心等,一些情况较为严重的同学甚至还需要休息调理。

二、高校学生英语学习焦虑问题的改善策略

当前,在我国的高校英语教学中,英语学习焦虑已经成了一个重要的障碍。考虑到当前高校学生的英语学习焦虑情况,因此需要找寻恰当策略对这些突出问题进行解决,努力克服学习焦虑。具体来说,可以从如下几点着手。

(一)激发英语学习兴趣

兴趣是人们对某物进行认识或者对某项活动非常喜爱而产生的积极情绪色彩,是推动人们展开活动的积极因素与活跃动机。众所周知,兴趣是最好的老师,是学生能够获得知识并取得成功的前提和基础。一个人只有对英语具备浓厚的兴趣,才能激发他们主动参与学习。并且,一些学者认为,学生对英语这门课程是否喜欢,是影响学生焦虑的一个重要层面,因此在高校英语教学中,教师要努力培养学生的学习兴趣,这样可以避免他们产生焦虑的心态,从而不断提升学生的英语学习水平。

1. 建立和谐的师生关系

教师和学生应该努力建构和谐的关系,因为这种和谐融洽的关系有助于学生形成对教师的好感,从而愿意投入英语学习中。在高校英语教学中,如果教师表现出热心、尊重,这样就会让学生产生一种情感依附,从而会不自觉地向着教师期盼的方向发展。

在教学中,教师还需要掌握批评的艺术,即尽量将批评与表扬结合起来,这样才有助于维护学生的自尊心。适当采用委婉的语气,对学生的错误进行指点,从而帮助学生改正错误。需要指出的是,教师避免使用简单粗暴的批评手段。

2. 创设生动的教学情境

在高校英语教学中,教师不应该采用单一的教学手段,应该采用直观的、与高校学生心理发展规律相符的教学手段,这样可以将学生英语学习的积极性激发出来。教师需要巧妙运用实物教具,尤其是将教学环境中的人、事、物等充分利用起来,让教学内容更加形象生动,这样便于学生学习与记忆内容。

另外,教师还需要对教学内容的脉络进行把握,将复杂的知识转化成简单的语言传授给学生,并采用不同的手段尽量与现实贴近展开教学,保证教学内容的新颖性,通过吸引学生的注意力,让学生对英语学习产生兴趣。

3. 融入丰富的课外活动

对于高校英语教学来说,课外活动是课内活动的延伸。课外教学与课堂教学紧密结合,并不是要求课外教学重复课内教学的内容。搞好课外教学,有助于提升教学水平和质量。基于英语这门学科的特点,从课外教学活动出发,教师应该为学生创设条件,让学生主动参与课外实践,让英语学习更加真实、具有动感。

当然,英语课外活动的形式多种多样,如唱英文歌曲、参加英语角等,同时为了调动学生英语学习的积极性,教师也可以定期举办英语演讲比赛。当然,在举办活动时,教师应该对学生加强监管,不能放任自流,要做好活动规划,并不断对其进行调整,以保证活动更加有效。

4. 借助多媒体教学手段

多媒体技术是一种极富潜力的教学手段,自出现以来,在高校英语教学中发挥了应有的魅力。多媒体技术集文字、图像、视频等于一体,给活动增加了别样特色。在高校英语教学中,教师应该具有现代化意识,采用多媒体展开教学,充分将课件中的文字、图像等表现出来,吸引学生的眼球,让学生愿意学、主动学、乐于学,摆脱英语学习焦虑的困境。

(二)开展英语合作学习

根据研究表明,课堂氛围是影响学生产生焦虑情绪的一项重要因素,对课堂氛围加以改善,有助于缓解学生的焦虑。[①] 合作学习起源于20世纪70年代,被认为是一项成功的教学改革,因此受到了人们的关注。合作学习主要是对课堂教学中的人际关系展开研究,将目标设计作为先导条件,让学生之间展开合作,可以采用分组的形式展开,最后各小组展示

[①] 刘妮.普通高校大学生英语学习焦虑研究[D].西安:西安外国语大学,2011:53-54.

结果,教师负责查看团队中学生的表现以及最后的团队成绩。显然,合作学习这项手段融合了理论与实践,其对于缓解焦虑非常有效。

1. 组内异质,组间同质

这就是说小组内部应该保持异质,即小组内成员的水平、性格等要保证差异性,同时各个小组之间的水平不能相差太大,应该在每一组中都包含优等、中等、较差学生,因此这就需要教师在开展合作学习之前,应该了解每一位学生的英语水平及性格特点等,这样才能做到合理分配,也保证了小组之间的公平竞争。

2. 以团体成绩为评价标准

因为合作学习是以团队形式完成任务的,所以在评价标准上也应该考虑团队成绩,要求每个人在完成任务的过程中都能获得进步,这样可以在一定程度上缓解学生因为比较而产生的自卑心理。

3. 强调和谐的师生关系

在合作学习中,教师不再是活动的控制者与传授者,而是充当了任务的制定者与组织者的角色,学生也不再是倾听者,而是转变成积极的参与者,这种互动的关系便于消除学生的自卑感与胆怯心理。

4. 建构互助互爱的生生关系

除了师生关系的和谐,通过合作学习,学生与学生之间也保持了一种和谐的关系。因为每一名学生的知识结构、智慧水平、个性特征都存在差异,而合作学习恰好能够使这些不同的学生相互启发与交流,从而彼此补充、共同提高,这大大缓解了学生与学生之间因为不和谐带来的紧张气氛,从而不断提升学生英语学习的水平。

5. 采取小组纠错、同伴纠错的方式

对待语言错误,教师应该适当放手,让小组内的成员自行纠错,这不仅能增强学生的自信心,也能使他们缓解焦虑情绪,同时还可以让学生更多地使用语言。

(三)培养学生的自尊自信

在英语学习焦虑的影响因素中,负评价恐惧是仅次于考试焦虑的一个层面,主要表现为在课堂上怕教师提问自己,即便提问自己又担心自己回答不好而受到教师的批评。负评价恐惧主要源自学生对自己的不自信、对自己学习的不自信,且这些都是受自己自尊心的影响。学生产生学习焦虑,往往与本人的自尊、自信有着紧密联系,这就需要教师采用恰当的手段,对学生的自尊心进行保护,同时努力培养学生的自信心,这对于缓解他们的焦虑十分重要。

1. 合理纠正学生的错误

在英语学习中,教师需要明确:学生在回答问题时出错是难免的,如果学生答错,教师应该从保护学生自尊心的角度入手,不要刻意纠错,尽量减少对他们错误的纠正,同时寻找恰当的纠错手段。当学生的自尊心得到了保护时,他们会将内心的欲望逐渐释放,慢慢跟紧教师的步伐,与教师达成一种默契。当然,要想保证纠错方式有效,需要考虑如下几个因素。

第一,考虑学生的个性特征,如果学生是敏感性格,那么尽量减少对学生本身的评价,而是针对问题展开评价,避免学生产生心理负担。如果学生比较内向,尽量避免在公共场合纠正学生的错误,而应尽量单独与学生进行交流。

第二,考虑纠错的时间、地点以及纠错的语气。这就是说教师在纠正错误时应尽量选择轻松的氛围,对于个别学生突出的错误,教师避免在公共场合纠正,应该选择在课后进行纠正。对于学生普遍存在的问题,教师可以在课堂上指出。

当然,为了对学生的自尊心进行保护,教师除了要纠正学生的错误,还需要对学生多进行表扬和鼓励,挖掘每一名学生的优点,并且有意识地放大学生的优点,这会让学生感受到自身在学习中的价值,从而将这种情绪扩展到英语学习中,促进自己获得良好的英语学习效果。

2. 培养学生的自信心

学生自信心的增强,可以帮助学生战胜学习焦虑。根据实践显示,如果学生的自信心较强,他们的学习焦虑感会比较低,他们不会受到外界因素的影响,便于将自身能力与水平充分发挥出来,同时让学生认识到自身具有某项能力,也有信心将英语这门学科学好。

一般来说,要想提升学生的自信心,可以从如下两点着手。

第一,对学生设定合理的期望。如果期望较低,那么学生的自尊心也较低,更不用说自信心了;如果期望过高,那么学生很难实现目标,也会挫伤他们的积极性,让他们变得更加忧心忡忡。因此,教师要设定合理的期望,从学生的智力水平、能力需求出发,让学生相信自己能行。

第二,让学生感受到成功的喜悦。在课堂上,教师应多多鼓励学生,并从问题的难度考量,提问学生,然后鼓励与表扬学生,这样可以进一步帮助他们建立自信。

(四)缓解学习与考试压力

一般来说,造成学生焦虑的最主要原因就是考试。所谓考试焦虑,即学生在考试之前感受到一种威胁或者在考试的刺激下引起某些不安,是与注意、认知评价等紧密关联的一种紧张、恐惧情绪。

由于我国学生都是在英语教育背景下长大的,很多学生的学习焦虑源自各种考试,当然英语学习也是如此。而且,进入大学之后,英语四级考试也使得学生更为焦虑,因为很多学校要求四级考试与学生毕业挂钩。但是因为学生焦虑,导致他们的考试结果并不理想,并且严重影响了学生的身心健康。因此,教师应该对学生进行心理疏导,帮助学生学习与考试,将学生的积极性调动出来,提升学生的心理素质,促进学生的全面发展。

这里教师就充当了一名"心理咨询师",具体来说,教师应该指导学生做到如下几点。

1. 形成正确的应试动机

教师应该引导学生形成正确的应试动机,明确考试的意义何在。心理学家说过:人的认识会对人的情绪产生直接的影响,如果信念不合理,会导致情绪不良或者产生不适应行为,进而产生心理问题。因此,教师应该帮助学生端正对考试的态度,树立正确的应试动机,勇于面对各种考试,放松自己的心情,使自己的思维达到最好的状态,这样才能取得理想的成绩。

2. 培养良好的人格

人格不良往往导致心理紧张、考试焦虑。因此,教师应该组织学生参加各种有益身心的活动,锻炼学生的意志,培养他们形成良好的人格,提高学生的心理素质,尤其是那些具有竞争性的比赛,如演讲比赛等,通过这些活动锻炼学生的口语能力,提升学生的应变能力,从而有效缓解学生的焦虑。

3. 树立良好的考试信心

有些学生在考试之前往往容易紧张,总是担心自己准备不充分,无法取得好的成绩,这就让自己的心理产生恐惧,反而更容易使考试一团糟,成绩也不尽如人意。因此,教师应该列举一些英语学习的成功案例,对学生进行引导,帮助学生树立考试的信心,帮助他们卸下心理的包袱,稳定自身的情绪,保持平常心。如果学生在考试时不自主地紧张,应该学会自我调控,暗示自己能行,自己给自己打气,相信自己一定可以取得优异的成绩,这些形式都是为了缓解自己考试之前的焦虑。

第四节 高校学生英语学习拖延问题的影响及解决策略

一、高校学生英语学习拖延问题的影响

学习拖延作为一种特定情境下的拖延行为,一直以来都为人们所憎恶,家长和老师们憎恶学习拖延,认为正是学习拖延导致孩子们学业成绩不佳,学习拖延是学习者表现不好的罪魁祸首。但是,随着近年来对拖延问题研究的逐步深入,研究者逐渐认识到,学习拖延其实是涉及行为、情感、认知等多方面的心理问题,非常复杂,不能简单地把学习拖延归结为学习者学习结果不理想的唯一根源。

一般而言,人们都会认为学习拖延不利于学习。具体来说,有如下几点。

(一)造成学业成绩不佳

学习者在准备考试时拖延,无法充分备考,会直接导致考试成绩不佳,甚至考试不及格。学习者平时学习拖延,教师布置的学习任务没有按时完成,会影响听课的效果,进而影响学习者对基础知识的理解和吸收,最终体现在期末考试成绩上。考虑到期末考试评价方式的局限性,现在学校里普遍实行形成性评价,学习者平时的作业与论文都会与最终考评相联系,因此平时作业和论文拖延也会影响学习者的成绩。

（二）带来不良的情绪影响

学习拖延行为会导致学习任务无法完成,或者虽然完成但远远落后于规定进度,再加上考试成绩不佳等后果,拖延者往往会受沮丧、抑郁、焦虑等不良情绪的困扰,不良情绪又会加重学习拖延,形成恶性循环。

（三）降低自尊和自我效能

学习拖延除了会使学习者受不良情绪困扰以外,其带来学业上的失败还会使学习者产生挫败感和无助感,严重影响学习者的自信心和自我效能感,会降低他们的自尊,使他们怀疑自己的能力,影响以后的学习生活。

（四）影响身体健康

学习拖延给学习者造成了不良情绪,在心理上打击了学习者的自信心,学业失败给学习者带来巨大的精神压力,进而使学习者身体和心理健康出现问题。

二、高校学生英语学习拖延问题的解决策略

前面对高校学生英语学习中的拖延问题进行了分析,在此基础上主要探讨解决高校学生英语学习拖延问题的策略,希望能够帮助高校学生提高英语学业成绩,改善英语学习质量和效果。

（一）提高自我管理能力

所谓自我管理,即自己对自己进行管理,是个体对自身目标、自己的思想和行为、自己的心理等展开管理,自己组织自己,自己管理自己的各项事务,自己对自己进行约束与鼓励,从而实现奋斗目标。自我管理从某种程度上说就是所谓的自我控制,个人通过自身的内在力量,采取一些技巧和方法,改变自己的行为,减少不良行为的出现。

如何克服学生英语学习的拖延行为呢？一些学者认为，学习拖延是由于学生没有对自身展开有效的管理与控制产生的。实际上，之所以出现学习拖延，是因为自己对自己管理失败，是自身调节能力差的表现。因此，我们认为要想减少高校学生英语学习中的拖延情况，需要学生对自己进行管理，具体来说，可以从如下几点展开。

1. 合理管理自身的时间

研究发现，很多学习拖延的学生对时间管理不善，导致很难在规定的时间内完成任务，出现了拖延的情况。① 因此，要想改善学生的英语学习拖延情况，首先就应该让他们学会管理时间。所谓时间管理，即运用一定的技巧，有效、灵活地运用时间，为了实现自己的目标奋斗。下面就来介绍一些简单的时间管理技巧。

第一，制订工作计划，确定工作的主要手段与方法，详细周到地列出具体的步骤。

第二，将一些工作进行分配，让他人帮助分担，这样便于提升自己的效率。

第三，保证计划详细、具体，并进行排序，从事情的轻重来考虑对时间的安排。

第四，对于一些重要的事务，在保证头脑清醒的情况下完成；对于一些不是特别重要的事务，在自己效率不高时完成。

第五，将一些优先处理的事项列出来。

第六，为计划预留出一定的时间，避免发生意外情况。

第七，忽略一些本身没有意义的事情。

第八，对于同类事务，最好一次性完成。

第九，对完成的期限要严格规定。

第十，不要苛求事事完美，而是应该追求高效地完成事务。

第十一，学会使用碎片化的时间。

第十二，如果遇到浪费时间的人，一定要说不；对于不必要的事情，一定要说不；对那些空洞的事情，一定要说不。

第十三，确定最佳时间，达到一定程度的平衡。

第十四，训练判断时间。

---

① 史利红.大学英语教学中学习拖延问题研究[M].北京：北京理工大学出版社，2019：115.

2. 制定合理的英语学习目标

在学期开始之前，学生应该为自己制定合理的英语学习目标。所谓合理，即适度，如果制定的学习目标过高，那么学生在英语学习时会丧失信心；如果制定的学习目标过低，那么学生在英语学习时就会松懈，也很难激发学生学习的兴趣和积极性。因此，学生应该从自身的英语学习需要出发，设定一个合理的目标，并且这些目标通过自身努力就可以实现。

3. 制订科学的英语学习计划

为了实现设定的英语学习目标，高校学生需要制订科学的英语学习计划。例如，高校学生要想通过英语四级考试，那么他们需要在三个月内将单词记忆一遍，其中在一个月或者一周内对单词进行复习。另外，为了通过考试，学生应该系统地做练习，并且从练习中进行总结，从而保证考试顺利。显然，没有计划，实现目标就是一句空谈。

4. 采取恰当的学习方式

设定了目标、制订了计划，下一步就需要实施计划，而要想顺利地实施计划、实现目标，就需要采用恰当的学习方式，这是实现目标的重要保证。采用恰当的学习方式，可以帮助学生提升英语学习的效率、节约学生英语学习的时间、激发学生英语学习的动力、解决学生自身的英语学习拖延问题。

5. 实施自我规范与监督

所谓自我规范与监督，即学生对自己的动机、行为等进行自觉调整，使这些动机、行为与社会规范相符合，实现既定目标。学生应该监控自身的英语学习行为，并调整具体的英语学习计划。对于一些非学习行为，学生应该给自己设置一些惩罚机制；如果完成了任务，也应该给予自己一些奖励，严格按照这套标准，从而改善自己的英语学习拖延情况。当然，如果有必要，学生也可以邀请其他人来监督自己。

（二）改善自己的认知水平

为了解决学生英语学习中的拖延问题，学生除提高自我管理能力外，还需要改善自己的认知水平，具体来说可以从如下几个层面着手。

互联网时代
高校英语教学思路创新与发展研究

1. 提高自我效能感

所谓自我效能感,即一个人基于特定的情境,从事某一行为或者某些行为,并取得预期效果的一种能力。从很大程度上说,自我效能感指的是个体对自我有关能力的一种感觉或者感受。当然,自我效能感还指代人们为了实现某一目标所需要具备的信心与信念,即个体对自己能够获得成功的信心,用三个字概括就是"我能行"。因此,自我效能感对于学习者的英语学习动机有着很大的激发作用。如果一名高校学生的自我效能高,那么他的学习动机就会很强,会积极采用各种手段,对自己的学习计划进行调整,因此也容易获得较好的成绩;相反,如果一名高校学生的自我效能低,那么他就缺乏英语学习的自信心,缺乏学习动力,因此也不会取得较好的学习成绩。

通过对学生网络英语学习拖延进行研究不难发现,学习拖延与自我效能感呈负相关。如果一名学生的自我效能感高,那么他一般不会有学习拖延的现象;相反,如果他的自我效能感低,那么他很可能出现学习拖延的现象,甚至可能非常严重。那么,如何提升高校学生的自我效能感呢?一般可以从如下几个层面着手。

第一,肯定自身过去的经验。

第二,从他人的经验中提升自己的信心。

第三,自己给予自己信心,相信自己可以解决问题。

第四,寻找外援,如教师或者其他同学的帮助。

2. 进行合理的归因

所谓归因,即人们对自己行为或者他人行为产生的原因进行推断。具体而言,就是个体对自己的行为过程或者他人的行为过程的因果关系进行的推定。一般来说,归因可以划分为如下两种。

第一种是内部归因,即认为是个体自身因素导致的结果。例如,某人英语考试取得了好的成绩,他认为是自己聪明的结果或者自己精心准备的结果等。

第二种是外部归因,即认为是外部因素导致的结果。例如,某人英语考试取得了很差的成绩,他认为是题目太难导致他考试失败了。

若归因正确,那么可以使个体更为自信,从而提升个人的自我效能;若归因错误,那么可能使个体备受打击,从而产生挫败感,丧失对学习的积极性,产生学习拖延现象。那么,如何进行归因呢?对于缺乏自信心的高校学生来说,应尽量将英语考试取得成功的原因归结为自己的认真听讲、认真准备、反复操练等,把导致失败的原因归结于外部因素,这样就会提升自身的自信心,提升自我效能感,激发学习的兴趣和积极性。同样,对于一些过度自信的学生而言,应该将英语考试的成功适当归结为自身的努力,失败也应该多考虑下自身的因素,寻找自身的不足,以争取下次取得较好的成绩。如果那些缺乏自信心的学生也将英语考试失败的原因全部归结到自己的身上,那么他就没有前进的动力了,结果必然会放弃英语学习。

可见,无论是内部因素还是外部因素,都不能让高校学生丧失英语学习的自信心,最好能不断提升他们英语学习的效能感,使他们充满学习的动力和积极性。这样就从一定程度上解决了高校学生英语学习的拖延问题。

3. 改进英语学习策略

改进英语学习策略是改善英语学习拖延的一个重要方法。所谓英语学习策略,一般包含两种:一种是认知策略,另一种是元认知策略。

认知策略指的是对学习信息进行加工的方式,包含对知识的理解、记忆、存储与提取的技术。一般来说,认知策略还涉及对知识的复述、对知识的精细加工、对内容进行组织等。

元认知策略指的是学生对自己的认知策略展开的调整。

高校学生改进英语学习策略,有助于提升学生的英语学习成绩,学业的成功能够让学生更为自信,也有助于提升学生的自我效能感,激发学生的学习动机和积极性,使学生能够减少懒惰情绪,从而解决学生的学习拖延问题。

4. 提升学生英语学习的自我调节能力

所谓自我调节学习,即高校学生为了实现成功,提升自身学习的效果,实现学习目标,对元认知、学习动机、学习行为等进行主动调控的过程。自我调节学习强调高校学生能够不断激励自己采用恰当的学习策略展开学习。

一般来说,自我调节学习应具备如下条件。

第一,学生能够确立学习目标。

第二,学生能够认识到自身掌握的学习策略,并能够明确这些策略有助于他们的学习。

第三,学生能够成功地对自己的学习行为进行调节。

第四,学生具有自主学习的愿望、意识,并且能够将学习作为一种积极活动来追求和探究。

如果高校学生能够具备上述四个条件,不仅会在英语学习中对某种策略进行灵活运用,还会将个体的人格与品质特征体现出来。

5. 增强学生英语学习的内在动力

之所以出现英语学习拖延,一个根本原因在于学生缺乏内在学习动力,因此要想克服英语学习拖延,高校学生可以有意识地想象下自己取得好成绩之后的情境,从而在自己的英语学习中会采取各种方法和技巧,又或者与他人展开交流及合作,从而增强自身的英语学习内在动力。

6. 清查英语学习中的拖延原因

当然,除了上述几点外,高校学生应该清查自己在英语学习中产生拖延问题的原因。如果学生的英语学习拖延是由聊天等活动引起的,那么他们就需要对自己的聊天时长进行严格控制,或者暂时关闭聊天软件,慢慢地,当他们的聊天时间少了时,就不会那么想要聊天了。如果学生的英语学习拖延是由网络游戏引起的,那么高校学生可以将一些游戏软件删掉,对自己的上网时间进行严格控制,并设置一些奖惩机制,就不会那么爱玩游戏了。

另外,学生也可以采用自我暗示的方式,告诉自己如果继续聊天或者玩游戏,那么很容易出现挂科甚至退学的情况,意识到如此严重的结果,学生就会对聊天、玩游戏产生恐惧,就会不由自主地进行克制。

(三)合理安排自己的英语学习任务

很多学生之所以出现英语学习拖延问题,还有一个重要因素就是学习任务。高校学生的学习任务比较繁重,这就容易使他们丧失信心与动力,甚至对英语学习产生厌恶情绪,很难完成英语学习任务,出现拖延问题。鉴于此,我们可以从如下几个层面合理安排自己的英语学习任务。

1. 分解英语学习任务

所谓分解英语学习任务,即将大任务分解成一个一个的小任务。众所周知,一个任务一旦开始做了,其实做下来感觉并没有那么困难,但是很多时候一些学生一直拖延着不能迈开第一步。如果英语学习拖延者能够将这些大的任务切分成小的任务,且这些小的任务相对来说较为简单,那么他们就不会出现畏难情绪,愿意去尝试,这就迈开了一小步。例如,如果写一篇英语论文,看起来这项工作非常浩大,很多人也不知道如何动笔,但是如果将这项工作分成一个一个小的章节,那么看起来就没那么困难了。如果每天只要求自己完成一小节,甚至只有几百字,慢慢地这项任务就变得容易了。并且,一个小任务的完成很容易让人感到满足,这样积极的情绪会为接下来的任务储备动力。

2. 制定任务奖励机制

除分解英语学习任务外,学生在制订学习计划的时候,可以制定一些任务奖励机制。例如,完成一个小任务,可以奖励自己一个冰激凌、玩游戏 20 分钟等。当学生完成了一个大的任务,就可以奖励自己吃一顿大餐、休息半天等。当然需要注意的是,每一个小的任务不能持续太长的时间,如果时间太长,学生容易丧失耐心,很难获得奖励,同时会让学生丧失英语学习的动力,很难再继续下去,导致学习拖延问题产生。

3. 安排英语学习任务的顺序

每个人有自己的喜好,高校学生应该针对自己的喜好程度,对自己的学习任务顺序进行安排。如果自己的状态不好,那么就不要安排自己做不太喜欢的任务,如果强行安排,会适得其反,甚至出现瞌睡等现象,这与学生自身的内心抵制有关。这种抵制会导致学生降低学习效率,浪费时间,从而出现严重的拖延情况。

为了避免出现这一情况,高校学生应该在自己精神状态较好的时候安排难度较高的任务,或者是那些自己不喜欢但是必须完成的任务,而将那些自己喜欢的任务安排在这个之后,这样学生做完了不喜欢的任务之后再着手喜欢的任务,如同给了自己一个奖励一般,并且由于这项任务自己喜欢,学生也感觉不到学习疲劳,甚至能够专心致志地完成学习任务。

第三章　互联网时代高校英语教学的创新模式

在互联网时代下,高校英语教学需要适应社会发展的要求。互联网技术的不断发展为高校英语教学工作提供了很多思路,要求高校英语教师具备扎实的网络教学技术,并且能够和英语学科教学活动紧密结合,借助信息化的技术,调动学生英语学习的积极性和主动性,提升学生英语学习的效率,让互联网技术更好地为高校英语教学服务。本章从互联网的视角来分析高校英语教学的创新模式。

第一节　转变课堂形态,构建智慧课堂

一、转变课堂形态

(一)从独白课堂转向对话课堂

独白课堂是在高校英语教学中,教师拥有绝对话语权,对高校英语课堂教学的走向起着主导作用,学生则是失语者,高校英语课堂教学完全是教师的知识灌输过程。在这样的课堂上,教师与学生完全属于单边活动,学生并不是主动学习知识的,而是被教师灌输知识的。教师为了完成自身的教学任务,占据课堂的大部分时间,导致师生之间并没有过多的互动机会,学生也因此降低了学习兴趣和热情,产生了"虚假学习"现象。

"互联网+"时代最主要的特征是内容更为丰富。一方面,教师不再是学生获取知识的唯一途径,也不是课堂的权威,学生如果在课堂上有些知识没有掌握,他们可以在课下通过互联网展开自主学习。另一方面,随

着网络技术的发展,网上的交互平台增多,导致师生之间可以通过网络进行交流互动,打破了之前单边活动的局面,师生之间可以实时对话,这就使得课堂形态从独白走向对话。

对话课堂要求高校英语课堂教学主要以学生为本,将学生视作英语课堂教学的主体,通过对话手段,在师生之间建构平等互助的关系,最终提升教师的英语教学质量和学生的英语学习水平。对话课堂可以划分为三种对话形式:师生对话、生生对话、生本对话。其中师生对话是主要的组成部分,教师和学生通过探讨某些问题,从而让学生掌握知识。生生对话是学生倾听其他同伴的意见,与其他同伴交流,对学生的个体差异加以弥补,共享他人的思维成果。生本对话是学生与文本展开对话,这是阐释性对话,是学生对文本的理解。

基于互联网的对话使英语课堂教学打破了现实课堂的束缚,使学生可以在任何时间、任何地方从自己的学习需求出发展开对话。当教师在学习平台发布任务时,学生可以进行学习并可以直接在平台上留下问题,教师也可以进行在线解答。除此之外,当学生在学习社区等地方进行阅读时,也可以与其他同学分享自己的想法,从而实现思维共享。

(二)从封闭课堂转向开放课堂

封闭的课堂不仅指的是英语课堂环境的封闭,而且指的是英语课堂各个部分的封闭,主要表现在问题、经验、思维、教师交往等层面。

在"互联网+"背景下,每个人都在通过网络获取信息,教师与学生也不例外。对于学生而言,互联网让他们接触了各种信息,逐渐提升了他们的认知水平,产生了更多的新思维。对于教师而言,互联网也让他们不断革新自己的教学方法,增加自己的知识储备,加强与其他教师的合作等。

开放课堂就是运用互联网资源,打破传统课堂的时空限制,将教师、学生从教材中解放出来,实现师生、生生之间的互动与合作,培养学生树立独立思维意识。开放课堂相比于封闭课堂,经验、问题、思维等都变得更为开放。现如今,学生可以从不同的渠道获取信息,从而实现自身新旧经验的碰撞。

(三)从现实课堂转向混合课堂

随着信息技术的发展,优质的网络平台逐渐建立并开放,为学生的多

互联网时代
高校英语教学思路创新与发展研究

样化学习提供了更多选择余地,也不断促进英语教学的进步和发展。传统的现实课堂是单向灌输过程,在有限的时空内,学生不可能全部接受教师讲授的内容,导致传统的课堂过分注重理论而忽视实践。虽然各种虚拟网络课堂发展迅速,为学生的英语学习提供了更为广阔的空间,但是由于学生缺乏学习主动性,对自己的管理也不严格,导致虚拟课堂也出现了很多弊端。因此,将现实课堂与虚拟课堂相融合的混合课堂才是首选。

混合课堂是融合了现实与虚拟、线上与线下的模式,能够拓展学生的英语学习时空,发挥教师的辅助与引导作用,让学生获取更为优质的资源,从而培养学生的英语实践能力。

在当前的英语教学中,混合课堂的应用主要有如下几个步骤。

第一,通过学习平台为学生布置任务,让学生通过观看短视频,对下一堂课所要学习的内容进行搜集。

第二,在课堂上,学生可以展示自己的学习结果,也可以提出学习中的问题,在课堂上展开探讨。

二、构建智慧课堂

"互联网+"教育创造了多种教育模式,其中智慧课堂就是其中的一种重要模式。智慧课堂即依靠智能化技术,发挥教师与学生的智慧,对传统课堂教学模式加以优化。

智慧课堂要求以智慧教学环境作为支撑,这些智慧教学环境包括智慧校园网、学习资源平台,核心在于通过网络或者移动终端,接入学习内容,展示学习活动,更新与共享学习内容等。智慧教学环境可以实现真实情境的创建,实现学习协作,还可以推送个性化的学习资源。

具体来说,高校英语智慧课堂教学设计框架如图3-1所示。

(一)课前学习阶段

在课堂开始之前,教师可以通过网络问卷、测评等,对学生的学习需求加以了解,进而从学生的学习需求出发,为学生提供学习资源,制定学习任务。智慧的英语学习不仅包括习得知识、获得技能,还包括提升学生的英语思维与文化素养。

例如,运用移动终端App,如"英语流利说"等进行听说训练;利用"喜马拉雅在线听"等,展开英语文化学习。对于学生的雅思、托福考试,推荐

第三章 互联网时代高校英语教学的创新模式

学生使用一些泛在网络学习平台,展开有计划的学习。

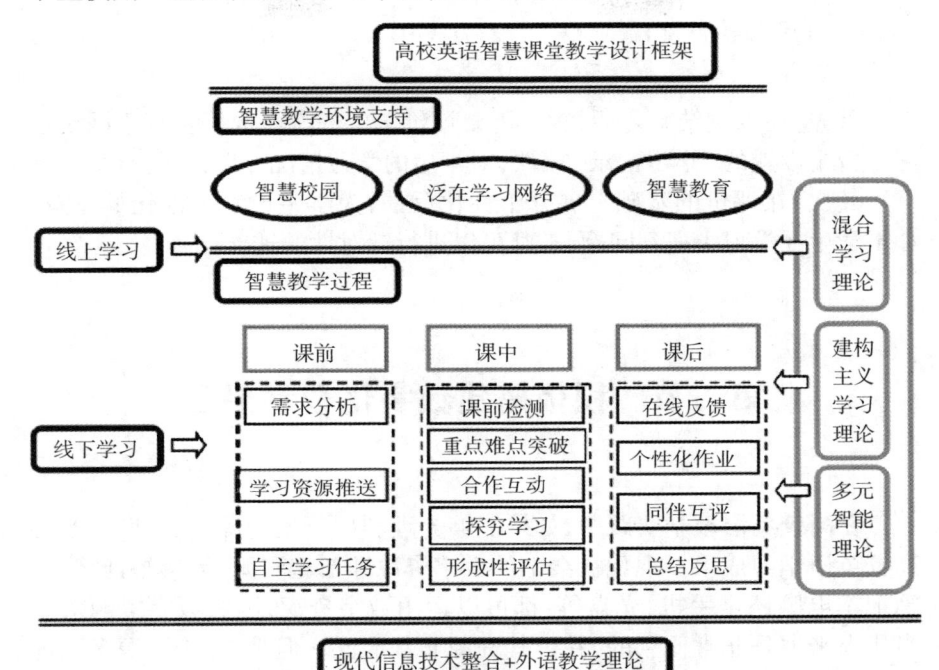

图 3-1 高校英语智慧课堂教学设计框架

(资料来源:厉建娟,2018)

(二)课堂学习阶段

在课堂中,智慧课堂教学要求发挥教师的智慧,运用先进科技,让学生主动探究。在课前检测阶段,可以通过在线测评,对学生的学习情况进行评估,从而设置自己教学的重难点。教学的重难点需要教师给予一定的指导,同时可以组成小组进行协作学习。教师可以运用网络平台发布一些探究学习任务,如从影视人物的对话中分析中西方思维差异等。

在智慧课堂中,教师可以运用在线网络和移动终端,对学生展开形成性评估。这是通过对学生学习过程的观察与记录,对学生的学习效果进行监测,激发学生的英语学习兴趣。

（三）课后学习阶段

首先，在课堂结束之后，教师需要评价学生的学习成果。基于网络学习平台中设置的"学习记录"模块，对学生的学习情况加以记录。

其次，在评价的基础上展开个性化反馈，为学生设置个性化的作业，如果学生在学习中遇到问题，教师可以进行针对性的辅导。

第二节　积极搭建数字化教学平台

在高校英语教学实践中，如果能够合理利用新型资源，则有助于改善高校英语学习成果。现代社会中的数字资源即新型资源，无论是计算机、笔记本电脑还是手机、光盘等，都可以运用数字资源，因为数字资源对于当代人来说是非常便利的，并且其资源非常广泛。但是，无论资源多么庞大，只有将其运用到恰当的领域中，才能彰显其价值。

高校英语教学应该充分借助数字资源的优势进行教学创新，具体来说，可以从如下两点展开。

一、积极搭建数字化教学平台

随着互联网的普及，现阶段的高校学生对于电子设备、网络都非常依赖，因此可以借助信息技术来搭建数字化教学平台。数字化教学模式解决了传统的时空问题，能够为学生提供更为便利的平台。数字化模式不局限于课堂的学习，高校英语教师还应该为学生搭建数字化平台，在搭建平台时，教师应该从社会的需要出发，制定更高的英语教学目标，建立科学的教学体系，实现数字化模式的创新。

另外，教师还可以创建微信公众号，定期发布一些学习内容，同时要做好对公众号的维护，让学生在课堂之外能够感受到英语学习氛围。当然，教师也需要做好监督的工作，帮助学生提升自身的自主学习能力。

二、创新教学手段与教学内容

在数字化背景下,高校英语教师应该充分利用数字化设备,借鉴不同的教学模式,为学生讲授英语文化知识与内容。在教学手段上,教师可以采取线上体验式教学。传统的体验式教学大多是线下的,而现在加入线上设备,使得体验式教学的选择更为丰富,更具有探究性,同时激发学生对知识的探究意识。例如,教师可以选择一个电影片段,让学生体会语言的魅力,进而让学生进行配音,这样不仅能够让学生体会到原汁原味的英语语言,还能够调动学生学习的积极性。

教师在开展教学之前,除了梳理本节课需要讲授的知识,还需要进行课外拓展。如果数字化设备仅仅是将书本知识搬到网络上,这样就失去了数字化教学的意义,因此教师应该不断丰富教学内容,提升英语教学的趣味性与全面性。

第三节 创新高校英语教学组织模式

一、高校英语慕课教学

(一)慕课教学的内涵

所谓慕课,英文是MOOCs,是"大规模在线开放课程"的简称。从Wiki百科中我们可以查询到,慕课指的是由参与者发布的课程,并且材料也可以在网络上查询到。也就是说,慕课课程是开放的课程,非常宏大,而且具有分享性,无论你处于世界任何一个角落,都可以进行学习与下载。与传统课程相比,慕课课程有图3-2所示的优势。

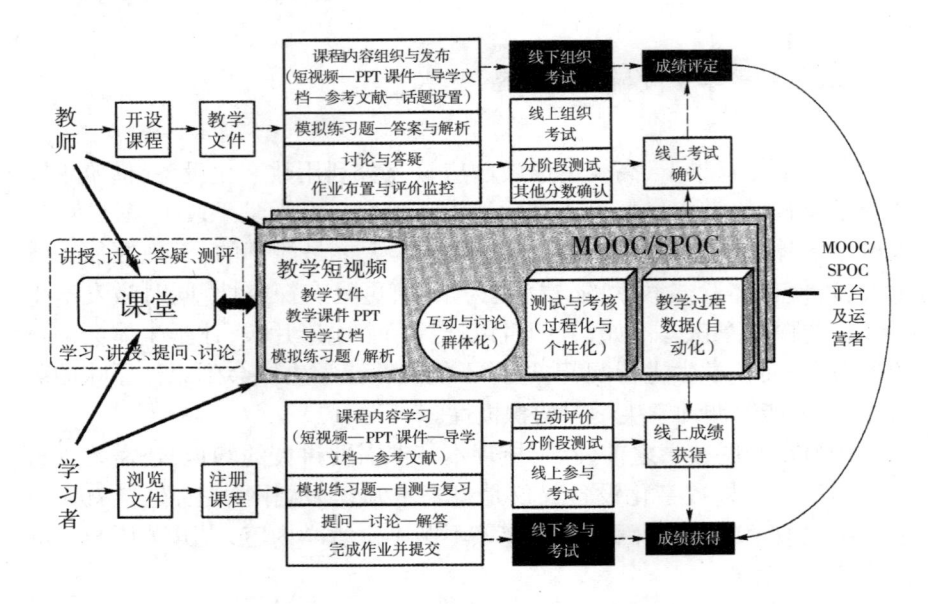

图 3-2 慕课教学与传统课堂的比较

（资料来源：战德臣等，2018）

慕课既然用 MOOCs 表示，其可以理解为如下四个层面。

M 是 Massive 的简称，指的是规模比较大。那么这个规模比较大具体指的是两种：一是人数比较多，二是资源规模比较宏大。当然，这个"大规模"也是相对来说的。

O 是 Open 的简称，即慕课课程的开放性，学生可以根据自己的兴趣选择学习课程，如果他们想学习，他们就可以注册、下载学习。即便一些课程是由某些营利公司开发的，他们也可以进行下载。

O 是 Online 的简称，即教与学的过程是通过网络实现的，如教师的线上教授、学生的线上学习、师生之间的讨论、学生作业的完成与提交、学生作业的批改等。

Cs 是 Courses 的简称，即课程包含主题提纲的讲授、内容的讲解、各种学习资料的上传、作业的布置、注意事项的提醒等。

慕课这门课程与传统的互联网远程课程、函授课程、辅导专线课程不同，也与网络视频公开课不同。从目前的慕课教学来说，所有的课程、教与学进程、师生之间的互动等都可以在网络上实现，具有完整性与系统性。

慕课这一教学模式最早是在 2008 年出现的，但是真正流行是在 2011 年，是教育的一大革新。之后，出现了很多与之相关的课程，直到 2012 年，由于各大学不断推进慕课教学,因此将2012年称为"慕课元年"。

(二)慕课教学的分类

著名学者蔡先金在他的《大数据时代的大学:e课程 e教学 e管理》一书中,将慕课教学模式划分为如下两类。

1. 基于任务的慕课教学模式

这一模式具体如图3-3所示,主要研究的是学生在任务完成之后对知识、能力的获取情况。学生可以从自身的学习方式出发,按照一些具体的步骤开展学习,可见学生的学习具有灵活性。学生可以观看一些录像、文本等,也可以共享其他学生的成果,从而完成自身的任务。

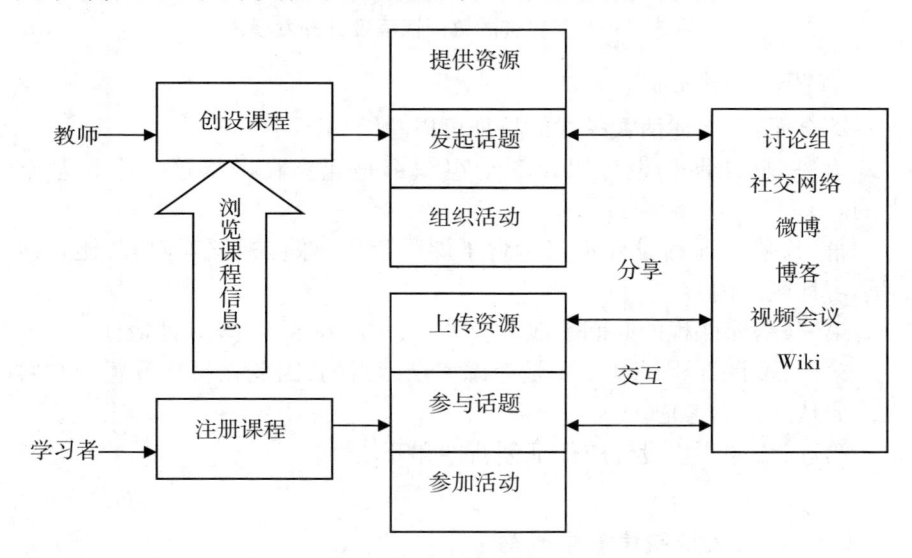

图3-3 基于任务的慕课课程设计开发模式

(资料来源:蔡先金等,2015)

2. 基于内容的慕课教学模式

这一模式如图3-4所示,主要侧重于学生是否可以清楚地掌握内容,一般通过总结性评价、形成性评价等手段来评估学生的学习成果。当前,这一模式非常注重研究学习社区的相关内容。在这一模式中,很多名校视频被包含在内,并设置了专业的用于测试的平台,学生在这一平台可以免费学习,并可以取得相应的证书。

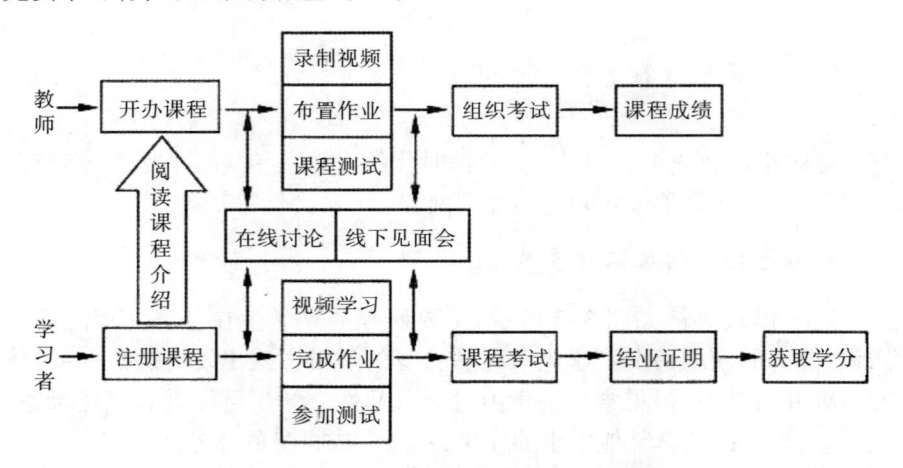

图 3-4 基于内容的慕课课程设计开发模式

(资料来源:蔡先金等,2015)

综合而言,上述两大模式的特征可以总结如下。

第一,慕课课程设计以及活动组织都是建立在网络这一平台基础上的。

第二,慕课课程设计不仅包含了课程资源、课程视频等内容,还容纳了学习社区等内容。

第三,慕课课程的时间一般不会太长,控制在 8~15 分钟最佳。

第四,慕课课程设计主要是考虑大众因素的,因此在目标设置的时候也需要从多方面考虑。

第五,慕课课程设计应保证创新性和开放性。

(三)高校英语慕课教学的意义

1. 突破时空限制,转变教学模式

慕课教学突破了传统的教学限制,让学生在接受高等教育的时候,不受时间、地点等限制,这对于传统的高等教育来说,面临着巨大的挑战。

慕课教学模式对于高校课程的设计与开发、师资发展等影响巨大,尤其体现在教学方法与策略层面。因此,当前的高等教育除了要适应社会发展的趋势,还需要考虑慕课教学在我国的本土化问题。一些专家学者通过研究国外的慕课教学,建立了很多国内本土化的英语在线开放课程

群,这样学习者不仅可以自主选择适合自己的课程,还能学到英语知识,提升自身的英语水平。也就是说,英语慕课教学使教学手段更加优化,而且不断提升了教学质量与效果。具体来说,英语慕课教学在教学层面有如下两点优势。

第一,使英语教师从传统的教学模式中解放出来,但他们也将面临巨大的挑战,因此英语教师应该学会运用技术,为学生构建高效、多样的英语慕课课程。

第二,运用慕课教学模式,教师的需求将会减少,并且会在慕课教学中出现一些"明星"教师,每一位教师也有很多的学生"粉丝"。另外,教师的授课重点也会发生改变,尤其是"明星"教师提供的精品课程,这些课程必然需要有好的教材、声源等,为了给学生创造优质的视觉感受,因此还需要运用一些肢体语言表达。

2. 激发学习兴趣,使学生的学习更为自由

在慕课教学模式下,人们更多关注的是能否激发学生的学习兴趣,是否发挥了学生的主观能动性。因此,通过慕课平台,学生的学习从繁重的课堂中解放出来,而在这种轻松的学习模式下,他们获取知识的欲望将会逐渐增加,从而变成主动获取知识。学生可以在自己设定的时间内,对知识的来源与结构进行充分的了解,把握好关键性知识与内容,学生的学习过程也限于如何提出问题、寻找答案解决问题等。

另外,慕课学习环境让学生的学习更为自由,便于学生培养自主学习能力。他们通过自主学习,有了大量的课外学习实践,从而不断拓宽自己的学习视野,提升自己的兴趣。

(四)高校英语慕课教学的策略

1. 构建多层次的慕课课程

如前所述,慕课教学模式冲击着传统的英语教学,尤其是传统英语教学模式单一的情况。从师资力量上说,传统的师资力量比较薄弱,教师资源非常有限,导致很多课程的讲授并没有针对性。但是相比之下,英语慕课教学基于学生的兴趣和积极性来设置课程,这使得学生学习英语的动力明显提升,从而不断提升他们学习的效率与质量。

2. 采用多种教学方式展开慕课教学

虽然很多学校都要求不断进行英语教学改革,要求在上课方式上不再是单一的手段,但是教师在讲授方式上还是过多倾向于知识点的讲述,即便是将多媒体手段融入其中,也多是将其作为课堂讲授的辅助手段,显然这样做只是将传统的板书形式替换成了现在的多媒体形式。相比之下,英语慕课教学模式更为多样化,学生即便不在学校内,也能够通过网络获取知识。

3. 采用多渠道考核学生的慕课学习情况

在慕课教学模式下,英语教学中设置了多渠道的考核手段。如果仅仅是传统的笔试考试或者论文写作,那么很难将学生的实际能力检测出来。但是,在英语慕课教学模式下,可以进行个性化的考核,这样的考核可以将学生的积极性激发出来,从而为下一阶段的学习做准备。

二、高校英语微课教学

(一)微课教学的内涵

微课教学是指教师将微课资源整合到日常课堂当中,根据学生的学习特点和学习进度,将微课资源与普通课堂相结合,从而实施教学的过程。

微课教学的特点主要体现在以下几个方面。
(1)内容易懂,精力专注。
(2)集中、强化教学技能。
(3)突出自身优势,彰显个性特点。

(二)微课教学的分类

当前,在微课教学中,有几种模式是非常常见的。下面这几种模式的构成要素有着较大的差异,但是它们有各自的特点与适用范围,下面就对这几种模式展开详细的论述。

第三章 互联网时代高校英语教学的创新模式

1. 非常 4+1 微课资源结构模式

非常 4+1 模式主要由图 3-5 所示的五个要素构成。其中"1"代表微视频，而"4"代表围绕它的四个层面，这四个层面用于构建微视频。也就是说，这"4"个层面都是围绕"1"建构起来的，并且是与"1"相匹配的资源。

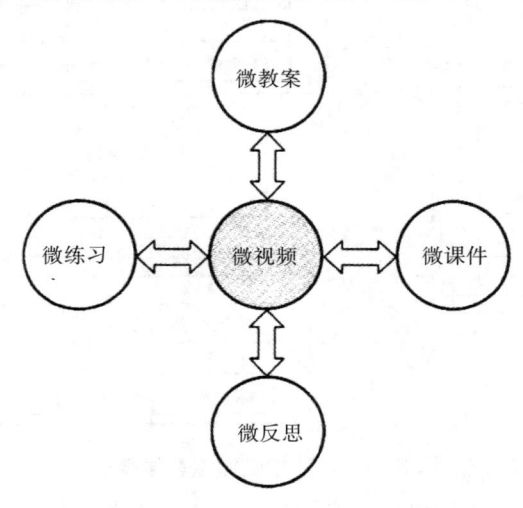

图 3-5 非常 4+1 微课资源结构模式

（资料来源：王亚盛、丛迎九，2015）

2. 可汗学院微课教学模式

可汗学院微课教学模式（图 3-6）就比较复杂了，并且具有较高的建构成本，但是适用范围还是相对比较广的。在这一模式中，教学设计者、教师、学生彼此之间是相互促进的关系，当然彼此也是独立的。这一模式主要是为了完成教学的设计。

3. 111 微课内容构建模式

111 微课内容构建模式（图 3-7）主要指的是对三个"1"的把握。其中第一个"1"指的是用 1 个案例引入教学情境，从而让学生对学习的价值与意义有清楚的了解；第二个"1"指的是带出 1 个需要的原理或者概念，从而强化对知识的理解和把握；第三个"1"指的是对其进行训练，从而实现知识的内化。

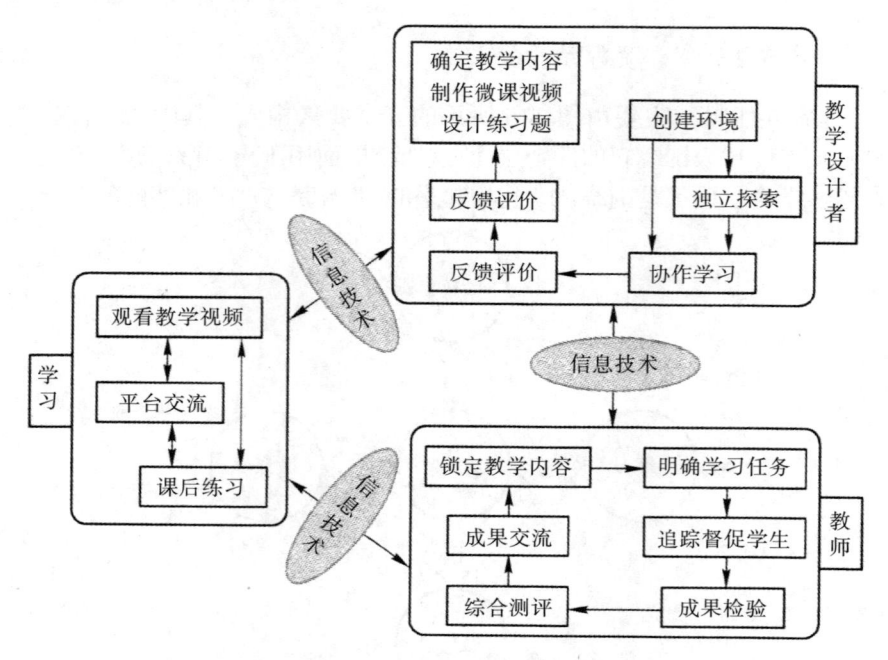

图 3-6　可汗学院微课教学模式

（资料来源：王亚盛、丛迎九，2015）

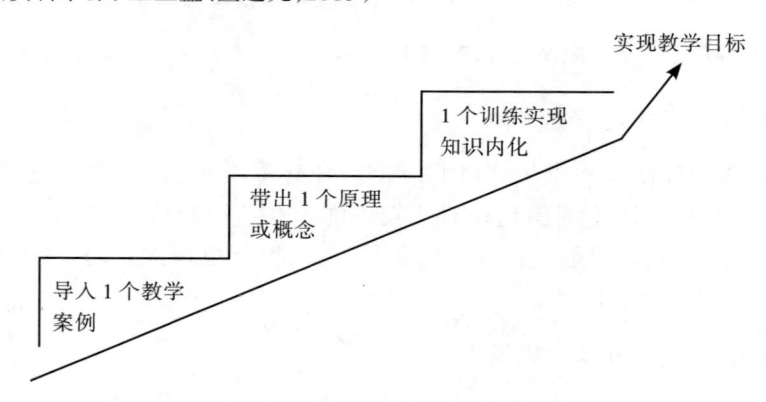

图 3-7　111 微课内容构建模式

（资料来源：王亚盛、丛迎九，2015）

4. 123 微课程教学运作模式

123 微课教学运作模式（图 3-8）是基于国内外中小学学习情况建构起来的。其中的"1"指的是教学活动应该以微课程为中心，并且强调短小；"2"指的是教师要设置教案、组织教学活动，一般要设置 2 套教案；"3"

指的是根据资料展开自主学习,这里主要有3组资料。

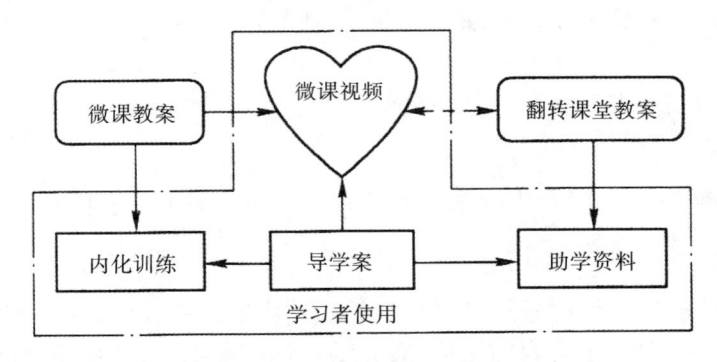

图 3-8　123微课程教学运作模式

(资料来源:王亚盛、丛迎九,2015)

(三)高校英语微课教学的意义

1. 促进学生学习积极性的提升

在高校英语微课教学中,教师用直观的教学手段清晰地展示抽象的理论知识和技能,为学生理解与掌握知识和技能提供了方便,使学生学习起来更容易一些。学生对新鲜事物总是充满好奇心,而对于高校学生来说,微课教学模式是比较新鲜的事物,能激发他们的好奇心和求知欲,学生在新的教学模式下学习的积极性会得到提升,更愿意主动学习,这对于提高学习效果、提升英语素养具有重要意义。

2. 使学生的个性化学习需求得到满足

高校英语微课教学可以使不同学生的个性化学习需求得到满足,学生可以根据自己的学习需要对所要学习的内容进行灵活选择,既能强化自己已经掌握的知识与技能,又能重点学习自己还未掌握的知识与技能。高校英语微课教学为学生提供了延伸性的学习平台,学生利用这一拓展化的学习资源可以查漏补缺,完善自己的知识体系,巩固自己的语言技能。在传统英语教学中,由于一节课时间比较长,学生的注意力很难始终保持高度集中的状态,学生注意力分散,无法与教师配合好,自然就会影响课堂教学的顺利进行和最终的教学效果。而在高校英语微课教学模式下,由于时间短,而且学生面对的是生动形象的教学资源,因此更容易集中注意力,更容易准确抓住知识点,还能主动思考与探索,这对于促进学生视野的拓展及学习水平的提高是有好处的。

(四)高校英语微课教学的策略

高校英语微课教学的组织与实施过程可分为以下三个阶段。

1. 课前准备

课前准备工作的好坏直接反映教师的内容编制技能,准备阶段的工作主要包括对教学内容的选取、对教学目标的确定、对教学策略的制定、对教学顺序的安排及对教学器材的摆放等内容。选取教学内容一定要有明确的主题,对某一个或少数几个选定的问题集中进行说明,这样才能体现出高校英语教学的目的性、计划性,才能使教学目标发挥引领作用。

2. 课中教学

(1)课程导入。微课时间较短,在有限的时间内尽可能用新颖的方法引出课题,这样才能在短时间内吸引学生的注意力,使其在接下来的时间里集中精力学习。这一环节用时较少。

(2)正式进入教学活动。教学活动是主体部分,以解决一个技术问题为主线,教师的讲解要简短精练,留出让学生自主练习的时间,教师在旁边巧妙启发、积极引导。

(3)课堂小结。课堂小结是对教学内容要点的归纳及整个教学的总结。课堂小结贵在"精",要起到画龙点睛的作用,不要做不必要的总结,以免画蛇添足。

3. 课后反思

教学探究和解决问题是课后反思的基本立足点,反思的要点有两个,即教和学,通过反思来检验目标的合理性与达成情况,根据现实问题而提出解决方案与改进建议。

三、高校英语翻转课堂教学

(一)翻转课堂教学的内涵

当前看到的出现最早的翻转课堂模型就是图 3-9 所示的罗伯特·塔

尔伯特(Robert Talbert)教授的模型,其在"线性代数"中应用了这一模式,并且效果显著。

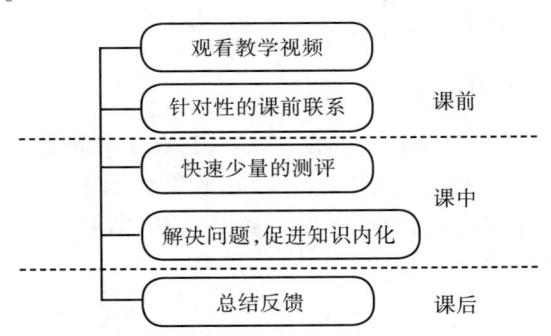

```
观看教学视频
针对性的课前联系    } 课前
- - - - - - - - - - - - - - -
快速少量的测评
解决问题,促进知识内化 } 课中
- - - - - - - - - - - - - - -
总结反馈           } 课后
```

图 3-9 罗伯特·塔尔伯特的翻转课堂教学结构

(资料来源:孙慧敏、李晓文,2018)

这一模型为后续学者、专家进行教学模式探索提供了基本思路。那么,到底什么是翻转课堂教学模式呢?有人将其定义为一种在线课程,也有人将其定义为传统课堂顺序的颠倒,并未进行实质变动。但是,这两种观点都不准确。实际上,翻转课堂的核心在于教学视频,但是教师在其中也仍旧发挥重要的作用,因此不能将翻转课堂定义为一种在线课程。在传统的课堂中,教师充当知识的灌输者,但是翻转课堂是将知识传授予以提前,而将课后需要练习的内容转移到课堂之中,学生与教师或者其他学生在课堂上可以进行探讨。这种颠倒实际上是为了让学生对知识进行内化,这才是翻转课堂的内涵所在。

(二)翻转课堂教学的理论

1. 掌握学习理论

所谓掌握学习,即学生在足够的时间与最佳的学习条件前提下,掌握学习材料的一种手段。这一理论是由卡罗尔提出的,并且卡罗尔认为,学生的学习有的比较快,有的却很慢,但是只要为他们准备充足的时间,他们就都能学会。

之后,布鲁姆在卡罗尔理论的基础上,提出了"掌握学习"教学法[①],这一理论对后期的教学模式改革提供了帮助。在布鲁姆看来,掌握学习

---

① 布鲁姆等. 教育评价[M]. 邱渊等, 译. 上海: 华东师范大学出版社, 1987: 71-98.

的核心在于：学生之所以未取得好成绩，并不是他们的智力不够，而是因为他们的时间不足。因此，只要给予他们充足的时间，那么他们的智力就会被激发出来，他们就会完成学业。

2. 学习金字塔理论

美国学者埃德加·戴尔（Edgar Dale,1946）率先提出"学习金字塔（Cone of Learning）"理论，他用数字形式形象显示了学生采用不同的学习方式在两周以后还能记住的内容多少（平均学习保持率），如图3-10所示。①

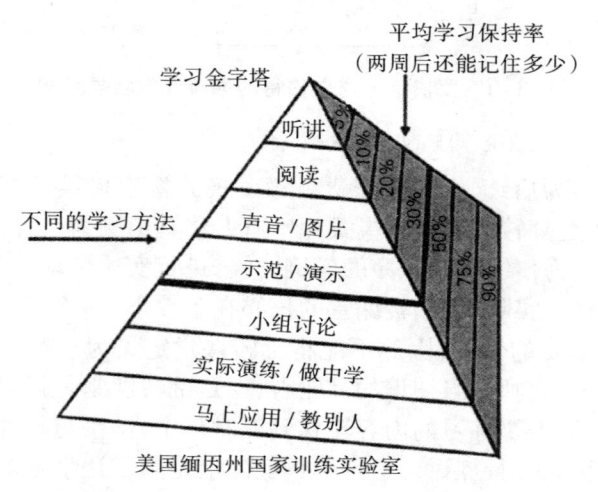

图3-10　学习金字塔理论

（资料来源：孙慧敏、李晓文，2018）

从图3-10可以看出，学习方法不同，学习效果也必然不同。并且通过分析可知，这一理论能够揭示出传统灌输学习转向体验式学习是如何影响学生学习的，也能够为学生提供提升学习效率的路径。

---

① Dale Edgar. Audio-Visual Methods in Teaching[M]. New York: The Dryden Press, 1954: 16.

（三）高校英语翻转课堂教学的意义

1. 真正实现了以学生为中心

翻转课堂教学模式是对传统教学场所、教学时间等的改变。通过这一教学模式，教师将讲授的媒介转向视频，学生通过自学来获取知识。教师可以通过 Facebook、Twitter 等为学生提供资料，学生可以在网上对这些资料进行获取，从而主动进行学习。而课堂成了学生与教师、其他学生之间交流的场所，从而激发学生探究学习、协作学习的主动性。

2. 让学生的英语学习更为自主

翻转课堂教学的课前学习部分以及课堂的任务活动部分都需要学生参与其中，这不仅仅是让学生对学习负责任，还是让学生认识到只有通过学习，才能够与教师或者其他学生展开探究。这时候，学生从被动的学习转向主动的学习，从而培养他们的自主学习意识。

（四）高校英语翻转课堂教学的策略

1. 设计英语教学过程

美国创新学习研究所（Innovative Learning Institute，ILI）提出了翻转课堂设计流程。ILI 认为，翻转课堂的设计过程主要包括如下八个层面。

第一，对课外学习目标进行确定。
第二，选择翻转课堂的具体内容。
第三，选择翻转课堂传递的手段。
第四，准备翻转课堂教学的资源。
第五，对课内学习目标加以确立。
第六，选择翻转课堂评价的手段。
第七，设计具体的翻转课堂教学活动。
第八，辅导学生展开学习。

2. 开发英语教学资源

从广义层面来说，教学资源指的是用于教学的材料以及相关的人力、物力、设施等，能够帮助个体展开学习的任何东西。随着科技的进步，信息化教学资源逐渐呈现出来,指的是在信息技术环境下为了实现教学的目的而出现的各种教学资源,如人力资源、信息资源等。

随着信息化资源的不断丰富和在教学中的不断应用,人们逐渐提出了翻转课堂的教学理念,从上述翻转课堂的过程可知,要想实现翻转课堂,需要具备一些基本的教学资源,如教学视频、阶段训练、学习任务单等。

当然,要想实现翻转课堂,除了需要具备上述一些资源,还需要考虑借助一些软件工具,这类资源贯穿翻转课堂教学的全过程。这些软件的作用在于帮助教师设计教学视频,帮助师生展开协作交流,展示学生的学习成果等。

四、高校英语混合式教学

(一)混合式教学的内涵

混合式教学是教学信息化发展的新阶段,它体现出信息技术从教学辅助转向与教学的深度融合。信息技术应用于教育教学最早始于计算机辅助教学(Computer Assisted Instruction,CAI),并且衍生出了计算机辅助学习(Computer Assisted Learning,CAL)、计算机辅助训练(Computer Assisted Training,CAT)等概念,直到之后出现信息化时代的网络教学平台(E-Learning)等,这些教学应用的特点都是从属于已有的教学流程,在教学过程中起的更多是辅助、补充和支持作用。

当前从教学角度而言的混合式教学,使信息技术在教学中发挥的作用不再仅仅是工具或支撑平台,而是对教学思维、教学元素以及完整教学流程的重构。因此,混合式教学对于教学系统设计中的信息技术环境和条件、教学参与者的信息技术素养、教学管理的信息化水平都提出了更高的要求。

具体而言,在网络教学环境中,需要有稳定的有线网络和无线网络接入,而云计算服务器需要安装在专业的数据中心机房内,教师和学生应该普及智能手机及笔记本电脑等终端,并能够随时随地稳定快速地接入平台;教师和学生对信息化教育教学以及信息化时代教学与学习的新理念、新思维有一定程度的认识及理解,能够适应教学流程重构和翻转对教师及学生提出的新要求,能够主动调整自己在传统教学和学习模式中的习惯思维及行为,积极融入混合式教学的新模式之中;对于教务管理部门而言,在混合式教学的教务管理过程中还需要提高管理的信息化水平,努力消灭数据孤岛,跨越数字鸿沟,重构教务管理规则和流程,避免传统教务管理中的一些规定和流程被原样照搬到混合式教学的管理之中,以免生搬硬套而影响混合式教学的开展。

另外,混合式教学中的教学绩效考核制度和教学质量评价体系也与传统教学评估的指标及模式存在较大的差异,需要教务管理部门与时俱进,研究制定混合式教学的考核和激励机制,从制度上推动混合式教学在学校教学中的应用普及与深入开展。

由于混合式教学是对传统教学模式的流程重构,不仅仅是简单的信息化应用,必将触动教师的传统教学观念和工作模式,甚至是触动教师的个人利益,这些问题与技术问题交织在一起,使混合式教学模式的施行遇到一系列问题,因此学校教务管理部门和教学单位的首要工作目标应该是区别并梳理各种矛盾和问题,对症下药,多管齐下地予以逐步解决,切忌以点带面,放大次要矛盾而忽视或回避主要矛盾,从而使问题复杂化,导致关键问题更加难以处理。

(二)高校英语混合式教学的意义

1. 有利于发挥集合优势

开展混合式教学有助于将新旧教学模式结合起来,彼此之间进行相互学习,系统地展开思考,对各种教与学方法进行整合和分析。这样不仅能够将教师的教学技能挖掘出来,发挥教师在教学中的主导地位,还能够实现以学生为中心,发挥学生的主体性。同时,教师集中运用先进的教学技术、教学设施等,为学生创设必备的学习环境,从某种程度上说,这种混合式教学对教师的要求更高。

2. 有利于及时反馈

在传统的教学中,教师很难进行准确的、全面的反馈,但是在混合式教学模式下,教师可以运用一些网络平台,结合线上线下教学环境,全面准确地了解学生,帮助学生解决学习中遇到的问题,从而不断提升教师的教学效果。

3. 有利于高效互动课堂的建立

传统的教学模式主要侧重于教学活动,教学内容主要是教师灌输给学生,是一种单向的转移。在学习中,学生不能有效地参与课堂之中,学生与课堂很难实现互动。教师的教学模式也比较单一,缺乏灵活性。在混合式教学模式下,教师选择先进的教学手段,目的是实现师生之间的互动,从而便于师生解决教与学的问题。

4. 有利于个性化学习

在学习中,学生可以根据自己的需要选择适合自己的学习方式,激发他们主动参与课堂的积极性,展开与教师、与其他学生之间的协作。同时,学生也有充足的时间进行课外实践。显然,这与当前的英语教学改革潮流相符。同样,学生能够自主选择学习内容也属于一种深度学习,是一种创新手段,便于学生获得好的成绩。

(三)高校英语混合式教学的策略

1. 课前准备

在混合式英语教学中,教师在展开授课之前,要从教学内容、学生实际学习情况出发,对课程资源进行整合,并考虑实际的情况,设计具体的教学任务,从而培养学生的自主学习能力。例如,通过"朗文交互学习平台""新理念外语网络教学平台"等平台,教师可以将与教材相关的学习目标、学习计划、学习主题等预习任务发送给学生,学生从自身的能力出发,通过各种形式完成预习任务,从而不断提升自身的自主学习水平。同时,在混合式教学中,学生与教师或者其他同学之间还可以进行互动,如果遇到问题,学生也可以向教师或者其他学生寻求帮助。

2. 课堂讲授

混合式教学实际上是线上线下混合式教学,其中的线下即课堂讲授,这一阶段主要通过课堂与自主学习平台的融合,展开多媒体辅助教学。首先,教师要对学生的预习情况进行检查,并指出学生在预习过程中存在的问题。其次,教师运用多媒体对教学内容进行丰富,提出一些具体的问题,让学生进行思考。再次,教师从实际情况出发,设计相应的学习任务,让学生之间进行探讨,或者通过一些角色扮演的形式,调动学生的参与积极性。最后,教师让学生进行反思,或者进行自评、互评,对自己的学习内容加以总结,激发他们的探究精神。

3. 课后补充

在课后，教师通过混合式教学对学习资料进行补充，拓宽学生的视野，加深学生对知识的掌握情况。当然，学生也可以在网上寻找一些复习材料，从而使自己的学习效果更有效。

五、高校英语多模态教学

（一）多模态教学的内涵

所谓模态，即交流的渠道与媒介，是一种囊括语言、图像、技术、音乐等符号的系统。多模态教学模式是建立在多模态话语分析理论基础上的。20世纪90年代，西方学者提出了多模态话语理论，这一理论指出，语言属于一种社会符号，音乐、绘画等非语言符号对语言意义的生成起着重要的影响作用。各种语言符号与非语言符号模态之间既是相互独立也是相互影响的关系，共同生成语言意义。

在多模态话语分析理论的基础上，New London Group 提出了多模态教学方法。作为一项教学理论，其包含多个层面，如声音、图像、视觉等。根据这一理论，语言的输入与输出都会受到多种符号模态的影响，因此在英语教学中，可以将多种符号模态加以融合，并结合图像、音乐等形式，丰富英语课堂教学，将学生的兴趣激发出来。

教师采用多模态教学，可以融合网络手段，为学生创设各种情境，这样学生才能在学习中体会到快乐，多渠道地将学生的各个感官激发出来，促进学生英语语言技能的进步与发展。

（二）多模态教学的原则

1. 坚持"学生中心"这一核心原则

在高校英语多模态教学中，"学生中心"是最为核心的原则。所谓"学生中心"，即做到以学生为中心，发挥学生的主体性与能动性。在高校英语多模态教学中，学生是学习的主体。要想实现"教学相长"，就必须以学生为中心来促进教师的教学，让教师对学生的学习进行指导。在教学的内容上，教师需要将学生的积极性与主动性调动起来，学生可以根据自身能力、自身认知等层面的具体情况,结合教师的指导,对自己的学习策略进行调控,从而与教师的讲授形成良性的互动。

2. 建立以对话为主的格局

教师与学生之间的对话是基于网络时代建构起来的,高校英语多模态教学模式是建立在以对话为主的格局之下的,这是其内核。具体来说,教师教学的效率、学生学习的能力、学生国际素养的培养,都与师生之间的良性对话有着密切的关系。其中,通过网络资源优势,设计与学生相符合的互动活动,引导学生展开多元层次的互动,构建传统教学与网络教学结合的新型模式,是教师值得关注的方面。因为当前,最关键的层面在于不断更新与变革教师的教学理念,如果不变更这一点,那么无疑就是"穿新鞋,走老路"。

3. 以跨学科为视角,坚持多元创新原则

在网络时代背景下,高校英语多模态教学要从跨学科的角度出发,采用多元的教学手段与模式,将学生的学习潜能充分地调动起来,积累学生的知识储备,便于他们形成良好的语言能力与国际文化素养。多元化与单一化是相对的概念,多元化的提出主要是基于不同学生的个性特点、学习特点提出的,在这一过程中,人的大脑会受到各种刺激,逐渐构筑自己的知识结构。由于这些认识并不是来自某一个事物,而是来自不同的事物,导致人与人的知识结构也出现了差异性。因此,在了解学生具备多元智能维度的基础上,从新的技术手段出发,通过多元教学方式,给学生提供多元化的刺激,从而让学生对英语学习有新的认知。

(三)高校英语教学多模态教学的意义

1. 改善了学生的英语学习模式

首先,高校英语多模态教学将多种符号模态引入英语教学之中,对学生的多种感官进行刺激,让学生将多种感官应用到英语学习之中,从而丰富自己的信息输入形式,让学习者直观地接受、记忆学习内容。与单一的语言讲解相比,多模态教学能够提升学生的记忆力。

其次,从多模态表现形式的需求出发,高校英语多模态教学往往采用的是不同的教学手段,对教学形式加以丰富能避免英语教学形式过于单调。这样的方式可以将学生的学习积极性调动起来,通过参与各项活动,

学生的英语学习也变得更为主动,便于学生形成自主学习的意识。同时,学生的参与也能够不断提高他们的综合能力。

最后,高校英语多模态教学能够对传统单一的模态教学进行弥补,即从教学目标、教学内容出发,采用不同的教学方法,用直观的方式,让学生主动、积极地参与其中,提升他们对语言使用的效率,进而提升学生的综合运用能力。

2. 提升了英语教学的质量和水平

高校英语多模态教学是将多种模态结合起来展开教学,将学生的各个感官调动起来,让学生对学习内容有清楚的理解。在同样的时间内,多感官要远比单一的感官更容易理解与记忆,这从一定程度上大大提升了教学的效率和质量。

(四)高校英语多模态教学的策略

高校英语多模态教学作为一种新型模式,充满着活力,在信息化背景下必将日趋完善。那么下面就来具体分析高校英语多模态教学的构建策略。

1. 充分利用多媒体资源展开多模态教学

在英语教学中引入多媒体技术,是英语教学的一种变革手段。多模态教学强调调动学生的多种感官,从而满足英语教学的要求。多媒体课件将文字、音频、视频等集合起来,便于调动学生的多种感官。当然,教师在制作多媒体课件的时候,需要进行多种准备,需要考虑不同的教学任务,对各种资料进行搜集与设计。

2. 建设多模态化英语网络教学空间

随着网络技术的不断进步,大数据技术也在不断革新,我们的校园网、校园论坛更加丰富,也被人们逐渐应用到教学中。所谓网络空间教学,即教师通过网络平台与学生展开交流及互动,可以在网络上进行实名认证,从而便于师生之间展开交流。

例如,2015年河南牧业经济学院创建了"网络教学平台系统",这一系统是在Sakai教学平台的基础上研发的远程教学系统,该系统采用"引领式在线学习"的理念,通过论坛、课程空间等形式,在教师、学生、学习资源之间构建了一个交互渠道,调动了学生的多种感官,激发了学生学习的积极性,从而实现了多模态教学。

  在进行英语网络空间教学之后,教师与学生之间可以突破时间、地点的阻碍,他们可以在线进行问答,展开互动,这样不仅便于教师了解学生的学习情况,也能增进彼此之间的联系。

  通过网络空间,教师也可以对学生的作业进行批改。学生按照固定的时间提交自己的作业,然后教师进行批改与反馈,这不仅可以节约用纸,还可以让师生进行互动。

  需要指明的是,网络空间要想发挥出应有的作用,必须让学生积极参与其中,即首先学生需要登录上去完成学习和作业,然后教师要实时进行分析和阅读,从而评估学生的学习情况。

第四章　互联网时代高校英语教学的创新思维

当前,互联网技术对人们的生活、生产等造成影响,对传统的教学方式、教学理念等产生冲击,这给高校英语教学带来了新的活力。在互联网时代背景下,高校英语教学需要与社会发展相适应,教师应创新教学思维,这样才能更好地拓展学生英语学习的内容、培养学生对英语学习的兴趣。

第一节　创新教学理念,体现学生主体地位

一、学生在英语教学中的主体地位

学生的主体性,是指在英语教学活动中,所有的教学设计和教学行为都是围绕学生进行的,让其处于英语教学的核心位置。学生在教学活动中的主体性与其主观能动性有着密切的关系,人的主体性是其个性发展的核心。一般来讲,主体性越明显,学生对自己是为谁而学习的理解程度就越深,这对于学生更好地知道该如何去做、如何做得更好是有积极意义的。

(一)学生在英语教学中的地位

学生在英语教学中应该占据主体地位,具体表现如下。
在英语教学过程中,教师和学生都是参与者,二者都是重要的主体,

但是二者的主体地位所处的环境是不同的,教师是在英语教学中起主导作用的主体,其主要职责在于"教",而学生则主要为了"学",因此在英语学习中,学生是主体。在英语教学中,教师和学生是直接参与的两个主体,同时,英语教学中有些项目是需要英语教师和学生共同来完成的,因此只靠教师的教无法达到教学目的,需要学生的配合,才能使教学活动顺利进行并保证教学效果。学生在英语学习过程中的一个重要学习任务就是不断汲取英语的相关知识,如英语文化知识,这样才能不断更新升华对英语的理解和感悟,形成创新性的英语文化。与此同时,学生在英语文化方面也要具有一定的创造力,通过不断的创造,使所学的英语文化得到良好的传承和发展。

(二)学生主体性在英语教学中的体现

学生在英语教学中的主体地位是毋庸置疑的,苏霍姆林斯基"让每个学生都抬起头来走路"的教育信条,就充分体现学生的主体性地位。一般来说,英语教学活动中学生的主体性可以从以下几个方面得以体现。

学生在英语教学中的主体性首先体现在对教育影响的选择性上。教师的教育影响并不能让学生全盘接受,只有那些与学生自身的特点和需求相符的教育影响,才能为学生所接受。学生有根据主体意识,积极地或消极地进行选择的权力。学生在英语教学中的主体性表现在学生的英语学习具有独立性、主动性与创造性层面。首先是学习的独立性。学生本身具有个体化特征,这就决定了其在学习起点、学习的目标与追求、制约学习的个性心理特征等方面有所差别,因此要求英语教师要遵循因材施教原则。其次是学习的主动性。学生学习活动的主动性、自觉性是学生学习主体性的本质体现,英语教师的教学活动要建立在学生对英语学习的自觉的、主动的、自我追求的基础上。最后是学习的创造性。学生在英语教学任务的方式、方法、思路以及对问题的认识等方面的完成与实现,与教师所教的内容或方法并不是存在着完全一致关系的,其中,也体现学生的一些创新性和创造性,因此英语教师要在认同这种创造性的同时进一步给予鼓励。

（三）学生主体性发挥需要具备的条件

学生在英语教学中主体性地位的重要性已经显而易见，那么要发挥这种作用，需要具备的条件有哪些呢？

其一，在英语教学中，英语教师首先要将"为什么教英语"的问题明确下来，要充分理解社会对英语教育的要求和期待，让学生最终能够获得理解能力、学习能力、领悟能力等。但是这些并不是全部，还要求英语教师将讲授的目标转化成学生学习的目标，即我要让学生理解、学习和领悟的内容有哪些。英语教师在明确了教学内容和教学方法、手段的同时，要让学生明白其所要学习的内容和方法、手段。要使学生在学习过程中始终对所学内容的文化体系和技能体系有个概观，同时对本教材目标与总目标的关系、本教材的科学教程、本教材的重点、本教材的难点以及本教材和自己身心发展之间的关系等有充分的了解，只有这样师生才共同拥有"把英语教学导向目标的载体和道路"。

其二，良好的教学情境对于英语教学的开展是有帮助的。因此，英语教师要做好这方面的创设，以此来对学生好奇心和探索欲进行激发，诱发学生产生和提出各种各样的问题。民主性能够从尊重学生的人格、理解他们的学习基础和原谅他们在学习中的缺点及错误等方面得以体现。要想充分发挥学生主体性，就必须让学生在"学习方法"上具有自主性和主动性。当前，英语教师的一个重要任务就是积极转变学生的学习方式，使多样化的学习方式逐渐取代单纯他主的、被动的学习方式。与此同时，英语教学中的"自主性学习"和"探究性学习"也要进一步加强。

二、学生在课内外扮演的角色

在高校英语教学中，应该让教师与学生共同构成课堂平衡，强调二者之间的合作与互动，从而使这一系统稳定持续发展。具体来说，学生主要有如下几个角色。

（一）课堂系统的主体者

课堂系统的构建是彼此相互促进、相互依存的结果。学校里面的课堂系统一方面是要实现学生能力与知识的发展，促进学生在学校这一环境中能够自由全面健康地发展;另一方面,学校的课堂系统也是要实现教师的专业化发展。当然,促进学生的发展是主要方面。因此,在高校英语教学中,应该以学生为课堂系统的主体,应该以学生的可持续发展为中心,通过促进学生的健康成长来实现整个课堂系统的和谐发展。

(二)自我学习的开拓者

当前,教师占据主导地位、学生占据主体地位已经被大多数人认可。教师从成人的立场出发,通过较为成熟的世界观与人生观,对每一位学生的行为加以关注与了解,分析他们的具体需求。但是,对于学生而言,没有人比自己更了解自己,因此学生需要不断挖掘自身的需要,明确自己的发展方向。因此,在高校英语教学过程中,学生应该成为自我学习的开拓者,选择自己的学习目标与方向,然后有规律、有计划地开展自我学习,这样才能更好地掌握知识。

第二节 开展分层教学,重视个体差异性培养

一、高校英语分层教学的内涵

所谓分层教学,就是指根据学生的英语水平,将学生分为不同层次,针对各层次的学生确定不同的培养目标,制订不同的教学计划、教学方案并制定管理制度等,在教学中充分体现因材施教的原则和层次性的特点,目的是让每一名学生都能在各自的起点上取得进步。[①]可见,分层教学是根据因材施教、提高教学效率的原则,按照学生的实际水平和潜能,将学生划分为不同层次,然后确定不同的教学目标,制订不同的教学计划,开展不同的教学活动等。在英语教学中实施分层教学,能在充分了解学生语言能力、认知风格、学习动机、性格态度的基础上实施教学,能最大限度地节约教学资源,提高教学效果。

---

① 秦静.高校英语分级教学模式刍议[J].宜春学院学报,2010(2):159.

二、高校英语分层教学的特点

（一）差异性

不同学生本身就存在明显差异，教师需要重视学生的这些差异性，从不同学生的特点出发展开教学，要尽可能将不同学生的潜力发挥出来，这就是所谓的分层教学。也就是说，在分层教学中，教师需要对学生的差异有清楚的把握，尤其要帮助学生解决这些差异。具体来说，高校英语分层教学中的差异主要包含如下几点。

第一，教学对象的差异。学生来自不同的地区，他们的英语基础必然存在差异，因此教学中需要重视这些差异，了解每一位学生的"最近发展区"是不同的。第二，教师教学风格的差异。教师自身的教育背景、生活经历不同，导致不同的教师形成了不同的教学风格。

（二）多样性

高校英语分层教学具有多样性，具体来说可以总结为如下几点。
第一，教与学的多样性。既然高校英语分层教学对于学生的差异予以尊重，那么在高校英语教学中，就不能仅仅参照某一模式展开教学，也不能仅仅使用一种评价手段，不能仅仅依据一种大纲，而应该从不同学生的需求出发保证教学的多样性。第二，英语技能的多样性。高校英语教学不仅要求学生掌握英语基础知识，还要求学生对基本技能进行把握，努力培养学生具备跨文化交际能力。需要指出的是，每一位学生在每一种能力的发展层面也是存在明显差异的。

（三）针对性

在高校英语分层教学中，教师需要考虑学生的个性需求，对他们展开个性化的帮助与指导。这体现出高校英语教学是符合学生的个性需求的，也能够将学生某一部分的特长发挥出来，从而提高整体教学的质量。具体而言，高校英语教学需要经常诊断学生的个性需求，在教学中发挥出教学智慧，从而对学生展开针对性教学。所谓针对性，具体包含如下几点。

第一，高校英语分层教学的针对性主要考虑受教育者的差异性。学生的智力水平、基础水平等存在差异,高校英语分层教学的针对性就需要考虑学生的这些差异,让教学真正地深入学生的内心。第二,高校英语分层教学的针对性是对"一刀切"教学模式的否定。教师需要从学生的个性、能力等出发,对教学内容、方法等进行选择,对教学活动进行细致的分类。第三,高校英语分层教学的针对性要求教师针对学生的不同风格展开教学。学生的情感、生理等因素,会对学生的学习风格产生影响。学生的学习风格不同,主要体现在对信息的采集与加工上。教师需要根据学生不同的风格,对教学方案进行针对性制订,引导学生从自己的特长出发,选择适合自己的学习方式,对自己的学习缺陷进行弥补。第四,高校英语分层教学的针对性并不是传统上的因材施教这么简单。因材施教的理念主要面向个体学生,高校英语分层教学针对的是全体学生,要对全体学生的差异予以关注,考虑全体学生不同的需求。

(四)交际性

语言是人类展开交往的工具和手段,且最根本的性质就是交际性。语言离不开文化,文化也在语言中有明显的体现。在高校英语教学中,语言与文化密不可分。因此,高校英语教学中需要融入文化知识,即不仅仅教授语言知识、语言技能,还需要将文化内容融入其中,这样才能引导学生学会运用语言展开跨文化交际。教师需要考虑对学生文化素养的培养,从而传输世界文化知识,文化知识与适应能力是展开交际的关键,从本质而言,语言交往能力是深层次地获取文化知识的前提。高校英语分层教学的交际性主要表现在以下四个方面。

一是高校英语课堂教学让中国学生掌握大量的英语文化知识,从而实现高校英语的交际功能。二是英文资料的阅读实现了高校英语的跨文化交际功能。三是面对面的对话交流实现了高校英语的交际功能。四是在坚守中国文化的基础上,向外推广中国文化,从而实现高校英语的交际功能。

三、高校英语分层教学的实施策略

与传统教学方式相比较而言,分层教学有其独特性和先进性。然而,英语分层教学只有进行合理的实施,才能真正实现教学目标。具体而言,英语分层教学的实施可以从如下几个方面着手。

（一）合理、科学地分层

分层教学并不是要求全体学生达到同一目标，而是按照不同的级别制定不同的教学目标。因此，进行合理、科学的分层是分层教学模式取得实效的前提。为此，应采取科学的分层试题和分层标准。以我国高校英语教学的分层为例，应以《大学英语教学指南》中的各级词汇量为基础来组织分层测试，同时应注意题目的层次性。分层标准则应对分层测试结果、个人实际水平、个人意愿等因素进行综合考虑。此外，在具体的教学实践中将学习者分为 A 级与 B 级两个级别较为合理。教师为缓解 B 级班学生的心理压力，调动他们的积极学习情感，可利用周末时间为他们补课。这样 B 级班学生可以尽快达到 A 级班学生的水平，使他们在同一起跑线上竞争。

（二）提高分层的区分度

高考英语成绩与摸底考试成绩是很多院校进行分层的标准，但常有一些学生因为几分之差甚至一分之差而没能进入 A 级班，而这几分之差往往很难说明英语水平的高低。因此，为了提高分层的区分度与合理性，可在分层时听取学生本人的意见，进行双向选择。学生往往对自己的实际英语水平与兴趣点有较好的把握，将自己由被动接受转为主动选择可以增强学习的主体地位，提高在后续学习过程中的自觉性与积极性。

（三）实施升降级调整机制

实施升降级调整机制，就是对学生的学习程度进行动态管理，使学生的级别随学习的兴趣、成绩以及能力的变化而变化。具体来说，当 B 级班的学生取得进步，达到 A 级班水平时，可将其升入 A 级班，以激励学生取得更大的进步。当 A 级班的学生未能取得进步，且成绩滑落到 B 级班程度时，可将其降入 B 级班，以给予其适当压力。需要注意的是，进行升降级的调整应坚持选拔与自愿相结合的原则，且应在一定范围内定期调整，不可过于频繁。

（四）制定科学的评价标准

在分层教学下，不同级别应采用不同难度的试卷，这就很容易造成一种不良现象，即英语水平高的学生所取得的英语成绩竟然低于部分水平低的学生。因此，为提高评价的科学性，可采取以下两种措施。

（1）采取总结性评价与形成性评价相结合的方式来确定最终成绩，具体办法是增加平时表现在总评成绩中的比重。

（2）根据各级别试卷的难度设定一个科学的系数，通过加权算法来从宏观上调整两个级别的分数。

（五）尽量避免负面影响

任何事物都是优势与劣势的集合体，分层教学也不例外。作为英语教学改革中的新生事物，分层教学不可避免会带来一些负面影响，如操作过程较为复杂、考勤管理较为烦琐、学习者产生不良情绪、班级归属感降低等。这些问题如果不及时解决，就会为分层教学的推进带来阻碍。因此，教育管理者需要制定相应的制度规范并根据遇到的问题及时调整，从而将分层教学的不良影响控制在最小范围，将其优势最大限度地发挥出来。

综上所述，分层教学是随着我国英语教学改革的推进而出现的，其普及必然会促进英语教学的深入、全面发展。分层教学实施的有利之处有如下几个方面。

（1）有利于贯彻落实《大学英语教学指南》，培养学生实际使用英语进行交际的能力，使他们在涉外交际的日常活动中能进行简单的口头和书面的信息交流，以适应我国经济发展和国际交流的需要。

（2）能够满足不同层次英语水平学生的求知需要，为他们搭建更好地展示自己英语才华的平台，充分发挥他们各自的优势，顺利完成高校英语基础阶段的学习，全面提高他们运用语言的能力。

（3）分层教学从根本上改变了重"教"轻"学"的现象，充分体现了"以学为本"的教学新理念，从而使高校英语教学从耗时低效进入省时高效的新时期，标志着我国高校英语教学从传统的教学模式向现代教学模式的转变。

第三节　优化教学资源，实现自主探究学习

一、高校英语教学资源

教育学家认为，自有人生，便有教育。经过漫长的文明进化和教育实践，人类社会所创造积累的教育知识、教育经验、教育技能、教育资产、教育费用、教育制度、教育品牌、教育人格、教育理念、教育设施以及教育领域内外人际关系的总和都是教育资源。教育资源是人类社会资源的一部分。

对教学资源赋予形而上色彩的是乌美娜教授给出的定义："所谓教学资源，是指各种各样的媒体环境与一切可用于教育教学的物质条件、自然条件以及社会条件的总和。"①

《教育大词典》对教学资源含义的解释是：指为保证教育活动正常进行而使用的人力、财力、物力的总和。然而随着远程教育、网络教学的出现和发展，教学资源并不局限于人力、物力和财力三个方面，教学资源的外延已变得更为宽泛和丰富。

我国教育信息化技术标准 CELTS 对教育资源的定义（2001）是：教学资源是指蕴含了大量的教育信息，能创造出一定的教学价值及以数字信号在互联网上进行传输的教学信息，它属于学习对象的一个子集。

下面分析互联网时代高校英语教学中需要的资源。

（一）多媒体资源

将计算机多媒体技术应用于英语课堂教学中，可以更好地创设语言环境，提高教学质量和效率。它能全方位地调动学生学习英语的积极性，使学生由被动地接收信息转变为语言交际的直接参与者，从而实现合作学习和研究性学习。

---

① 王曼文，丁益民．浅议远程教育教学资源的建设与应用[J]．河南广播电视大学学报，2004（3）：6-7．

互联网时代
高校英语教学思路创新与发展研究

1. 运用多媒体教学的优势

多媒体的应用对教师的教学方法加以改变。多媒体技术作为一种教学辅助,打破了传统教学模式的弊端,其能够快节奏、大容量地传输给学生信息,通过生动直观的教学方式,对学生的多种感官加以刺激,提高学生的英语学习兴趣和积极性。同时,多媒体也能够启发学生的创造思维,促进学生主动学习。

多媒体的应用可以提高教学效率,节省教学时间。英语教学的主要特点就是需要经过大量的练习,那么如何在有限的时间内让学生掌握更多的知识,让他们有更多参与训练的机会,学生也并未感觉疲劳与厌倦呢?例如,学生在学习单词的时候,传统的学习往往是带领学生读几遍,这样的教学很容易让学生厌倦,学生也就不可能主动地去记忆单词。但是,多媒体教学的使用,使教学方法更加多样化。当学生初学单词时,教师可以采用文字与图结合的方法。在巩固学习时,教师可以只给予图,让学生看图读词,或者让学生以回忆的方式比拼谁记住的单词多。在复习中,教师可以制作幻灯片,将单词、句型、会话等展示出来,学生不仅可以进行系统复习,还可以展开各种训练。

多媒体的应用使教学资源可以共享。随着网络技术的进步,多媒体信息的传输功能使教育教学资源可以在全世界共享。教师可以提前学习网络上的知识,然后从自己的教学实践出发对这些知识进行整理,成为自己教案的一部分。同时,教师也可以上传自己的教学资料,让大家进行学习和研读,如可以实行电子分工备课制度,即教师们分工协作,精心备课,然后上传自己的备课资源供其他教师借鉴。这种备课方法,一方面,丰富了教师们的备课资源,也节省了教师们的备课时间,使教师们有更多的时间反思自己的教学实践,提高教学技能;另一方面,有利于拓展学生的文化视野,因为语言是文化的重要载体,要想提高学生对中外文化的敏感性和鉴别能力,培养学生跨文化交际的意识,接触和了解异国文化是非常必要的。

2. 多媒体英语教学的措施

让教师尽快掌握课件制作技术。在众多课件中,教师应该首先将PowerPoint、Flash作为最初的培训内容,让他们掌握最基本的制作手段,然后认真钻研大纲与教材,结合实际情况,设计与教师、与学生年龄相符合的教学课件。这是实现多媒体与英语教学整合的前提和保证。

教师可以直接利用网络资源进行网上交互,提高英语交际能力。网上有很多的语音(听力)网站既可以下载,也可以在线收听,还可以通过RE-ALPLAYER连接到世界各大电视广播媒体机构,第一时间收听到世界各地发生的时事新闻,有些电台还配有相应的文字材料,比较适合目前学生的英语听力水平。

教师应该有效利用媒体资源。英语语言具有较强的实践性,这决定了学生在英语学习中,需要进行大量的实践,当然人机互动不能代替师生、生生活动。因此,教师应该在多媒体的辅助下,组织自己与学生、学生与学生的互动与交流,即要保证多媒体应用的适度性,避免让多媒体占据了核心,而忽视了人的作用。

(二)数字资源

1. 数字资源

进入信息化时代以后,除了大量的以纸质为载体的信息资源外,以计算机、网络为载体的数字信息资源每天以惊人的速度传播。迄今为止,与"数字信息资源"(Digital Information Resources)类似的提法很多,如电子信息资源(Electronic Information Resources)、因特网信息资源(Internet Information Resources)、虚拟资源、联机信息、万维网资源、网络信息资源等,不一而足。在学术论文中常用"数字信息资源",而在广大信息用户中却习惯上称之为"数字资源"。

百度百科中的"数字资源"词条解释为:数字资源是文献信息的表现形式之一,是将计算机技术、通信技术及多媒体技术相互融合而形成的以数字形式发布、存取、利用的信息资源总和。商业化的数据库、机构或个人建立的数据库、各种网络免费资源等都属于数字资源。同印刷型文献相比,数字资源类型更为丰富。

2. 数字(化)教学资源

数字化教学资源,就是将传统的教学资源数字化,专指用数字技术处理的、可以在多媒体计算机与网络环境下运行的软件教学环境。因此,高校的数字化教学资源主要包含以下内容。

(1)素材,即传播教学信息的基本信息单元,它是数字教学资源的基本信息单元。随着网络技术和计算机技术的发展,一般有文本素材、图形(图像)素材、音频素材、视频素材和动画素材等五类。由于它是最小的教育信息资源,因此不具有很强的教学效果。但是在教学过程中,教师可利用对这些知识节点的理解，根据自己教学过程中的需要，依据自己的教学方式进行设计利用，随意组织、丰富和更新这些教学信息单位，使其发挥最大的教学效果。

（2）教案，即教师根据教学大纲和教科书的要求，结合学生的实际情况，以课时或课题为单位设计的教学方案。

（3）课件，即根据课程教学的需要，运用媒体信息的整合技术，对一个或几个知识点实施相对完整的教学软件。根据运行平台的不同，课件可划分为网络课件和单机运行课件。网络版的多媒体课件能够在网络浏览器中顺利运行，也因为网络这个独特的环境而方便地共享和交流，以及及时维护和更新。单机版的多媒体课件可以从网络上下载到个人计算机上运行。由于课件不会受到网络带宽的限制，因此其运行速度快，画面流畅，但是更新不方便。

（4）试题、案例等教学材料，即教师根据教学要求和学生需求，设计的供检测或自测的试题以及供教学使用的案例等相关材料。

（5）网络课程和精品课程，网络课程即通过网络表现的某门学科的教学内容及实施的教学活动的总和，包括教学内容和网络教学支撑环境，具有交互性、开放性、共享性、协作性和自主性，可供人们直接在网上学习。精品课程则是在国家的政策下产生的，它产生于优质的网络课程，是集科学性、先进性、教育性、整体性、有效性和示范性于一体的优秀课程。

（6）教学资源库，即对数字教学资源的有效集合。它包括网络课程、精品课程、网络教学资源素材库、教学案例库、试题库、课件库、学件库、教学支撑软件等内容。在数字教学资源库里面，教师和学生能通过网络查询和检索他们需要的数字教学资源。因此，教学资源库应该最大范围地包含各种优质教学资源，并将它们有序集合。

（7）专题网站，即在内容上围绕某门课程或与多门课程密切相关的某一项或多项专题，具有网址或能向社会开放的网站。网站内容主要是为教师或教学小组开设的网络空间提供存放自己平时收集、加工或制作的教学资源、课件、讲义、论文等。

（8）网络教育平台，即为数字教学资源库的顺利运行提供一个基本的运行平台。一套完整的网络教学平台应该包括课程资源开发系统、网络教学支持系统、教务教学管理系统、网络教学资源管理系统和使用帮助及说明等五个方面。

二、自主学习

（一）自主学习的定义

当前，自主学习不再仅仅作为一种学习方式在学习领域存在，其往往被视作一种课程论领域的课程目标，并作为一种教学论领域的教学方法。因此，有必要对自主学习进行界定。在这里，自主学习主要被视作一种学习方式，而学习方式对于学习者而言是比较偏爱的东西，是学习者在学习中表现出来的东西，是个人特色与学习倾向、学习策略的综合。

简单来说，本书所说的自主学习主要是基于教师的指导，运用元认知策略、动机策略与行为策略三大策略，进行主动学习的一种手段。一般来说，对于这一定义可以理解为如下几个层面。

（1）首先需要界定这三种策略。所谓元认知策略，即在获取知识的过程中，自主学习者在学习中制订学习计划、确定学习目标、组织自身学习、对自己的学习进行监控与评价。这些程序使得他们的学习更具有自我意识性与见识性。所谓动机策略，即学习者展现的自我抱负与自我效能，以及对自己的学习是否感兴趣。在他人看来，这些学习者也是激发自己能力的人，他们越是努力，持之以恒，能够坚持下去，就越能够取得好的学习效果。所谓行为策略，即学习者对学习环境进行选择、组织与创造，他们向他人进行咨询，并寻找适合自己的信息，为自己创造合适的学习环境。他们往往通过自我指导来进行学习，通过强化自己，对自己的计划予以执行。

（2）对于这三种学习策略，学习者往往是自觉运用的，即他们在学习中都往往是有意识地对这三种策略加以运用，这就是虽然很多学生的学习已经涉及了自主学习的成分，但是还需要不断提及的原因。很多学生的自主学习并不是有意识的，他们往往是无意识的。其主要表现是许多学生并不能说明其所运用的学习策略，或者是不明白其所运用的学习策略与其所取得的学习结果之间的关系，所以就有许多学习好的学生不知道自己成功的经验是什么，而学习困难的学生不知道自己学习的障碍何在，应该从何处入手加以改进。而自主学习要求学生自觉地运用这些学习策略，必要时还需要对策略的使用做一定的记录并加强练习，以便对这些策略的使用达到自动化的程度。

（3）学生的自主学习往往需要主动，并且通过主动的学习来达到一定的成效。关于主动,首先表现为将学生的学习动机激发出来,其次表现为学生对各种学习策略的运用。而达到一定的成效即有效性,这主要表现为学生通过自主学习来不断提升自身的能力,他们能够随时考虑学习任务的难易程度,对学习方法进行调整;另外,还表现为他们不断提升自身的学习成绩以及自我效能感。当然,正如《自我调节学习实现自我效能的超越》一书中多次提到的那样,学习策略的更新可能会造成学生学习成绩的一时下降,学生的自我效能感也会受此影响而暂时有所下降。这些都是在所难免的,因为每个人对学习策略都有一个适应的过程,关键是自主学习的最终结果能否提高学生的学习成绩及其自我效能。

(二)自主学习的意义

1. 自主学习是许多教育教学理论的理想,是人们教育教学活动所指向的目标

按教育教学理论,所有的教育行为都要通过学生自身的努力才能起作用。因此,促使学生积极主动地学习是所有的教育教学理论、所有的教学原则和教学方法的不二法门。学生积极主动地学习,从根本上来说就是指向自主学习的学习行为。现代的许多教育教学理论都把学生视为学习的主体,注意在教育教学中促进学生自觉学习,而且把学生们主动地自觉学习视为实现教育教学目标的主要甚至唯一的途径。在这种理论背景下,如果能使学生自己确定学习目标、自己选择学习方法、自己监控学习过程、自己评价学习结果,那么就达到了教学的至高境界,而这恰恰是自主学习的基本要求。现代教学理论还十分重视学生在学习中的情感,许多学科的教学目标中都有情感态度与价值观的内容,重视情感体验,把情感体验与认知系统相结合以达到自我整合,也是自主学习的基本要求。由此看来,自主学习可以说是许多教育教学理论的理想,是人们教育教学活动所指向的目标。

从学习来看,系统性文化知识能力的学习,本质上是一种个人行为,没有主体的有意参与是不可能成功的。自主学习要想取得若干成果,必须有学生的自觉参与,"机械学习"或"他主学习"则排斥或不注意学生的自主参与。从学生学习的角度看,所有的教学行为也都应指向学生的自主学习。由此看来,任何一种教学模式,任何一种教学方法,本质上都应以促进学生的自主学习为目标。

2. 自主学习是创新精神发展的动力

人的发展表现在各个方面,对于现代社会而言,特别看重的是创新精神。自主学习对创新精神的培养有"推动发展"的功能,所以本书视之为"发展的动力"。创新现在受到了空前的重视:经济的发展贵在创新,科学技术的发展贵在创新,一个民族的昌盛也贵在创新。

在21世纪这个面临知识经济挑战的时代,国家的创新能力是关系到一个国家综合国力和国际竞争力,在世界总体格局及经济全球化中地位的重要因素,国家的竞争归结为创新能力的竞争。因此,提高创新能力就成为各级各类教育的重点,为此就必须提倡并培养创新精神。创新精神的培养可以从"策略机制"入手。在教育教学中按创新的策略机制,可以对自主学习的教学过程进行解释,也就是用自主学习的要求解释按策略机制进行创新教育培养的问题。

(三)高校英语自主学习的实施策略

1. 改变单一的教学模式

传统的教学模式比较单一,往往采用的是"教室+板书"的形式展开教学。但是,这种教学模式已经不适应高校英语教学的要求,需要改变传统教师单纯讲授的教学模式。对于教师来说,他们需要创造多媒体教学环境或者网络教学环境,利用先进的教学资源,改变单一的教材、参考书模式,使学生能够在多媒体教学环境或者网络教学环境中对网络课程资源进行主动挖掘,对有效的网络知识进行主动的学习,从而不断提升学生的自主学习能力。

2. 激发学习兴趣

在心理学上,兴趣的含义是指个体对某人或某事物表现选择时注意的内在心理倾向。兴趣与动机是紧密联系的:一方面,二者都可视为引起个体行为的内在原因;另一方面,二者又有一定区别,动机所促动的行为虽趋向某一目标,但目标未必一定能达成,只有因动机而产生的行为获得了目标的达成,个体才会产生对某一行为的兴趣。因此,兴趣可视为动机的定向,而动机之所以定向,是由于行为后获得了满足。兴趣就其内容来看,是一种个性心理倾向;就其过程来看,是一种情绪状态。

互联网时代
高校英语教学思路创新与发展研究

课堂讲授一般来说,除要求对知识的科学性、严谨性外,一般还具有表演性、创造性、审美性和情趣性的特征。在课堂教学的过程当中,由于教学内容的差异,讲授方式是千差万别的:有时适宜"平铺直叙,直奔主题";有时可以"故设悬念,意在言外";有时只需学生"披文入境",教师"适时引领";有时必须"师生多重合奏,擦碰火花";有时可以"精雕细刻,点面结合";有时需要"大刀阔斧,重、难突出";有时讲究"抽象思维、逻辑推理";有时应该"借助形象,激发兴趣"。讲授的境界就是对综合效果的整体追求,就是为了达到最优讲授效果而设计的最佳美学结构、逻辑结构、表达结构。当然,讲授的过程也是一个人的知识水平与才华技艺的集中表现。一般来说,激发自主学习兴趣除了知识讲授准确、科学外,还应把握好以下几个方面。

(1)方案设计。教学是艺术,就是体现追求"怎样讲更好"。为了激发学生的学习兴趣,教师应该对每一个课题多设计几个讲授方案,以适应千变万化的学情及情境。

(2)导语设计。苏联著名教育家赞科夫曾在《教学与发展》一书中指出:"教学法一旦触及学生的精神需要,这种教学法就能发挥高度有效的作用。"[1] 导语设计得好,也能激发学生的兴趣,使一堂课有一个良好的开端。好的导语像磁石,能把人们分散的注意力一下子聚拢过来。好的导语又是思想的电光石火,能给学生以启迪,催人奋进。

3. 更新学习观念,自我总结与反思

自主学习论,不仅对当今信息时代的社会变化做了分析,还系统地介绍了学习的知识、方法,更主要地强调了学生如何在全新的网络教学环境下,真正理解信息时代学习所发生的深刻变化,更新自己的学习观念,学会运用科学的学习观念指导自身的学习和发展,总结和反思已有的学习经验,了解自己的学习类型、特点和个性,从而发挥自己的优势,克服障碍,激发自己学习的兴趣和动力,学会主动获取知识,学会自主学习,学会主动利用互联网技术高效地学习,提高自己的学习效率。

---

[1] 籍俊慧.引导小学生自主学习英语的策略研究[J].海外英语,2017(16):21-22.

三、实施体验学习

（一）体验学习的定义

当对一个词或一个概念下定义而需对其仔细审视时，很快就会发现，它的含义会变得含糊不清，甚至我们越深入研究，就越模糊难辨。"体验"一词也不例外。那么，让我们先来看看词典上的解释，或许有所帮助。

牛津词典上这样定义"体验"：对某种状况或条件影响的有意识接受，对某个事件的影响有意识接受，对某种状况或条件的主观看法，影响某人的某个事件，通过实际观察或亲身经历获得的知识。

体验与学习有着紧密的联系。科尔博（1984）解释说："学习是通过体验转化获得知识的过程。"[①]

因此，体验与学习是相互紧密联系且不可分的。从诸多方面来看，体验和学习指的是同一件事情，因此体验学习是同一思想的反复。我们可以将体验学习定义为"人们在以往的体验和知识的基础上，通过自己对经历或事物的观察有意识或无意识的内化中获得的洞察"。

（二）体验学习的分类

对体验学习类型的认识，有利于我们在教育实践中根据学习任务要求和学生身心发展的规律进行有效的组织，采取不同的方法，做好充分准备，更好地进行体验学习，也有利于学生根据不同的体验内容和类型特点，确定体验的方式和方法。从不同的角度，体验学习的类型也是不同的，主要有以下几类。

1. 从主体维度进行划分

从主体维度分为主动体验与被动体验。

被动体验是指体验对象自发地、直接地、自然而然地提供给人们，不需要人们的专门努力，即不是凭借意志努力。也可以说，是因为有了能引发体验的事物或情境，人们才产生了情感活动，获得了体验。所以，体验者（人们）应是哲学上的客体，而被体验的事物与情境相应的是哲学上的

[①] 科林·比尔德，约翰·威尔逊.体验学习的力量[M].黄荣华，译.广州：中山大学出版社，2003：38.

主体。例如，当你不经意地听到别人讲起自己不幸的经历时，你会潸然泪下，体验到人间的苦难。

　　主动体验则是指体验主体主动地寻找体验对象，并且体验者在获得关于体验对象的体验时需经过一定的意志努力，这种体验称作主动体验。例如，当你学习了投资方面的知识，形成了自己的投资思想时，你还想进一步掌握投资技巧和实践技术，就必须寻找到一种投资途径，验证你的书本知识和投资思想，以便进一步体验从投资知识到投资思想，再到投资目标实现整个活动的过程。我们的学习是有目标的学习，学习的活动是有计划的，因此，我们进行体验学习的活动主要是讲主动体验这一维度，即教育者或受教育者要有目标、有计划地对体验学习活动进行组织和充分准备。

　　2. 从体验的对象进行划分

　　从体验的对象可分为各个专项体验。比如，亲情体验、爱心体验、社团体验、跨文化体验、职业体验以及专题体验等体验活动，每一项体验都包含了特定的学习内容，通过对特定学习内容的体验学习，强调学习中的体验、体验后的感悟，使原来静态的知识经验在个体的心灵中被激活、被催化，产生广泛的联系，获得新的意义，促成积极的、创造性的活动。它是一种主动式的、有目的的体验学习活动，能使学生经过体验，达到对某一项内容或活动实践的深刻理解和有效掌握。我们可以根据培养目标和所需掌握的内容，设计不同的体验，达到教学目的。

　　通过对上述不同体验类型的分析和比较我们发现，各类体验学习不是单独存在的，而是相互交叉和相互联系的。同一种体验可能包含几种类型的体验，要达到某一种教学目标，可以采取不同的体验类型。只要从既定的教学目标出发，设计出一种让学习者能够有身临其境的体验氛围，就可以让学习者主动通过体验来实现自主学习，从而实现自我、完善自我，是一种有效的体验学习。无论是哪一种体验类型，其价值都具有独特性，我们要对这些体验类型有所区分和重视，从不同的创作取向出发，采用不同的类型进行学习。同时，要想保证自己的学习效果更佳，还需要考虑学习者的心情。就某种意义而言，一个人在幸福气氛中体验的实践性要比在不安气氛中体验的实践性更好，因为人的信念往往在人的幸福中树立，也只有在幸福之中，人们才能感受自己的稳定性与完善性，才能进一步肯定生的力量，才能迎接新的课题。因此，在对体验学习进行设计的时候，一定要考虑学习者的心境。①

（三）体验学习的基本模型

1. 认知方法/学习方法模型

体验学习的有效性与人的认知、人的情感、人的身体有着密切的联系。并且，体验学习就产生于这三种认知方式的结合之中，如图 4-1 所示。

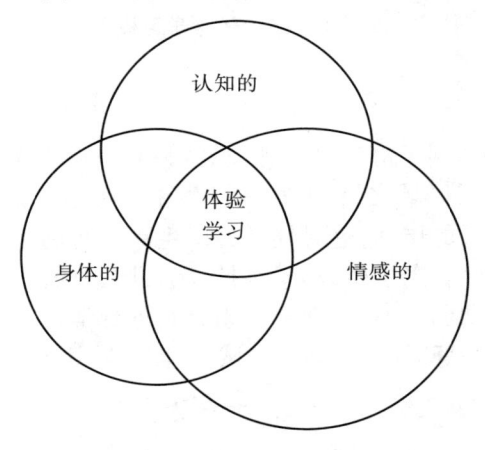

图 4-1　认知方法/学习方法模型

2. 赫伦模型

英国心理学家约翰·赫伦（John Heron）强调，体验学习应该注重情感，并将情感纳入其范畴之中，如图 4-2 所示，这一模型建立在原始经验的基础上，情感是第一个步骤。第二步是想象，即将来所发生的情况往往通过想象、直觉等体现出来。第三步是概念，是通过语言或者语言符号对所学的科目进行解释。第四步是行为，是通过具体的行为来进行学习的过程，要做到知识与行动的统一。也就是说，在赫伦看来，只有让情感行动起来，体验学习才能够发生。

---

① 刘尔思. 大学生体验学习 [M]. 昆明：云南大学出版社，2011：16.

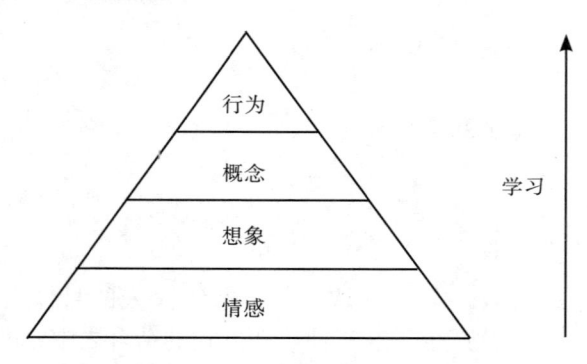

图 4-2 赫伦体验学习模型

3. 舒适区域模型

很多学者都提到了舒适区的概念,这一概念认为如果学生从舒适区域走出而进入学习区域之后,就往往产生了学习这一过程。学习区域中会涉及一些不熟悉的层面,这时候就会产生兴奋与刺激,从而不断提升学生的深度学习机会。当学生离开学习区域,进入恐慌区域的时候,这种学习过程往往会被削弱。不过,学生要想有效进行学习,必然需要走出舒适区域。图 4-3 就是舒适区域、学习区域、恐慌区域的关系。

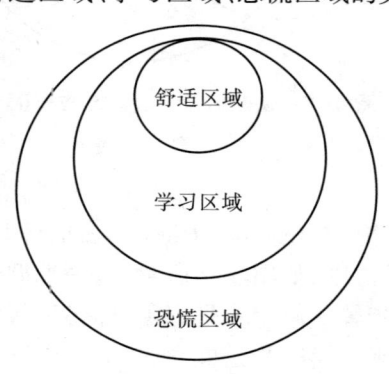

图 4-3 舒适区域模型

4. 刺激模型

学者耶基斯与多德森(Yerkes & Dodson)很多年前就对刺激理论进行了研究,这一理论如图 4-4 所示,强调行为与刺激之间的关系是二次项的关系,是一种线形的关系,并且构成了一个倒立的 U 形结构。也就是说,如果对学生的刺激增加,那么他们的热情也会随之增加,直到某一最理想值的出现。如果刺激继续增加,他们的学习热情就会逐渐减少。在使用这一模型的时候,很多学者往往将最理想值标记成"学习区域"。

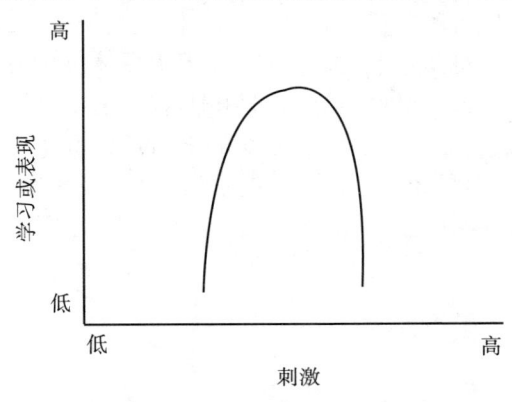

图 4-4 最理想的刺激模型

5. 灾变理论模型

这一模型是在刺激理论的基础上产生的。灾变理论模型认为,如果学生受到过度的刺激之后,尤其是出现焦虑之后,他们的学习热情往往会减少,并且出现剧烈的下降,如图 4-5 所示。在舒适区域模型中,很多学者将其称为"恐慌区域",学生们往往在恶劣的环境中感到恐慌,导致他们行为退缩甚至很可能放弃学习。

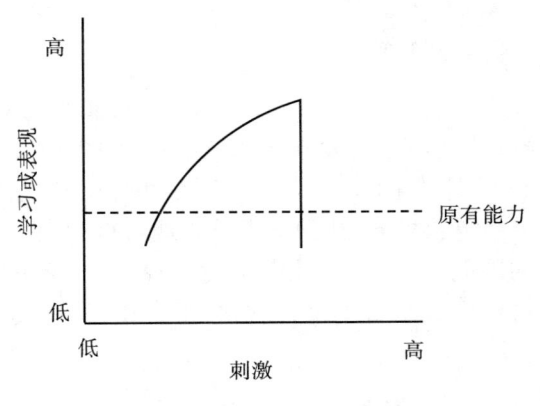

图 4-5 灾变理论模型

6. 自我效能模型

自我效能主要是一个人履行预期要求能力的个体概念,这一概念主要包含图 4-6 的四个层面。按照学者班杜拉(Bandura)的观点,在这四个层面中,先前的经验是最强有力的层面,只有具有有益的先前经验,才能对后期的体验产生有利的影响。如果先前体验是消极的,不是有益的,那么他们后期的体验也是不利的。因此,要想确保体验的有益性,往往需要通过相同的体验来进行鼓励,给予反馈(即言辞劝说),并为人们提供令人激动的环境(即激励)。一般来说,前期的学习任务准备工作、之前的课堂作业、学生课外的学习经验、学生在课内的活动以及教师对学生课堂内的指导等,都能够在自我效能中发挥作用。

图 4-6 自我效能理论模型

（四）高校英语体验学习的实现策略

1. 实施实时交互与协作

在新时代,教师与学生之间可以通过网络进行实时的交互,学生可以通过网络将自身的感受与心得发布出来,或者在网络平台中获取他人的经验,教师也可以根据学生的反馈信息,对学生学习中的重难点进行把握,从而给予学生一定的指导,帮助学生更好地习得知识。由于网络平台不受时间、地点的限制,学生与其他学生、教师甚至专家可以实时进行沟通,学生之间也可以组成学习小组,进行分工合作,从而真正做到不同学生之间的取长补短。

2. 创建个性化的学习环境

体验学习主张将学生的个性特点发挥出来,让学生在学习中不断成长。在新时代,网络资源的运用可以为学生的个性化体验学习提供必要的基础和条件。众所周知,不同的学生个体之间存在差异性,因此他们在学习中所需要的学习资源也是不同的。传统的高校英语课程往往由于各方面的限制,很难与每一位学生的需要相符,导致教学处于一个硬性的统一状态下。在网络环境下,教师可以为学生设计不同的体验性活动,让学生对自己的学习享有自主权,学生也可以从自己的兴趣出发进行学习。这种学习能够不断提升学生的成功体验,增强学生的自豪感与自信心。

3. 开展网络游戏化教学

所谓网络游戏化教学,即借鉴游戏自身的挑战性、自主性等特点,将高校英语教学目标隐藏其中。教师可以从不同学生的学习情况出发,采用相应的游戏化教学策略,让学生在娱乐中掌握学习,让学生在放松的状态下掌握一些英语知识与技能。游戏化教学往往是建立在网络环境基础上的,通过网络,教师能够构建更为逼真、有趣的学习空间,让学生在网络中扮演不同的身份和角色,对语言交际中所运用到的规则与知识进行体验等。

第五章　互联网时代高校英语教学的创新内容

随着信息技术的快速发展,并日益深入社会生活的各个方面,在高校英语教学领域同样也不例外。英语词汇、语法教学与听、说、读、写、译五项基本技能教学是高校英语教学的重要组成部分,学生只有熟练掌握这些基本知识与技能,才能真正提高英语综合运用水平。通过互联网技术展开英语教学,可以更好地提升高校英语各项知识与技能教学的效果。

第一节　高校英语词汇与语法教学的创新策略

一、高校英语词汇教学的创新策略

(一)词汇知识

1. 词汇的概念

苏联的语言学家在《词的词汇成分和语法成分》中提道:词在词汇领域内和语法领域内是语言必备的单位,因此必须把词看成语言的基本单位,一切其他的语言单位(如词素、短语、某种语法构造)无论怎样都是以词的存在为前提。

对"什么是词"这一问题尽管长期受到语言学家的关注,人们也给出了很多的定义,但是迄今为止,学者们尚未能就词的定义达成一致。有一点是可以确定下来的,那就是对词所下的定义所涉及的基本内容不外乎是音和义的问题。

有的人认为,词是语音和意义的统一体,语音是词的物质外壳,意义是词的物质内容。有的人则认为,词具有固定的语音形式,代表一定的意义,属于一定的语法范畴,体现一定的语法功能。

《朗文语言教学词典》将 word 定义为,指在口语或书面语中独立出现的最小语言单位,但是这一标准并不总能适用。例如,类似 the 这一类的功能词能独立出现吗? can't(即 can not)这一类的缩写形式算一个词还是两个词? 可是,有证据表明,说本族语的人对于他们的语言中什么是单词,往往看法一致。

综合语言学家们对词的定义,我们可以说词是语音和意义(包括词汇意义、语法意义)相结合语句的基本结构单位。或者可以说,词是具有一定语音形式、表示一定意义、能够自由运用的最小语言符号。例如:

She has the ability to swim like a fish.

本句中的所有单词都是音与义的结合体,也是构成全句的基本结构单位,其中 she、ability、swim、fish 具有独立的词汇意义,而 the、to、like、a 在表示词汇间关系时产生词汇的语法意义,has 独立地具有词汇和语法意义。

可以说,词是"最基本的结构单位,由一个或几个词素组成,通常在短语结构中出现",词是一种语言符号(linguistic sign),具有意义和形式。总之,词汇能够反映语言的发展状况。一种语言的词汇越丰富、越纷繁,这种语言就越发达。英语是世界上十分发达的语言,首先便体现在其词汇的无比丰富上。据初步统计,当代英语的词汇量已超过了百万。

2. 词的分类

词汇是语言中的词和固定短语的总集合,是一个对立统一的体系。词所组成的每一个类聚都是词汇这个总集合的一个子集合。根据不同的研究角度和不同的划分标准,可以划分出若干性质不同的类聚。

根据词在语言体系中的地位和作用来划分,可以把词汇分为基本词汇和一般词汇。

(1)基本词汇

基本词汇是词汇的基础,是语言中词汇的核心部分,它和语言中的语法构造一起构成语言的基础。基本词汇是由基本词构成的,基本词指语言中产生较早而又较稳定、使用频率高的词,它所标记的概念多是与人类生存和人类社会生活密切相关的事物、现象和行为。基本词汇有三个特点。

①全民常用性。基本词汇中的词都是日常生活中不可缺少的、常用

的词,如"一、十、手、人、爸、东、大、好、走、打、吗、了"等。绝大多数基本词在交际中频繁出现,不分行业和社会阶层,不分地域,广泛地为各阶层各地区所使用。有些词对某一个地区或某一社会集团来说是常用的,如"来复线"等军事用语、"C肽"等医学用语,由于它缺少全民性,所以不是基本词。

②历史稳固性。基本词生命长久,在长期历史发展过程中被使用着,变化很少,如"山、水、大、小"等。有些词具有全民常用的特点,虽然它们的历史还不长,如"宪法、报纸、电视、电话"等,但也具有历史稳固性,它们也是基本词。

③能产性。基本词多数可以作为词根构词,而且有很强的复合和派生能力。同根词多是以基本词的核心词根构成的,如"心",可以构成"中心、开心、会心、唯心、心田、心脏"等同根词。有的基本词的构词能力差些,极少数的基本词,如代词,基本上没有构词能力。

(2)一般词汇

词汇中基本词汇以外的就是一般词汇了。

一般词汇的特点正好与基本词汇相反。通常来讲,在一种语言中,一般词的数量要多于基本词,一般词是人类生活不断发生变化的见证。

一种语言中的词汇大部分是相当稳定的,但也会在历史发展中发生变化,如"电",在它刚被发明出来时不是基本词,但现在由于它已经进入人们的日常生活,成为人们日常生活不可分割的一部分,而且它的构词能力极强,如"电话、电灯、电视"等,所以"电"现已成为基本词了。

同样,有一些词曾经是基本词,由于人们不再频繁地使用了,如"官府、状元、骊"等,这些词就不再是基本词,它们变为一般词。这说明,基本词和一般词的界线不是一成不变的。

(3)通用词和专用词

按语体属性,可以把词汇分为通用词和专用词。

通用词不受语体限制,能在各种语体中使用,这种词占词汇的大部分。而专用词是专用于不同语体的词,这种词的比重较小。专用词首先可分为口语词和书面语词。口语词一般来说,通俗、活泼、生动、形象,多用于叙事语体;书面语词比较文雅、庄重、严密、准确,多用于政论语体和学术语体。

专用词还有科技术语和行业语。术语是书面语中的特殊部分,它是用来表达某个科学部门、生产部门或文化部门特有概念的词和短语,如"语素、唯心史观"等。术语必须具有单义性、准确性和所表达概念的严格分化。

术语也是词汇中的特殊部分,它和非术语有密切关系。术语有以下一些特点:有的术语直接用一般词语充当,如"品种";有的是在基本词的基础上造成的,如"肥源"等。有许多术语,最初是属于专业部门的,后来变成了通用词语,如"本质"原是哲学术语,现在成为通用词;"洗礼"原是宗教用语,但现在已具有接受锻炼的通用意义了。同一个词可以充当不同部门的不同术语,各有确定的含义,如"运动"可以用在不同的部门(体育、哲学、物理等)使用。术语只表达概念而不包含感情色彩,非术语中有一部分表情词。行业语就是某种行业和职业的专门用语,如"贷款、利息、台词、导演、记者、稿费"等。

通用词和专用词不同,但这种划分不是绝对的。有的口语词可以在书面语里使用,有的书面语词也可以在口语中使用。很多的术语和行业用语可以当作通用语来用,而很多的科学和行业领域也要使用通用语。

（4）表情词和非表情词

按是否带有感情色彩可将词分为非表情词和表情词。

非表情词只指称事物、表达概念,并不附带说话人对词所代表的事物的态度,如"听""桌子"等,这样的词只有理性意义,没有感情色彩。

表情词又分为不同的情况。有的表情词没有具体所指,不表达概念,只表达感情,如叹词。有的表情词在指称事物、表达概念时,还附带着表示对这种事物或现象的态度,有的词表达了人们对事物现象的赞许、肯定、褒扬的情感,含有褒义,称为褒义词;有的词表达了人们对事物现象的厌恶、否定、贬斥的情感,含有贬义,称为贬义词。褒义词和贬义词都是表情词,如"果断"是褒义词,"武断"是贬义词。有的词不表示爱憎褒贬,没有特定的感情色彩,可用在褒义场合,也可用于贬义场合,是一种中性词。带有爱憎感情的词也是表情词,如"老头儿"和"老头子"。

（5）新词、旧词和古今通用词

按历史属性,词可分为新词、旧词和古今通用词。

为了适应社会生活需要,在词汇体系中新出现的词都是新词,新词是指利用原有的语素新创造出来的词。随着新事物、新观念的出现,标记这些新事物的词也就产生了,如"快餐店、美食城、英语中的 AIDS 等。新词产生的途径很多,如新事物产生、人们观念的变化、词义的演变、短语的凝固和简缩、吸收外来词都可能产生新词。新造词与词派生出新义性质不同。例如,"红娘"本是《西厢记》中崔莺莺的侍女,用作媒人的代称,近年来常指帮助两个单位建立协作关系的媒介。这是旧词新义,不是新造词。

旧词是指在某一历史阶段曾存在过,后来逐渐消亡,只保存在文献中或偶尔被用于某种特定文体中的词。每一个历史阶段随着社会生活的变化,都会有一些旧词消亡。引起旧词消亡的原因是多方面的。所代表的旧事物消亡了,这些词也跟着消亡了;事物名称改变了,原来那些词只在成语里保留着;社会交际需求的改变以及语言中词汇的规范也会引起词的消亡。

古今通用词是一直被使用的那些词。古今通用词是指一种民族语言从古代、近代词汇中流传下来而为现代词汇所承接的词。简单地说,就是历史沿用的词。在一种语言的词汇中古今通用词应该占据大多数,古今通用词是一种语言词汇中核心的部分。

(6)全民词和非全民词

按通行地域或使用范围不同,词可以分为全民词和非全民词。

全民词是普通话或标准语的词,不受地域、行业和集团的限制,在全民中通行无阻,可以在不同的地区、不同的行业、不同的阶层、不同年龄、不同性别的人群中使用。

非全民词包括地域方言词和社会方言词:地域方言词是流行于个别地区的词;社会方言词是流行于不同社会行业和集团中的词语,社会方言有年龄变体、性别变体、行业变体、阶层变体等,如"处方"是医疗系统常用的词,"氧化"是化学学科中常用的词等。

(7)常用词和非常用词

按使用频率,词可分为常用词和非常用词。

在语言中使用频率高的词为常用词,出现频率低的词为非常用词。使用频繁即词频。词语的使用频率不是主观臆造的,而是经过一定的量化标准进行科学统计的结果。常用词是根据以下标准确定的。

①词次,是在较大的使用范围(百万字以上)中该词出现的次数。

②频率,是该词在这个范围中出现的次数占全部语料总词次的百分比。

③分布,是该词在什么语体什么语言作品中出现。

④使用度,把词次与分布范围结合在一起,按一定公式计算出的使用指数。

在这之中,第一和第四这两个标准最重要。

(二)高校英语词汇教学问题分析

1. 教学方法单一,脱离英语语境

词汇的掌握对英语语言学习的重要性是不言而喻的,但词汇的记忆和掌握的过程又是枯燥和困难的，这就需要教师来缓解这种枯燥氛围，需要教师创新教学方法来创设教学情境，营造教学氛围，激发学生学习的积极性和主动性。但是就目前英语词汇教学的现状来看，教师并没有将心思花在教学方法的创新上，而是依然采用陈旧的教学方式，即教师领读单词、讲解词汇用法，学生记忆单词。基于这种课堂教学模式，学生的主体地位被忽视，学生只能被动地学习和记忆，积极性根本无法调动起来，甚至还会产生抵触情绪。此外，教师在教学中对词汇的整体性认识不足，未能将词汇放到具体的句子或情境中，最终导致学生对一词多义理解不深，限制了学生综合能力的提升。

实际上，任何一种语言都产生于实际应用，要想掌握地道的语言，必须进入相应的语境中。我国的英语教育倾向仍十分明显，很多学生学习英语就是为了通过考试，教师也将通过考试作为教学的目标，这样一来，就将英语语境的创设与英语教学割裂开来，只追求语言的外在表达方式，而不深入探究其内在的文化与逻辑，从而使学生用汉语思维去理解应用。例如，"玫瑰"（rose）这一词语在英汉文化中都象征着爱情和美好，除此之外，在中国常用"带刺的玫瑰"形容那些性格刚烈的女子，而英语中常用 under the rose 表示要保守秘密，英语中 rose 的这一文化含义源自英国旧俗，如果在教学中不对此进行说明，学生很难理解和掌握其含义。但实际上，很多教师只从词汇着手，而未创设语境，这样很难让学生充分体会英语这门语言的魅力，也难以让学生更好地投入学习。对此，教师在教学中应创设符合英语文化背景的语境，从而为学生营造一个英语交流环境，培养学生的英语思维，锻炼学生的词汇运用能力。

2. 教学效果不佳

词汇的学习和掌握要借助记忆来完成，但记忆是一个漫长的过程，如果学生不能在课后及时进行复习和巩固，记住的单词往往会在短时间内忘记。在海量的词汇面前，学生常常会表现出畏惧感，由于缺乏高效的学习方式，加之教学方法单一，使学生的学习热情不高。而且教师也未能为学生提供应用的机会，这样学生通过死记硬背方式记住的词汇很快就忘记，进而导致教学效果低下，学生的交际能力也受到限制。

3. 忽视跨文化意识培养

很多英语词语意义深刻，蕴含着丰富的文化信息，这些词语称为"文化负载词"。经调查显示，很多学生对这些文化负载词完全不了解。而这种情况在很大程度上体现了教师在词汇知识教学中忽视了文化负载词部

▶ **105**

分,不是有意识地运用跨文化意识来培养学生的词汇能力。具体而言,教师存在的问题体现在以下几个方面。

首先,对文化教学不够重视。这具体体现为以下几点:教师在备课环节的教学目标没有文化意识目标,教师消极地跟随应试教育的脚步,学校很少组织与英语相关的活动。

其次,教师自身的文化素养不够。英语教师虽然具备了扎实的英语专业知识,但英语文化素养有所欠缺。作为学生的榜样,如果教师的文化素养不高,自然也就无法提高学生的文化素养。

最后,文化教学方法不当。教师文化教学的方法比较单一,基本上是讲授法、多媒体展示法等,大部分教师只是在课堂教学中偶尔提到一些特殊词的文化背景,而很少有意识地渗透文化知识。这种教学方式就造成学生只了解词汇的表面意义,而不理解词汇的深层文化内涵。

事实上,跨文化意识和词汇知识教学是相辅相成的,教师在词汇知识教学中融入文化知识,能够提升学生的词汇能力和跨文化意识,而词汇量的增加又能进一步帮助学生更好地理解西方文化,培养自身的跨文化意识。

4. 学生重知识记忆,轻思维锻炼

在词汇学习过程中,很多学生仅仅依靠死记硬背来记忆单词,这种方法并未将思维的锻炼融入进去,学生也很快忘记。实际上,每一个单词都有应用的语境,只有在具体的语境中,才能保证准确性,因此学生在对词汇加以理解时需要从具体的语境出发,这样才能实现学生词汇学习的效果。

而忽视英语思维的培养是在长久的汉语语境熏陶下产生的惯性思维,很多学生都习惯运用汉语的语言逻辑去理解、解释和使用英语,由于英语和汉语两种语言背后的文化与逻辑存在差异,因此必然会影响学生对英语的有效运用。实际上,无论是英语还是其他语言,只有深入了解语言的内在逻辑,才能做到自如运用。英语思维的培养并不是学生仅仅记忆单词或背诵句子就可以做到的,还需要学生充分理解英汉语言背后的文化历史,这样才能做到掌握英语这门语言。

5. 学生对语义内涵的理解程度差异

我国学生是在汉语环境下学习英语的,所以在理解英语词汇的语义内涵时,会不同程度地受到汉语文化的影响,而英汉词汇之间的语义不对等现象会为学生的词汇理解带来困难。具体而言,一方面,学生在本民族文化传统的影响下会形成思维定式,在理解英语词汇时会出现文化语义的偏差;另一方面,中西文化观念冲突会让学生思维混乱,对英语感到束手无策。如果教师忽视词汇文化背景知识的输入,学生在理解英语词汇时就会出现偏差,甚至会在使用中产生误用问题。

6. 学生缺乏探究意识

一般来说,在高校阶段,学生应该主动地去学习词汇,但是在实际的英语词汇学习中,很多学生仍旧从教师那里获取,不寻找其他的获取渠道,这样的学习就是被动的,长此以往,词汇掌握的量也是不充分的。同时,学生不会去主动探究词汇,也无法得知词汇的文化背景知识,因此学生对这样的词汇学习也会让学生逐渐失去兴趣和积极性。

(三)高校英语词汇教学的原则

在高校英语词汇教学中,教师应科学地遵循教学原则,以使词汇知识教学更加高效、有序地进行。具体而言,教师在开展词汇知识教学时可遵循以下教学原则。

1. 循序渐进原则

学生的学习都是一步一步、循序渐进的,所以教师在开展高校英语词汇教学时应遵循循序渐进的原则。基于循序渐进原则,高校英语词汇教学不能仅仅重视学生对词汇数量的掌握,也应重视学生对词汇质量的把握,要做到在增加学生词汇数量的基础上,提升学生对词汇使用的熟练程度。高校英语词汇教学应由浅入深、层层递进地,因为课堂教学中不可能一次性教授词汇的所有语义,学生也不可能一次性掌握全部知识。总体而言,在高校英语词汇教学中,教师要避免急于求成,应由浅入深地推进教学,逐步提升学生的词汇能力。

2. 词汇呈现原则

在高校英语词汇教学过程中,教师首先要向学生呈现词汇。实际上,教师如何呈现词汇,与学生的学习兴趣有着直接的影响。因此,教师要注意词汇呈现的方式,具体而言要确保呈现的直观性、趣味性和情境性。

3. 联系文化原则

高校英语词汇教学应遵循联系文化原则，这是因为语言与文化密切相关，很多词汇都蕴含着丰富的文化，而且词汇学习的最终目的也是进行跨文化交际。遵循联系文化原则是指，在高校英语词汇教学过程中，对词义的讲解、结构的分析都应与文化相联系。充分理解语言文化，有助于加深学生对词汇的理解，使学生全面掌握词汇的演变规律，有效地运用词汇。

4. 情景性原则

词汇教学不应孤立进行，其应做到词不离句、句不离段，设置情景，借助情景教授词汇。学生善于模仿、记忆力好、听觉敏感，所以教师应抓住学生的这些特征，为其创设真实的语言情景。教师应根据教材的内容，努力为学生创设良好的语言环境，让学生在较为真实的语言情景中，积极开展练习活动，坚持听、说、做相结合的原则。在情景中教授英语单词，一方面有利于学生对词义的理解，加强记忆；另一方面，方便学生将所学单词应用于交际活动中。

5. 对比性原则

高校英语词汇教学中的大量词汇均有与其意义对应的词，通过对比、对照等方式将学生容易混淆的词以及内容上联系密切的成对概念找出来，从而使学生加深对单词的识记。根据神经系统的对称规律，当两种性质不同的语言材料同时出现时，会促进大脑皮层的互相诱导，强化"记忆痕迹"，活跃思维活动。

（四）互联网时代高校英语词汇教学创新的具体策略

1. 充分利用语料库，让学生学会检索

（1）让学生在语境中掌握词汇的具体用法

在词汇学习中，将其放在具体语境中，往往能起到事半功倍的效果。在英语语料库中，有大量和语境相关的实例，具体的实例主要是通过数据的方式呈现在学生面前。在语境中，学生的注意力能够被有效吸引，使他们学习的词汇知识得到强化，也能对相关使用规律进行总结。在语料库中，学生能了解使用频率较高的一些词汇，加强对词汇具体结构的了解，深化对语言现象的认识，实现对出现频率较高的单词的巩固与理解。就

outline 这个单词来讲，在教材中只是标注其主要意思是概要、轮廓、外形，而在实际教学中，教师可以在语料库中进行检索。检索的方式不仅能够使学生了解具体的用法，还能使学生了解相应的使用频率，进而使学生认识到这个词汇不仅能够当作名词使用，也能当作动词使用。而在实际教学中，教师可以用演示的方式实施，进而使学生了解词汇的主要使用方式，使学生在学习中的自主学习能力得到加强。

（2）对近义词以及同义词进行检索

由于英语是一门非母语学科，因此学生在学习近义词的过程中存在较大难度。而语料库在高校英语词汇教学中的使用，能够使学生在检索过程中，获得相应的参考，然后在此基础之上进行细致大量的分析，如 destroy 和 damage 是两个近义词，那么在实际教学中，就可以在检索栏中将这两个单词输入进去，然后学生会在实际阅读中进行具体分析。同时在学习完这两个词之后，也可以将自己在日常生活中遇到的近义词、同义词进行搜索，这种方式的使用，方便学生在学习中进行自主对比，使学生的自主学习意识和自主学习能力都能得到增强。

（3）在检索过程中了解不同词汇的搭配

词汇搭配的概念提出已久，并且随着社会的不断发展，受重视程度越来越高，词语搭配考查了词项目贡献，也考查了相应的语法结构以及框架。有相关学者认为词的搭配、语义选择、语义韵以及类连接之间存在紧密联系，它们实现了对词汇组合以及词义的表达，而比较普遍的则是动词与名词之间的搭配。例如，想要了解 trend 这个词汇，则可以在语料库中进行检索，如 short term trend、development trend、trend up 等，除了这些搭配用法之外，实际上 trend 还有很多用法。这种学习方式的使用，能够使学生在学习中对词汇搭配内容有更深入的认识与了解，同时在实际学习中也可以将查找的内容和自己已知的内容进行对比，找出二者之间的差异，进而在实际学习中更有针对性。

（4）进行词汇的复习与巩固

英语语料库在英语词汇教学中的使用，除了能够为学生构建情境，了解近义词、同义词的相关知识，认识词汇搭配，教师也可以利用这种方式，帮助学生进行词汇的巩固。在巩固过程中，练习的方式可以是填空题、选择题，也可以是匹配题。而在实际教学时，教师可以将检索出来的内容进行隐藏，然后让学生根据上下文进行猜测与分析，并且在教师挡住的部分，填入适当的内容，而在选择语料库时，教师需要以不同的学习内容为依据进行选择。

同时在语料库中，学生可以实现对学习词汇内容的拓展，英语语料库

互联网时代
高校英语教学思路创新与发展研究

中有大量的内容,能够成为学生在学习中的素材,学生可以根据自己的实际学习能力和情况进行选择,学习的范围便不仅仅局限在教材中,进而使学生学习到的知识能够有更强的实用性,实现对英语词汇的有效巩固。同时这种方式的使用也在一定程度上响应了国家号召,加强了对互联网技术的使用,促进了学生学习能力的培养,使学生在实际学习中能逐渐形成良好的学习习惯,实现英语综合学习水平的提升。

2. 将文化内容融入教学中,让学生不能忽视文化内容

在具体的高校英语词汇教学中,教师可以采用文化教学法开展教学,即在英语词汇教学中融入文化知识,以丰富学生的文化知识,提高学生的词汇运用能力。教师可采用以下几种方法开展文化教学。

(1)融入法

我国学生都是在汉语环境下学习英语的,很少接触英语环境,更是较少了解英语文化,所以在遇到与课文相关的文化知识时,往往会感到迷惑。此时,教师就要积极发挥其主导作用,采用融入法在课堂教学中融入一些英语文化知识,即在备课时精选一些与教学相关的文化信息材料,将它们恰到好处地运用到课堂上,以增加课堂教学的知识性、趣味性,活跃课堂气氛,加深学习内容的深度和广度,激发学生的求知欲。例如,对于 the Big Apple 这一表达,学生基本知道其字面含义,也有部分学生知道其是纽约市的别称,但大部分学生并不知道其为什么是纽约的别称,此时教师可以向学生介绍美国的历史文化,这样既能丰富学生的英语文化知识,又能拓宽学生的文化视野。

(2)扩充法

课堂教学时间毕竟是有限的,因此教师可引导学生进行自主学习,即充分利用课外时间来扩充词汇量,丰富词汇文化知识。具体可采用以下几种方式。

①推荐阅读。词汇的文化内涵是极其丰富的,涉及生活的方方面面,教师在课堂上不可能讲授所有相关的文化知识,因此为了扩大学生的知识面,丰富学生的词汇文化知识,就可以有意识地指导学生进行课外阅读。教师可以选择性地向学生推荐一些包含英美国家社会文化背景知识的优秀书刊,如《英语学习文化背景》《英美概况》以及 China daily 等,还可以引导学生阅读英文名著,让学生深刻体会英美民族文化的精华。这不仅能培养学生的自主学习能力,还能丰富学生的文化知识,扩充学生的词汇量。

②开展实践活动。丰富的语言文化知识和灵活的实践应用能力是构

成跨文化交际能力的重要部分,跨文化交际能力就是通过实际交际来感受不同文化间的差异,从而形成对文化差异的敏感性,并在交际实践中调整自己的语言理解和语言产出。因此,教师应积极为学生创设情境,鼓励学生积极参与实践活动,从而丰富学生的词汇文化知识。教师可以组织学生参与英语角、英语讲座等,让学生接触地道的英语,在英语语境中学习文化知识。

③观看英语电影。很多英语电影都蕴含着深厚的英美文化,而且语言通俗、地道,因此教师可以引导学生观看一些英语电影。观看英语电影不仅能调动学生的积极性,而且能让学生切实感受英美文化,接触地道的英语,对于提高学生的文化素养和英语能力十分有利。

(3)对比分析法

英汉文化在很多方面都存在着差异,通过对英汉文化的对比分析,可以使学生对英汉文化有一个更加深入的了解,也能获得跨文化交际的敏感性。因此,在英语词汇教学中,教师应有意识地对中西词汇文化进行比较分析,使学生了解中西文化差异,深刻理解和掌握词汇文化内涵。

3.借助新兴技术,激发学生的学习兴趣,培养学生的自主学习能力

在教学中将信息技术手段融入,能够将学生的学习兴趣激发出来,在一定程度上转变学生的固化思维模式。例如,我们可以看到很多学习词汇的App,这些App可以与课堂相连接,学生对词汇的音、形、义的理解可以通过网络在课下加以巩固,这不仅有助于提升学生的学习效率,也有助于使教师重视词汇教学的方法与手段,提高学生对词汇知识教学的认知。众所周知,课堂教学时间非常有限,教师可以提前在网络上发布任务,引导学生展开自主学习,不断发现教与学中的问题,并进行解决。

4.通过建立共享学习资源圈,实行分层教学

教师可以为学生推荐一些与课本配套的在线课程,通过这些课程,可以做到对课堂内容的补充,丰富学生学习的资源。由于学生固有的知识水平存在差异,并且学习接受程度也不同,因此在实施教学时,教师应该尽可能采用分层教学,从学生的不同层次出发,设置与他们实际能力相符的任务,这样才能满足不同学生的学习需求。

5.转变学生学习方式,引导学生深度学习

互联网教学可以将学生的不同学习方式加以融合。在词汇学习上,学生不再局限在读、写、背诵上,而是将自己碎片化的时间进行整合,展开

在线学习,运用多媒体资源对自己的学习进行设计,激发自己学习的兴趣与积极性。

建构主义理论提倡以学生为中心,强调学生对知识的获取与探索,让他们主动发现,建构知识的意义。学生通过对知识进行建构,形成自己的认知,从而解决自己学习中的一些问题。

6.建立评价机制,实时反馈学习效果

互联网教学可以建构测试中心,学生可以通过网络自己进行测试,这有助于教师进行数据的整合,找出学生容易出错的地方,然后在课堂上对一些重点、难点进行讲解,并及时反馈学生的学习效果。显而易见,建立评价机制,对学生的学习是一种鼓励,也是促进学生前进的动力。

总体而言,在互联网时代,教师要更新教学理念,明确教学内容,清楚教学中存在的问题,进而遵循科学的教学原则,采用有效的教学方法开展英语词汇教学,从而培养学生的词汇能力,提高词汇知识教学的效率。

二、高校英语语法教学的创新策略

(一)语法知识

1.句法关系

句子可以呈现为词的序列,而语法关心的是句子的结构分析和规则模式分析。如果把词作为基本的语法单位,我们就可以说语法的核心是处理语言句子中词与词之间固化了的相互关系以及如何系统地分析和描述它们之间的关系。这就是句法学的传统研究领域,我们甚至有理由称此种意义上的句法是语法中最重要的部分。每种语言中的词形变体数量各异。拉丁语、古希腊语和梵语拥有大量的词形变化,阿拉伯语和许多美洲印第安语也是如此。英语中则少得多,像汉语和其他一些东南亚语言则很少或几乎没有词形变体。遗憾的是,人们普遍把语法混同于形态学,这就导致我们至今仍时有耳闻的谬论"英语语法比拉丁语少""汉语没有语法"。如果一种语言没有语法,句子中的词语没有系统的顺序,那么本族人和外国人都不可能学会它,说这种语言的两个人也不可能相互了解。实际上,没有语法的语言在术语上就是矛盾的。

比较不同类型的语言就会发现:形态学和句法学在支配句子形式及

类型方面所具有的相对重要性因语言而异,形态学词形变体的作用可以非常有限甚至不起任何作用,但是句法分类和句子中的词序却是每种语言语法中的基本内容。

英语句子中可以有 the men eat 之类型,但没有 men the eat,这一事实揭示了句法的一个重要基础,那就是,词语即使在搭配恰当的时候也不能按任意顺序排列。除了语法的可接受性和可理解性,句子的整体意义也可能在某种程度上只依赖词序。

句法关系基本上是一些很简单的关系,可以分为三类:位置(positional)关系、同现(co-occurrence)关系以及可替换(substitutability)关系。

(1)位置关系

位置关系如句子的词序一样呈显性,可以观察到;另外两种关系则呈隐性,单凭观察句子不能揭示它们,而是要通过互相比较一系列的句子序列揭示。例如:

词汇:old、wolf、killed、man、the、an/a 这些词可能组成如下几种句子。

A wolf killed an old man.

The old man killed a wolf.

An old wolf killed the man.

但是,如果组合成下面这两句,就是逻辑不通的。

A the old man wolf killed.

Old killed man wolf the a.

显然,上面两句话仅仅是把词进行了堆砌,并未按照正确的语序进行排列,因此是不合逻辑的句子。

(2)同现关系

人们所说的同现关系,是指不同词类的词允许或要求另一词类的词出现,以构成句子或句子的特定成分。因此,英语中 man、horse 等一类的词在短句中可以后接 eat、live 一类的词,而且经常是如此后接的,尽管说所有合格的句子一定都是这种类型的。答问句常常可以是其他类型的,许多语言中相当多的独词句就出现在答问句中。man、horse 等一类词前可以是 good、strong 等一类词,也可有 the 和 a。但是 the 和 a 如果要置于 eat、breathe、live 等一类的词语前,就要求一个 man 类或 good 类的词语共现。我们在这里立刻就可以看到成分的位置序列起了作用;the 的出现既以 good 等或 horse 等为前提(the good are honoured、the horse eats),又必须出现在固定的相关位置上。如果要全部置于 eats、works 等前面构成一个完整的句子或作为完整句的第一部分,那么 the strong horse 就是三个词唯一允许的词序。下面请看图5-1。

$$\begin{Bmatrix} \text{An Asian} \\ \text{The cute} \\ \text{An angry} \\ ... \end{Bmatrix} \begin{Bmatrix} \text{girl} \\ \text{boy} \\ \text{man} \end{Bmatrix} \begin{Bmatrix} \text{laughed} \\ \text{sang} \\ \text{screamed} \\ ... \end{Bmatrix}$$

图 5-1 同现关系示例

（资料来源：牟杨，2009）

图5-1中前面的修饰词语与后面的动词短语之间属于一种同现关系。

（3）可替换关系

相同的句子结构在语法上有可以相互替换的词类或词的集合，但除此之外，多于一个词的词组无论它在句子中相邻还是分开，都可以作为整体在语法上被替换为一个特定词集中的一个词。在英语 man lives 等句子中，词组 the man 可以替换 man，但不能替换 the；strong man 可以替换 the man drank it all 等中的 man。在 yesterday he came 中，came 可替换 yesterday... came，但 yesterday 则不能如此替换（he came 是句子，但 yesterday he 不是）。下面请看图5-2与图5-3。

$$A \begin{Bmatrix} \text{little boy} \\ \text{pretty girl} \\ \text{sad woman} \end{Bmatrix} \text{ran away}$$

图 5-2 纵聚合关系示例一

（资料来源：牟杨，2009）

$$\text{He called} \begin{Bmatrix} \text{yesterday.} \\ \text{last night.} \\ \text{a week before.} \end{Bmatrix}$$

图 5-3 纵聚合关系示例二

（资料来源：牟杨，2009）

2. 句法结构

（1）句法结构的内涵

句法结构是指句法单位与句法单位之间相互联系、相互作用的方式。相同的句法单位按不同的方式联系起来，所形成的语言片段的意义就会不同。例如，"高个子"和"个子高"的意义不一样，就是因为前者"高"和"个子"以修饰和被修饰的方式相互联系，后者却是以话题和陈述的方式相互联系。句法结构就是这种方式本身，因而它只是一种抽象的关系式而已。

一个句法结构通常被称为一个结构体。结构体包括若干结构成分（又称"结构项"）和成分间的结构关系，如主谓结构由主语和谓语两个结构成分组成，成分之间的关系是主谓关系。任何结构体都有结构性和功能性的特点，结构性指结构体一定由若干结构成分组成，功能性指结构体也可以作为结构成分再与其他结构成分组成更大的结构体。"高个子"的结构性表现为它由两个结构成分"高"和"个子"组成，功能性表现为它还能作为结构成分与"喜欢"组成更大的结构体"喜欢高个子"。

（2）句法结构的分类

基本的句法结构类型有如下几种。

①主谓结构。它有主语和谓语两个结构成分，结构成分之间有话题与陈述的关系，所以又叫陈述结构。例如：

He slept.

他睡了。

②述宾结构。这种结构有述语和宾语两个结构成分，成分之间有支配和被支配的关系，所以又称支配结构。例如：

To repair the car.

修理汽车。

一个述语有时还可以带两个宾语，这样一个述宾结构就有三个结构成分了。例如：

Gave me some pictures.

给我一些照片。

③偏正结构。它有偏与正两个结构成分。当中心语由名词充当时，正的部分叫中心语，偏的部分叫定语。例如：

red flag 红旗

当中心语由动词、形容词充当时，正的部分叫中心语，偏的部分叫状语。例如：

come again 再来

④述补结构。述补结构有述语、补语两个结构成分。成分之间有补充说明和被补充说明的关系,补语出现在述语的后边,带有补充修饰的意味。例如:

They painted the house a hideous shade of green.

他们把房子漆成了可怕的绿色。

⑤联合结构。联合结构有两个或两个以上的结构成分,成分之间有并列在一起的关系,所以又叫并列结构。联合结构无论有多少个结构成分,整个结构的语法功能等同于其中一个成分的功能。例如:

boys and girls 男孩和女孩

(3)句法结构的案例解析

句法规则决定句子的语序是否正确。我们知道英语的冠词如 the 或 a 位于名词如 animal（动物）之前,而句子则不只是将单词像串珠珠似的前后相连而已。如 synthetic buffalo hides 所示,句子中的词可以分为两个或更多的词组,每一词组内部又可以进一步分为小词组等,直到只剩下单个的词为止。例如:

The child found the puppy.

孩子找到了小狗。

这个句子由两个主要的词组构成,或称组成成分:

The child　　found the puppy

（孩子）　　（找到了小狗）

与句子的"主语"和"谓语"相对应。这些词组可以进一步切分直到原句成分像图 5-4 所示的那样。

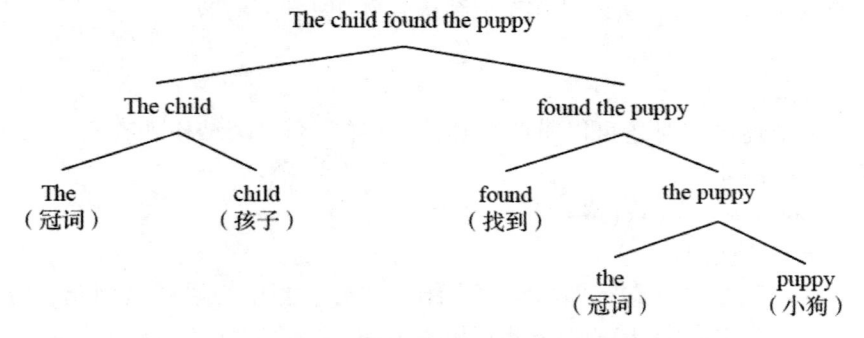

```
              The child found the puppy
                   /            \
              The child      found the puppy
               /    \           /      \
             The   child     found    the puppy
            （冠词）（孩子）  （找到）    /    \
                                    the    puppy
                                  （冠词） （小狗）
```

图 5-4 "The child found the puppy"的结构树[①]

这样的图解叫作成分结构树,这是一棵倒长的"树","根"在上,"叶"

---

① 维多利亚·弗罗姆金,罗伯特·罗德曼.语言导论[M].沈家煊,周晓康,朱晓农,蔡文兰,译.北京:北京语言学院出版社,1994:174.

第五章 互联网时代高校英语教学的创新内容

在下,在树"分枝"处的每一节点上,有一组词形成句子的一个部分或称结构成分;树的底部是单个的词或语素。除了揭示线性次序,成分结构树还具有层次结构。这一术语的意思是,组成结构成分的词组或小词组由它们在树上所出现的层次来表示。

这一图解表明 found the puppy 这一短语自然地分为 found 和 the puppy 两个部分。不同的切分,如 found the 和 puppy 则构成"不自然"的词组,因而就不是组成成分。请注意,对于"What did you find?"(你找到了什么?)的回答可以是 the puppy,但没有一种潜在问句的回答可以是 found the。这一测试表明 the puppy 是一个结构成分,而 found the 则不是。

synthetic buffalo hides 这一短语具有两种可能的成分结构树,每一种树表示一种可能的意义,因此成分结构能清楚地解释为什么该短语是歧义的,如图 5-5 所示。

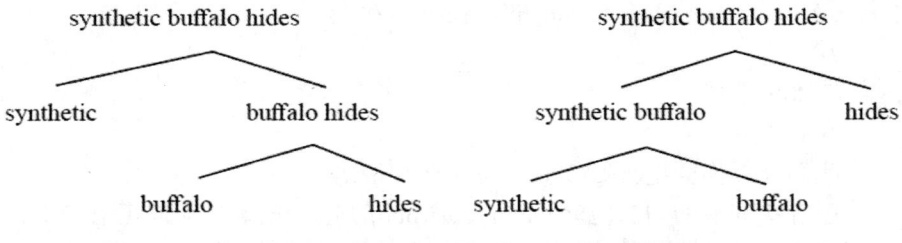

图 5-5 Synthetic buffalo hides 的两种结构树

所有语言中的句子都可以用成分结构树来表达,所有语言都由句法规则决定词的线性次序及其层次结构,即词如何组合成结构成分。

句子的成分结构还揭示了哪些成分可以互相替换,而不改变句子的合语法性,如组成成分 the child 和 the puppy 在图 5-6 中可以互相替换。

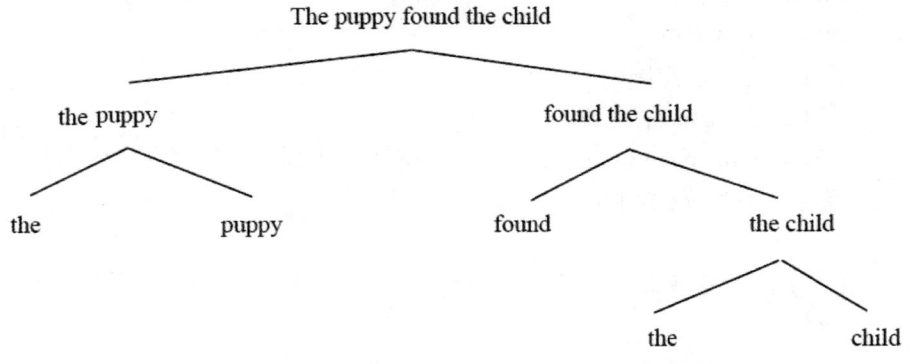

图 5-6 "The puppy found the child" 的结构树

可以互相替换而不改变合语法性的组成成分属于同一句法范畴,the

child 和 the puppy 同属于名词短语（NP）这一句法范畴。名词短语很容易辨认，因为它们能在句子中作"主语"或"宾语"，也只有名词短语可以作主语和宾语，名词短语一般包括一个名词或代词。句法知识的一部分就是知道语言中的句法范畴，知道什么是名词短语，即便以前从未听说过这一术语。

用"Who found（找到了）____?"和"____ was lost（丢失了）."这样的格式将名词短语插入空位，就能辨别下面的表达式中哪些是名词短语了，你"觉得对"的那些成分就是名词短语。

① a bird 一只鸟
② the red banjo 红色的班卓琴
③ have a nice day 过得愉快
④ with a balloon 带一个气球
⑤ the woman who was laughing 在笑的女人
⑥ it 它
⑦ John 约翰
⑧ run 跑

我们预料你会把①②⑤⑥⑦看作名词短语。

还有些其他的句法范畴。found the puppy 这一短语是动词短语（VP），动词短语总是包含一个动词，后面可以跟随其他成分，如名词短语。一种句法范畴可能包含其他句法范畴。可以用"The child ____"这一框架来确定下面这些句子中哪些是动词短语。

① saw a duck 看见一只鸭子
② a bird 一只鸟
③ slept 睡觉了
④ smart 伶俐的
⑤ is smart 是伶俐的
⑥ found the cake 找到了那块饼
⑦ found the cake in the cupboard 在碗柜里找到了那块饼

①③⑤⑥和⑦是动词短语。

（二）高校英语语法教学问题分析

1. 语法教学弃而不教或边缘化

英语教学一直都在不断变革，教学内容随之不断改变，而随着2004

年《大学英语课程教学要求》的颁布,英语语法教学内容退出了英语教材,英语语法教学也从英语教学中退出,最终导致英语语法弃而不教或边缘化。这具体体现在两个方面:首先,教材中没有了语法内容,教师便失去了教授语法的依据和大纲,学生也将无法系统地获取语法知识;其次,课时安排不合理,英语教学中多是精读课程与泛读课,没有相应的语法课,即使教师讲解语法知识,也是零星的和碎片化的。实际上,语法对于英语语言的学习是至关重要的,语法贯穿英语学习的始终,对英语综合能力的提升起着重要作用,所以教师不应忽视语法教学,而应积极开展语法教学,丰富学生的语法知识,提高学生的语法能力,为学生的英语综合应用能力打好基础。

2. 教学方式单一

英语语法知识繁多,学习起来十分枯燥,因此很多学生都对语法学习缺乏兴趣。想要改善这种现状,就需要教师创新教学方法,增添语法教学的乐趣,调动学生学习的积极性。但是,当前的英语语法教学并不乐观,教师依旧采用传统的方式展开,并占据课堂的主体地位,这样学生处于被动学习的地位,这不仅与教育理念不符,也不利于学生的学习,很难发挥学生的主观能动性。

3. 教学中忽视语言情景

学习语法不仅是为了掌握语法知识,而且是为了运用所学的语法知识进行交际,所以学生的语法学习需要具体的语言情景。但目前我国的英语语法教学常将语法知识的意义、理解和运用、语境分割开来,这就使得学生无法准确理解语法知识适用于哪种情景,不利于学生有效运用语法。

4. 学生的语法意识薄弱

高校生在中学阶段已经进行了很长时间的语法学习,普遍感到枯燥乏味,因此他们认为到了高校阶段就没有必要重点学习语法了。实际上,尽管到了大学,语法依然是英语学习的重要内容,因为不掌握丰富和准确的语法,是不可能准确、流利地进行交际的。

5. 学生缺乏有效的学习方法

大多数学生的语法学习效率非常低,其中一部分学生是因为学习方法不正确,从而使语法知识的掌握较为松散,不能成为一个系统。在语法学习中,学生往往比较被动,通常是遇到新的问题之后才会回去学习语法知识，而当他们学习完一篇文章之后，又把语法学习抛之脑后，这样的学习很难提升学生的语法能力。

（三）高校英语语法教学的原则

1. 科学的原则

高校英语语法教学的有效开展应以科学的原则为保障，也就是说，在高校英语语法教学中，教师应遵循一定的原则，以确保教学高效开展。

2. 以学生为中心的原则

以学生为中心的原则是指教学活动要以学生为主体，紧紧围绕学生来开展，高校英语语法教学也应遵循这一原则。在高校英语语法教学中，教师应更新教学理念，认识到学生的主体地位，将学生放在教学的中心位置，有效激发学生的学习兴趣，鼓励学生积极参与教学活动，引导学生自主发展、学习和掌握语法规律，从而培养学生的语法能力。

3. 交际性原则

交际性原则是指恰当地运用多媒体设计课堂教学，创设合理的语言交际环境，使语言交际环境符合实际环境，从而帮助学生更好地掌握语法知识，提升交际能力。提高学生成绩并不是语法教学的最终目的，让学生掌握语法知识的使用才是语法教学的本质，所以语法教学应结合学生的实际生活，培养学生的语法思维，提升学生的听说读写能力以及语言交际能力。

4. 系统性原则

我国高校学生存在的显著问题之一就是对语法知识掌握得不够系统，很多学生常常机械、孤立地学习语法知识，无法有效区分概念详尽的语法内容，导致他们在口语表达和书面写作中出现很多的语法错误。实际上，英语语法有其自身的规律，教师在开展语法教学时应在遵循系统性原则的基础上，引导学生注意语法项目之间的关系，帮助学生完善语法知识系统，使学生系统地掌握语法知识。

5. 实践性原则

传统的高校英语语法教学只重视知识传授，不重视技能培养，忽视语法的交际功能。《大学英语教学指南》要求教学中注重学生能力的培养，并且要求教师明确英语语法教学只是培养语言实践能力的桥梁，其目的是更好地培养学生听、说、读、写语言实践能力，进而达到用英语进行交际的目的。因此，语法教学必须突出其实践性原则。

行为主义学习理论认为，外语学习基本上是一个形成习惯的过程。其他流派也从不同角度提出了练习在培养言语能力中的作用。英语语法主要出现在单词、句型、文章中，教师在语法教学中必须以多种方式对语言知识进行实践练习，根据具体情况适当点拨，让学生在精读多练的基础上，熟练掌握语法知识，形成语感，从而建立一套新的语言习惯。

（四）互联网时代高校英语语法教学创新的具体策略

1.利用网络呈现知识，并进行课后拓展

利用网络这一先进的教育技术有利于在语法教学中创造轻松、愉快的气氛，降低学生的学习焦虑，并有效地调动他们的学习积极性，使他们积极进行思考，提高他们的思辨能力与学习效果。具体来说，在语法教学中采取网络多媒体教学法可从以下几个方面入手。

（1）利用课件呈现语法知识点

现在，网络已广泛运用于英语教学中，教师可以充分利用网络课件，将语法知识点、语法句型等呈现给学生，从而通过生动、形象的输入来帮助学生进行理解与记忆。例如，教师在讲授listen、watch等词的一般过去时、正在进行时的时候，就可以将-ed与-ing形式运用下划线或不同颜色标注出来，或者可以设置为有声导入，这可以集中学生的注意力，引导学生对规律进行总结，实现举一反三。

（2）采用课后自主拓展模式

网络教学对于激发学生的能动性、提高学生的自主学习能力十分有利。课堂教学时间是有限的，学生很难通过课堂掌握所有的语法知识，但网络环境下的语法教学要求学生在课后进行自主学习，这就有效弥补了课堂教学的不足。借助网络，教师可以创建一个讨论组，促进资源的有效共享。在讨论组中，教师将预先设计好的指导性问题和相关内容上传进去，学生可以提前进行预习，如果有问题可以提出问题，大家也可以参与讨论。此外，教师还可以通过E-mail形式进行辅导和交流，这不但可以打破时空的限制，还可以缓解课堂的紧张气氛，让学生学习更轻松。

2. 利用翻转课堂，完善课前与课堂教学

翻转课堂是一种有效的教学模式，它的理念与英语语法教学相契合，而且能有效改善英语语法教学的现状，提高英语语法教学的效果。

具体而言，英语语法翻转课堂教学流程主要包含六个阶段：教师课前准备阶段、学生课前学习阶段、教师与学生课前互动阶段、学生课堂检测阶段、学生知识内化阶段和学生知识巩固阶段，如图5-7所示。教师可根据这一流程来开展语法教学。

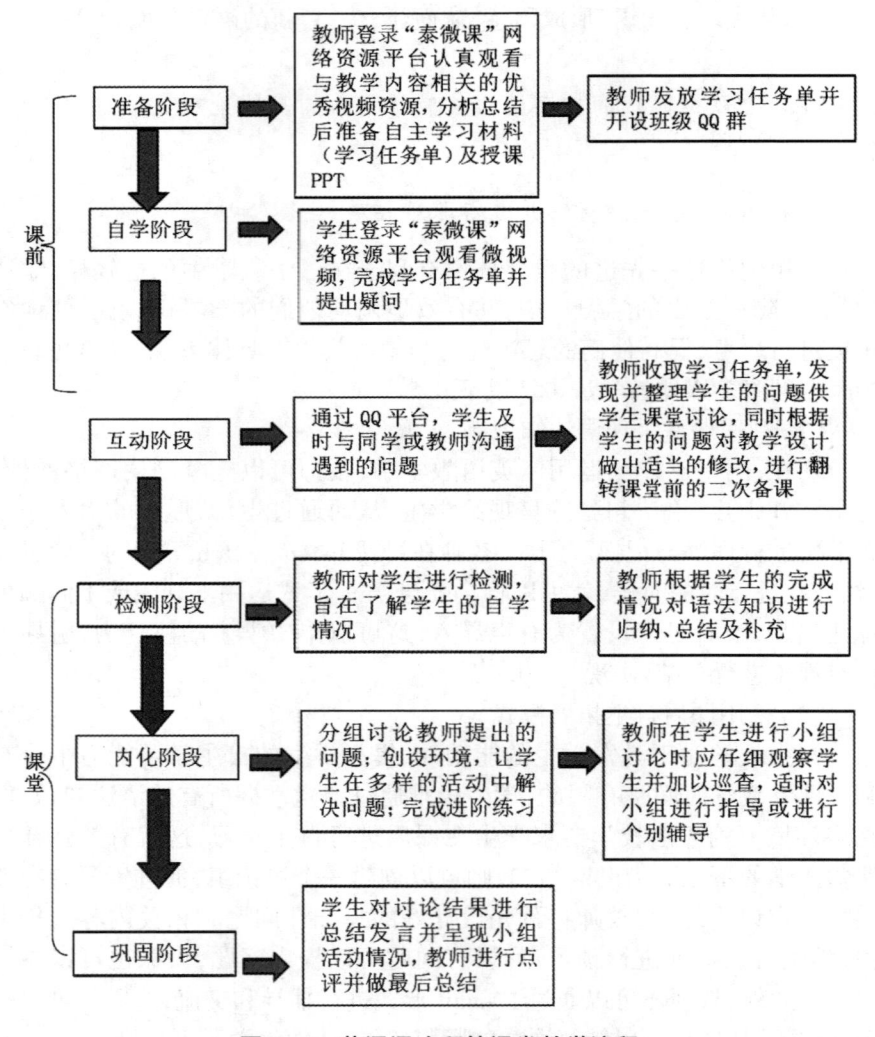

课前

- 准备阶段 → 教师登录"泰微课"网络资源平台认真观看与教学内容相关的优秀视频资源，分析总结后准备自主学习材料（学习任务单）及授课PPT → 教师发放学习任务单并开设班级QQ群
- 自学阶段 → 学生登录"泰微课"网络资源平台观看微视频，完成学习任务单并提出疑问
- 互动阶段 → 通过QQ平台，学生及时与同学或教师沟通遇到的问题 → 教师收取学习任务单，发现并整理学生的问题供学生课堂讨论，同时根据学生出的问题对教学设计做出适当的修改，进行翻转课堂前的二次备课

课堂

- 检测阶段 → 教师对学生进行检测，旨在了解学生的自学情况 → 教师根据学生的完成情况对语法知识进行归纳、总结及补充
- 内化阶段 → 分组讨论教师提出的问题；创设环境，让学生在多样的活动中解决问题；完成进阶练习 → 教师在学生进行小组讨论时应仔细观察学生并加以巡查，适时对小组进行指导或进行个别辅导
- 巩固阶段 → 学生对讨论结果进行总结发言并呈现小组活动情况，教师进行点评并做最后总结

图5-7 英语语法翻转课堂教学流程

（资料来源：毛婷婷，2019）

3. 构建基于 TPACK 的混合式语法教学模式

（1）多个方面深度混合

基于 TPACK 的混合式英语语法教学模式需要从多方面入手展开深度的混合，这样才能将传统课堂教学与网络在线教学的优势发挥出来，形成与教学需求相符的全新教学模式。

总体而言，课程资源、教学模式、教学环境的融合是非常重要的。课程资源的混合就是将网络课程、教材内容、题库等相关资源加以整合，从而便于学生直接运用。教学模式的混合就是构建一体化的教学模式，从学习之前的准备到学习之后的评价，都要组成一个整体，让教师的教与学都能够真正地实现和谐。教学环境的混合就是要将传统课堂中的现实交流环境与网络的虚拟环境结合起来，从而为教学提供创新的环境。

（2）学前准备阶段

在学前准备阶段，教师不仅需要准备教案，还需要为学生提供慕课视频、微课视频等一些引导课程。这些课程能够让学生初步了解教学的内容，并进行自主学习与探讨，让他们能够逐渐提升自身对语法知识的熟悉程度。同时，在网络课程中需要设置相应的问题，这样便于学生在学习中进行思考。例如，在 set up 相关内容的课程资源中，应当包含相应的习题，让学生能够进一步熟悉 set up 的不同用法，也能进行深层思考。

如果有必要，教师可以在网络上与学生展开互动，引导学生进行课前的预习，完成学习任务。例如，师生之间可以通过微信群进行交流，对学习中遇到的问题展开讨论，从而一起分析解决的方式。如果学生无法解决问题，那么教师就可以进行询问，引导学生找到问题的解决方式。

（3）课堂教学阶段

在基于 TPACK 的混合式英语语法教学模式下，由于学生通过课前预习已经对语法知识有了基本的了解，那么课堂教学阶段就是帮助学生解决预习时候遇到的一些问题，对学生的预习进行强化。

在课堂教学中，教师可以对学生遇到的一些集中性问题进行解惑。同时，教师需要对语法重难点加以总结，帮助学生对这部分内容进行深化。此外，最重要的则是通过课堂教学来强化训练。很多学生难以真正掌握英语语法知识，很大原因在于其训练不足，因此教师可以充分利用教材和网络课程，混合多种教学方式，从听、说、读、写、译等方面展开教学，为学生创造良好的语法训练机会。

（4）巩固提升阶段

在课堂教学结束之后，基于 TPACK 的混合式英语语法教学需要引导学生对知识加以巩固。基于网络平台,教师可以结合学生的反馈,了解学生的学习情况,并为他们制订相应的巩固计划。与传统的课后作业相比,这种方式的针对性更强,能够真正地实现因材施教,引导每一位学生较好地掌握语法知识,帮助学生纠正学习中遇到的一些错误。

(5)评价考核阶段

对基于 TPACK 的混合式英语语法教学模式而言,传统的教学评价考核体系已经不再适用,需要构建全新、合理的评价考核体系。因此,教师可以充分利用网络教学平台,结合教学内容而制定出相应的任务清单,强化评价考核对学生主动性、积极性的激励作用。近年来,混合式教学模式在英语教学中得到了广泛应用,但是其实际教学效果并不尽如人意,尤其是在英语语法教学方面。因此,加强对混合式英语语法教学模式的研究很有必要。

第二节 高校英语听说教学的创新策略

一、高校英语听力教学的创新策略

(一)听力教学

1. 调节学生情绪,调动学生的积极性

在传统的听力课上,许多学生常常处于一种紧张状态,充满焦虑,缺乏自信,无法集中注意力,有的学生甚至一进语音室就开始感到这种心理压力,而一下课则如释重负。这样的心理状态直接导致学生的学习积极性受到抑制。因此,在听力教学中首先要解除学生心理上的负担,调整其心理状态,使其积极主动投入听力学习中去。教师所面临的首要任务就是要营造轻松和谐的学习氛围,舒缓学生的听音焦虑,将学生对外语学习的情感因素和积极性充分调动起来。

对于无情感的被动学习,学生即使有良好的学习潜能,学习的积极性也不会被调动起来。对此,教师应根据不同的学生采取不同的方法调动其积极性,使他们在情绪上接受教师的引导与课型安排,并通过亲切的话语、鼓励的眼神、生动的体态语言、整洁得体的仪表,使学生产生信任感。

2. 精听与泛听相结合

在听力训练中,既要能准确无误地听出某些重要的数据、年代、人名、地名及事实,又要兼顾把握大意的训练,这就要求精听和泛听相结合,交替练习。精听练习不仅能够提高学生的听力水平,还能够极大地促进学生的词汇和语法学习。在精听时,对听力材料中的音素、单词、句子、段落、意群要逐个精听、细听、反复地听;在精听的过程中,要注意抓住数字、地名、方向、人名、日期、年龄等关键信息;在听的同时,可用缩写或用自己明白的符号记录有关信息。泛听主要是抓大意,不要纠缠于细节。一个词,一个短语,甚至一个句子听不懂没关系,只要不影响对整体文章的理解,能了解内容的大意即可。在泛听训练过程中,学生的积极性很高,不仅开阔了学生的视野,还扩大了学生的词汇量。

(二)高校英语听力教学存在问题分析

尽管英语教学深受重视,而且随着教学改革的深入有所发展,但是在教学中学生"听不懂,说不出"的问题依然存在。因此,有必要对英语听力教学中存在的问题进行分析,以便有针对性地解决这些问题,促进英语听力教学的发展。

1. 课程设置处于弱势地位

在整个高校英语课程设置中,听力教学处于弱势地位,受关注的程度并不高。在多数院校中,高校英语的周学时为4小节,但教师常常将教学中心放在精读课上,部分院校甚至将听力课与口语课相融合,变成听说课,从而减少了听力课的学时,这使得听力教学课时难以保障,学生听力能力的培养也难以保障。

2. 教学目标有所偏离

高校英语教学中设置了大学英语四、六级考试,这本是为了激发学生的学习兴趣,培养学生的英语能力而设置的,但有些教师将通过考试作为教学的指向标,从而忽略学生听力能力和跨文化交际能力的培养。基于这样的目标,在时间有限的课堂中,教师常会将听力教学沦落为题海战术,这样不仅使学生感到枯燥乏味,而且很难真正提高学生的听力能力。

3. 教学模式僵化

受课程设置不合理、教学目标偏离、重视程度不高等影响，现在的高校英语听力教学存在教学模式僵化的问题。很多教师将主要精力放在教学任务的完成上，忽视对教材的整体把握，缺乏对学生的有效指导，甚至目标不明确，只是机械地、一遍遍地播放录音，学生只能被动、盲目地听，这使得听力教学拘泥于"听听录音、对对答案，教师解释"的单一模式。在这种教学模式下，不仅课堂氛围沉闷，而且学生的学习积极性不高，学生的听力能力更是难以得到锻炼。

4. 基础知识积累不足

现在，尽管听力教学受到了学生的重视，但是很多学生的听力水平不高，这很大程度上源于学生基础知识积累不足。一方面，学生缺乏必要的语音知识，对音节、连读等掌握不牢固，加之词汇量积累有限，欠缺语法知识等，这些都会对学生的听力理解造成影响。另一方面，学生缺乏良好的英语学习环境，很难对英语音调、韵律等具有敏感性。由于基础知识积累不足，学生的听力能力将很难得到提高。

5. 对听力产生抵触情绪

由于教学方式的单一性和听力本身的复杂性，很多学生对听力学习缺乏兴趣，甚至从心理上对听力产生抵触情绪。这种抵触情绪会进一步降低学生参与听力活动的积极性，甚至是应付听力学习，使得听力学习收效甚微。

6. 学习形式单一

受传统教学模式的影响，学生在学习英语听力时，十分依赖教师的教学，依赖于学校规划和课程安排，进而导致自主学习听力的能力较低，在英语听力上获得不了成就感，学习兴趣降低，最终整体学习效果不佳。此外，学生跟随教师的课堂讲解，不利于学生建立个性化的英语知识框架和体系，不利于学生自主学习能力的提升。

7. 缺乏英语文化知识

语言与文化密切相关，很多听力材料中都渗透着文化知识。很多学生无法准确理解听力内容，部分原因就在于缺乏必要的文化背景知识。对此，学生在听力学习中不仅要学习听力技能，还要学习文化知识，了解英语国家的历史文化、思维方式等,掌握中西方文化间的差异,这样才能为听力学习扫清障碍,提高听力水平。

8. 缺乏英语听力环境

我国学生是在汉语环境下学习英语听力的,而且主要通过教材和课堂来学习英语听力,学生在课本上学到的英语都是规范英语,教师在教学中为了便于学生理解,常会放慢语速,这使语流失去了正常的节奏。但在英美国家,人们在实际交际过程中使用的语言具有很强的口语化特征,常使用口语化表达。而在课堂教学中,这种口语化的语言很少出现,学生接触不到地道的英语表达,也就很难提高英语听力能力。

9. 不善于利用课余时间

课堂教学的时间是有限的,因此对课堂教学起着补充作用的课余时间的利用率直接影响着学生的听力水平。但是在实际学习中,学生并没有充分利用课余时间。很多学生没有制订自己的学习计划,只是依靠课堂教学,但课堂中教师是面向全体学生的,课堂内容是针对学生的平均水平制定的,并不能满足学生的个性化需求。制订适合自己的学习计划,并充分利用课余的零散时间,将英语听力学习与日常生活相结合,对提高英语听力水平将起到事半功倍的作用。

(三)高校英语听力教学的原则

1. 激发兴趣原则

听力能力的提高需要一个过程,不能一蹴而就,而且需要不断地练习和努力,很多学生由于自己听力能力不佳,加上进步缓慢,因此对听力学习缺乏兴趣。可见,兴趣对于英语听力学习至关重要。教师在开展高校英语听力教学时要有意识地激发学生的兴趣,也就是遵循激发兴趣原则。具体而言,教师在进行听力教学之前,首先应该对学生的兴趣点有清楚的把握,然后依据他们的兴趣点采用合理的教学方法,激发他们的兴趣和积极性,从而不断提升学生的听力水平。

2. 情境性原则

听力是交际的重要方式,学生只有在自然、真实的环境中,才能与环境产生相应的互动,获得真实的语言体验。很多教师往往都有这样的感受,即教师竭尽全力鼓励学生参与课堂活动,但学生依然对听力学习缺乏兴趣,听力课堂变得死气沉沉。

事实上,只有教学氛围良好,师生才能实现良好的互动,使教师发挥自身的主导作用,学生发挥自身的主体作用,在民主和活跃的氛围中,学生才能更好地提升自身的听力水平。

3. 气氛活跃原则

在高校英语听力教学中,教师必须意识到情感因素的重要性,情感是学生智力与非智力发展的原动力,学生只有具有一定的情感体验,才会有相应的智力及非智力活动,也才能对所学知识产生感情,从而在学习中获得事半功倍的效果。在听力教学中,教师也要充分重视情感因素,在教学各个环节都要充分考虑学生的情感因素,有效降低情感过滤的作用,使学生积极参与课堂上的各种活动,从而达到获得信息、吸收语言的目的。

4. 强化文化背景知识原则

语言与文化密切相关,很多英语词汇、短语、句子等都蕴含着丰富的文化信息,如果不了解语言背后的文化信息,将很难理解其内在含义,更无法有效进行交流。可以说,很多听力材料背后都蕴含一定的文化知识,学生如果没有掌握必要的文化背景知识,即使听懂了个别甚至全部语句,也不一定能完全理解材料所隐含的深层文化含义,进而影响对材料的准确理解。因此,在高校英语听力教学中,教师必须重视强化学生的英美文化背景知识,提高学生对文化知识的敏感度。教师可以通过组织一些活动,如播放优秀的英美影片、引导学生阅读一些文学名著、组织具有鲜明特色的文化交流活动等,来培养学生的文化素养,进而提高学生的听力能力。

(四)互联网时代高校英语听力教学创新的具体策略

1. 充分利用 TED 资源

TED(Technology, Entertainment, Design)是美国的一家机构,旨在用思想对世界加以改变。TED 演讲的领域从最开始的娱乐领域、技术领域等逐渐向各行各业拓展。每年的 3 月,TED 大会在美国召开,其中参加的人物涉及商业、科学、文学、教育等多个领域,将他们对这些领域的意见和建议进行分享和探讨。TED 官网的思想性、可及性等为网络教学提供了具体的借鉴。

第一,为英语听力教学提供了大量真实的语料,这与传统的音频存在较大差异。传统教学中学生上课接触的语料大多是本族语为母语的优秀英语人才录制而成的,虽然也保证了语音的纯正性,但是改变了交际的真实性。

第二,演讲的主题涉及各个领域,这与语言学习是一部百科全书的观点有着相似性,因此有助于英语听力教学。

第三,演讲者都是各个领域的一些杰出人物,传达的思想具有前沿性,这有助于提升学生英语的思辨能力。

第四,TED官网上发布的视频多控制在15分钟之内,是较短的视频,最长的也不超过20分钟,这与当前的慕课、微课教学模式相符,也符合英语听力教学的特点。

第五,演讲者是从各地来的,各种真实的情境可以让学生感受到手势、眼神、语速、重音等的运用。

第六,TED官网的视频虽然没有字幕提示,但是在下面会设置独立的互动文稿,并将演讲者的话语显示出来,这便于学生对听的方式进行选择,可以是纯视频的形式,也可以是视频+字幕的形式,或者是先观看视频,之后看字幕。

第七,TED官网的可及性可以让学生选择听的时间、听的内容等,学生制定符合自己的学习目标,对内容加以选择、对进度加以控制,实行自控式学习。

TED视频最大的特点在于提供给学生真实的情境,通过这种真实的听,保证了语言形式、思维以及科技的融合。

2. 加入多样化的教学工具

(1)英语歌曲欣赏

在学习的闲暇时间,学生可以欣赏一些英语歌曲,这样可以使自己身心放松,营造自身英语学习的氛围。另外,英语歌曲还可以帮助学生学习其中的一些表达方式,尤其是一些发音的技巧等,有效激发他们英语学习的积极性。

平时,教师可以引导学生多听一些具有当地文化特色的英语歌曲,也可以选择一些有意义的歌曲,然后教师让学生了解歌词的内容,再通过听写、填空等方式为学生出题,让学生真正能够听懂。

(2)影视作品欣赏

英语电影能够营造真实、生动的听力环境,而且能够帮助学生更好地了解西方文化,从中体会中西方文化差异,进而提高跨文化交际能力。因此,将英语电影运用于高校英语听力教学,可有效激发学生的学习兴趣,提高教师教学的效率和学生的听力水平。具体而言,可采用以下步骤开展教学。

①观赏影片前。在观赏影片之前,教师和学生需要做一些准备工作。这些准备工作是指,在选定影片之后,教师要为学生布置好与电影主题相关的活动,鼓励学生在课下通过网络搜集一些与电影背景相关的信息,加深学生对影片的了解。在临近观看前,教师要对影片的相关内容进行介绍,并提出相关的拓展学生思维的问题,如影片中有哪些俚语以及主角爱好等,这样能够引导学生带着问题和好奇心去观看影片。在准备工作完成之后,学生在了解影片的基础上,边观看影片边解决问题,以期达到更好的学习效果。

②观赏影片中。在观看影片的过程中,教师可选择和运用影片中某个经典片段的放映来指导学生进行精听。精听要求学生听清每一个词、短语和句子,清楚每一个情节。通过精听,教师可以更好地引导学生学习影片中的语言。在精听的同时,教师还可以采取泛听的方法,让学生了解影片的故事梗概。此外,在播放影片的过程中,教师可以根据学生的英语水平和影片中的相关内容适时暂停影片,提醒学生影片中的一些关键对话,辅助讲解一些俗语、委婉语、禁忌语等,同时分析其中所涉及的中西方文化差异,帮助学生掌握语言精华,从而培养学生的跨文化意识。

③观赏影片后。在影片结束之后,教师可以有针对性地进行扩展活动,即选择影片中的经典情节,组织学生进行角色扮演,从而巩固学生的听力水平,锻炼学生的表达能力,提高学生发音的准确性,培养学生的语感,同时树立学生的信心,促使学生合作学习。另外,教师可以鼓励学生谈论影片的主题及意义,引导学生撰写影评,这样可以巩固学生通过影片所学的词汇、语法等知识,进而提高学生的写作水平。

总体来说,英语电影语言丰富、情节生动,深受学生的喜爱,将其运用于高校英语听力教学,能够为学生营造一个真实的语言环境,锻炼学生的听力能力。但需要注意的是,采用电影辅助法开展高校英语听力教学,在选材上要多加留意,要选择那些语音纯正、用词规范、内容健康的经典影片,这样才能让学生学到地道的英语表达,提高学生的听力水平。

(3)英语竞赛视频

在平台上,还会有一些竞赛演讲的视频,学生可以通过这些视频感受其中的语音语调,感受优秀演讲者是如何进行演讲和应变的,这样学生不仅可以提高自身的听力,还会掌握一些演讲的技巧。学生多看一些竞赛的视频,从不同的角度来看待问题,这样可以不断提升自身的听力理解能力。

(4)访谈视频

一些名人的视频对于学生的听力学习也是非常有利的,学生本身会被一些名人、一些明星吸引,会带着好奇心去观看他们的视频,这样对于提升学生的听力水平是非常有利的。

当然,一般访谈的内容包含多个层面,或者是为了沟通情感,或者是为了讲讲生活中一些有意义的事情,或者是为了介绍自己的一些经历等,这些都容易引起学生的共鸣,同时还能够从他们的表情、语速中,学到一些听力技巧以及如何处理一些紧急的事情。

3. 建立多元化评价考核机制

在评价体系上,高校英语听力教学要求以学生的专业能力、综合素养等作为教学目标,提倡学生展开自主学习与写作学习,这就要求在评价中必须打破传统的评价方式,即仅采用终结性评价,以教师考核为主,而英语听力教学要求采用多元化评价考核机制,即将教师考评、学生自评、同学互评等相结合,实行终结性评价与形成性评价相融合,使学生从被评对象变成主人,而教师从单一的评价者变成评价的组织者。

4. 合理设计听力翻转课堂

在课程开始之前,教师需要布置好音频与视频材料,学生自行听这些材料。在课堂开始后,教师主要负责引导,他们不再对材料进行详细的讲解、给学生对答案,而是将更多的时间放在为学生讲解听力技巧上,然后为学生介绍相关的背景知识。课堂形式的展开方式也可以有很多种,可以是表演形式,也可以是讨论形式等。

教师除应用教材外,还可以自己录制或者应用他人录制好的音频或者视频,在录制时,设置相应的生词、短语以及句型,并添加一些背景知识,这些对于教师来说不仅可以节省时间,还可以提升学生的学习质量和效率。

教学总是围绕书本内容展开的,学生接触的英语材料是非常有限的,如果他们的语言输入不足,那么必然会对他们的语言输出产生影响,这样长期下去,学生对英语学习就失去了兴趣和积极性。另外,随着网络的发展,网络上有着丰富的教学资源,这些资源对于学生的英语学习也是非常有利的。听力与英语其他科目不同,其学习需要学生进行大量的练习,因此教师可以通过网络平台,为学生搜集相关的音频或者视频资料,让他们展开练习。

  教师可以对这些网络资源进行整合,为他们的翻转课堂所用。例如,课堂中教师可以从 TED 网站上选择一些音频或者视频,将视频与任务给学生布置下去,让学生有充足的时间进行观看。还可以从学生的不同程度出发,将学习任务分开。如果学生的水平是初级,那么要求他们听懂大意即可;如果学生的水平较高,可以让学生自己去查找一些相关背景,让他们弄懂整篇文章,这样在课堂上他们可以相互讨论,体现了学生的主体地位。

二、高校英语口语教学的创新策略

(一)口语教学

  按照语言规律,在日常交际中,人们的交际首先是不断地聆听与表达。聆听与表达是输入和输出的关系,聆听属于输入,表达属于输出。语言的输出是以输入为前提的,而输出则是对语言输入的有效检测,丰富准确的语言输入是确保高质量语言输出的必要条件。因此,输入输出是听说技能在现实交际中的直接反映,是实现交际成功必不可少的两个方面,二者密切相关,缺一不可,我们不能主观地将二者孤立起来。
  虽然高校英语口语课目前仍处在试验期,但是对高校学生口语能力培养的讨论却进行得如火如荼。统一的共识是:高校学生英语口语能力在教学体系中应得到充分的重视。这是高校英语改良思潮作用下的结果。说它是"改良"是因为它没有像高校英语"第二次革命"那样彻底地对改变高校英语被动局面做出全新的设想,而仅仅在已有的高校英语课程模式的基础上,在教材编写方面将"听力教程"改良为"听说教程",客观讲,这样的思路是一个大的进步,但是高校英语课程设置课时很少,平均一周一节。在这样短的课时内,教师要很好地进行听说技能培养难度很大,加之现在的教材越编越厚,内容越编越多,更增加了课堂处理的难度,结果在课堂上,学生在听完听力材料后时间已经所剩无几,来不及进行口语技能训练,教师迫于无奈还是将听说课当成听力课来上了。现实情况表明,这样的课程设置对口语技能的培养重视不够,给学生提供开口说的机会很少,实际将"说"与"听"剥离开来,仅留下了机械、单调的听力技能培养,严重影响了学生交际能力的培养提高。
  尽管口语课尚未普及,但是现有听力课实际上已经融入了对"说"的培养。在教学实践中,我们应坚持语言教学规律,尽量合理运用课时,给"说"留出一定时间,充分利用先进的技术设备,采用多媒体提高课堂效率,使"说"与"听"密切结合起来。

高校英语教学的最终目的是培养学生的交际能力,而交际能力最主要的体现就是学生听说结合的综合能力。因此,听力作为一门以语言输入为主的课程,口语作为一门以语言输出为主的课程,二者应并行不悖,相辅相成,共同促进输入输出的完成,实现提高学生交际能力的最终目的。

总之,高校英语教师应当在教学实践中把听说结合起来,借助先进的现代化多媒体教学手段,在课堂上实现听与说的密切结合。

(二)高校英语口语教学问题分析

口语作为一项重要的英语技能,具有显著的实践性特征。对于现代的大学生来说,口语是他们交际能力培养的重要途径。但是目前来看,我国英语口语教学的现状并不佳,口语障碍和口语教学中的问题普遍存在。对这些问题进行分析,有助于有针对性地解决这些问题,进而改善英语口语教学的现状,消除学生的口语障碍,提高学生的口语表达能力。具体而言,英语口语教学中的问题表现在以下几个方面。

1. 教学理念陈旧

在当前的高校英语技能教学中,很多学校在课程的设置、体系的构建上,都未将英语口语教学作为重点来凸显。在当前的教学中,很多教师将词汇、语法、阅读等的教学视作教学重点,很少涉及听说的部分。即便有的教师也教授听说,但是更强调的是听力,口语训练的机会少之又少。很多时候,高校英语口语教学往往是走过场。

2. 教学模式落后

相较于其他英语技能教学,口语教学的实践性更强,需要通过交流和沟通来实现教学目的。这就需要教师根据教学目的创新教学模式,培养学生的口语实践能力。但是就目前的高校英语口语教学来看,教师依然采用传统的教学模式,即先讲解、后练习、再运用。这种教学模式虽然符合教学规律,但是制约了学生学习的积极性。在这种教学模式下,学生只能被动地接受知识,机械地进行练习,根本没有独立思考和自主学习的空间。现在的学生都习惯接受新鲜事物,根本无法适应单调且缺乏创新的教学模式,这种枯燥的教学模式只会影响学生构建语言的创造力,也会将学生的学习热情消磨殆尽。

3. 课堂缺乏互动

在高校英语口语教学中,师生和生生之间的交流及互动是教学的重要内容,也是口语教学的核心,对培养学生口语表达能力、实现教学计划起着关键作用。但是在现在的高校英语口语教学中,教师依然在课堂教学中处于中心地位,拥有着绝对的主导权,课堂教学缺乏互动与合作,学生没有开口的机会,更没有开口说的积极性,自主能力得不到培养,最终使口语教学陷入僵局。

4. 忽视口语实践训练

尽管当前英语口语教学受到了教师的重视,教师也尝试探索相应的口语训练措施来提升学生的口语能力,但是教师对学生的口语训练仅局限于课堂教学,而忽视了学生课后口语强化训练,也很少向学生推荐相关的口语训练平台,最终导致学生的口语训练效果不佳。

5. 发音不标准

当前,由于学生来自全国各地,学生的学习基础、语言接受能力不同,导致很多学生的口语水平不同。同时,方言的存在导致很多学生发音不标准,而且在中学阶段的学习中也未进行纠正,因此到了大学阶段更难以纠正。

另外,传统的高校英语技能教学大多是灌输式的教学,口语教学也是如此,很多学生在课堂上往往只是听,表达的机会很少,因此说不出口的现象非常明显。

6. 思路不明确

思路不明确是学生口语学习过程中常遇到的一个问题。在英语口语练习过程中,学生会存储一定量的信息,并组织信息进行表达。但在实际表达过程中,学生的思维常会受到限制,尤其是遇到一些生词的时候,无法判断要说的词汇和内容,在有效时间内不能找到合适的句式来表达自己的思想。所以,思路不明确也会影响学生的口语技能。

7. 存在心理障碍

具有心理障碍,是当前学生在高校英语口语教学中存在的重要问题。这种心理障碍具体表现为自信心不足,存在焦虑情绪。这种焦虑现象的存在必然会对学生的口语学习造成影响。

8. 练习手段单一

现在学生练习口语的手段依然十分单一,学生通常是在课堂上按部就班地学习英语口语,或者是找外教练习口语,这对学生口语水平的提高并不利。实际上,随着社会的发展和知识的更新,大量的口语 App 诞生并被广泛运用,各大高校也建立了自己的英语自主学习平台,这为学生的口语锻炼创造了条件。学生可以充分利用这些资源来练习口语能力,而不必拘泥于传统的学习方式。

9. 学习被动

除了上述问题,我国大学生的英语口语学习还存在被动学习的情况。也就是说,很多学生的英语口语学习主要是为了应付考试,或者为了获得口语资格证书。一旦他们实现了这一目的,就放弃了口语的学习。因此,基于这样的目的,学生很难一直学习英语口语,缺乏持久性。

10. 评估制度不足

在高校英语口语教学中,评估是其中的重要部分之一。通过对学生英语口语进行评估,学校、教师能够清楚教学的效果,学生自身也能够明确自身的学习情况。当前,我国常用的评估形式主要是测试,但是测试对其他技能来说可能比较适用,但是对于口语技能并不适用,因为当前还未形成一套健全的英语口语技能评估制度。

(三)高校英语口语教学的原则

在英语口语教学中,教师应遵循科学的教学原则,以有效提高学生的口语水平,提升教学的效率。具体而言,可遵循以下几项原则。

1. 先听后说原则

在英语语言技能中,听和说是相辅相成的,听是说的基础,俗话说"耳熟能详",只有认真听、反复听、坚持听,才能最终说一口流利的英语。因此,英语口语教学应当坚持先听后说原则,即教师首先应注意加强学生听的能力,其次才是说的能力。只有坚持先听后说原则,才能帮助学生掌握正确的发音,为训练口语能力打下良好基础。

2. 循序渐进原则

口语能力的提升需要一个很长的过程，不可能一蹴而就，因此在英语口语教学中，教师应遵循循序渐进原则，即由易到难、由理论到实践，层层深入，逐步提升学生的口语能力。我国的大学生来自全国各地，不仅英语水平参差不齐，发音也会受方言的影响，因此教师在口语教学的过程中首先应该解决学生语音、发音层面上的问题与困难，纠正他们的错误发音，让学生根据从简单到复杂的程序，从语音、语调、句子、语段等逐步进行锻炼。另外，教师在安排与设计教学步骤时也要遵循科学原则，充分把握难易程度。如果教学目标定得太高，学生学习起来会有压力，如果目标定得太低，学生学习起来会缺乏挑战性，因此教学目标设计要适度，应符合学生的实际水平。

3. 内外兼顾原则

所谓内外兼顾原则，是指考虑问题时要顾及内、外两个方面。在这一原则的指导下，教师在英语口语教学的过程中不仅要重视课堂教学，而且需要引导学生合理利用课外活动来练习口语。事实上，学生的口语学习应该以课堂学习为主，并且将课外活动中的口语学习作为课堂学习的一种补充，二者相互促进、相互配合。在课堂练习的基础上，学生开展相应的课外活动，可以将课堂上学习的知识在课外活动中进行充分实践，从而达到复习、巩固知识的目的。此外，学生在课外活动中还可以运用课堂上所学习的理论知识，将知识内容转化为技能。与课堂活动相比较而言，课外活动的氛围比较轻松，学生的心情也会十分愉悦，在这种放松的心情下来练习口语将会取得令人意想不到的效果。在课程结束之后，教师为学生安排作业与练习之前，可以将学生分组，让学生以小组为单位来完成作业，通过相互讨论小组任务，帮助学生提升自身的口语能力，同时适度加强学生的团结协作能力。

4. 互动原则

口语训练本身非常枯燥，长期的枯燥训练会让学生失去学习的兴趣。因此，在口语教学中，教师要坚持互动原则，不能对学生的学习进度情况不管不顾。在口语训练时，教师应该努力使训练具有互动性，这种互动性能有效提升学生的学习兴趣。

另外，为了保证互动性，教师应该为学生设计一些互动性的话题，让学生展开互动训练。

（四）互联网时代高校英语口语教学创新的具体策略

1. 教学理念和教学目标

在高校英语口语教学中，应该坚持以学生为中心，在课堂内应该将学生的主体作用发挥出来，教师充当主导的角色，这样才能真正地提升教学的效果。基于这样的理念，高校英语口语教学应该对学生的自信心、准确性等进行培养，发挥英语作为工具的作用。开学初期，教师应该对不同阶段学生的口语评价标准有清晰的了解，进而展开诊断性评断，引导学生对口语学习目标等进行制定，从而提升英语口语教与学的水平。

2. 课前线上翻转预习

高校英语口语教学是建立在英语综合教程基础上的。在课前，预习主要是线上的预习。教师在设置预习任务的时候，应该从单元课文主题设计出发，采用多种形式，如问题讨论形式、朗读形式、角色扮演等形式，便于学生展开移动学习，为课堂的展开做铺垫。

同时，学生应该采用网络技术，对相关英文文章、视频等进行搜索，对课堂口语学习任务进行准备。通过线上学习，学生展开英语语言的输入与输出，为课堂展开做铺垫，并在一定程度上增强学生口语表达的自信心。这种模式将传统的讲授式教学进行颠覆，实现了从教到学的转变，也调动了学生学习的积极性。

3. 课中线下交流+信息技术

在课堂上，教师检查学生口语任务的完成情况，教师的角色也发生了转变，从操控者逐渐转向指导者。在课堂上，口语活动除了面对面交流，还可以通过 QQ 语音来参与，这样可以使学生都参与其中，增强学生参与课堂的积极性。

教师对学生的口语情况进行反馈，分析学生的口语流利情况、语音情况、词汇是否多样、语法是否准确等，帮助学生对口语进行诊断，进而让学生更有效地进行学习。在课堂中，教师可以利用慕课资源，辅助学生的口语学习，实现课堂与网络之间的融合，提升高校英语口语教学的效果。

高校英语口语课堂教学建立在其他技能教学的基础上。学生在听的基础上展开讨论与复述，这其实是在促进学生说。在阅读中，教师从文章内容中提出一些具有挑战性的问题，让学生发散思维，提升综合能力。对于每一单元的课文,学生可以进行朗读,这样教师可以纠正学生的发音情况,也可以让学生复述。当然,口语活动结束之后,教师可以要求学生展开相关主题的写作,这样可以使口语与写作相融合,进而提升学生的语言综合能力。

4. 课后线上+线下拓展学习

在课堂结束之后,学生可以运用网络技术展开线上与线下的学习。采用校园的听说系统,利用网络技术进行重复训练,对自己的学习效果加以巩固,提升自身口语的准确性与流利性。从课堂教学出发,为学生布置新的交互活动,如讨论、角色扮演等,学生在线下进行准备,然后通过手机录像上传,教师可以选取其中一些在下一节课进行展示。

学生利用教师推荐的网站与链接,在课堂结束后展开自主学习,如果学习中遇到问题,教师可以通过微信直播等形式为学生解惑。这些可以将学生的口语学习转到课外。在课堂结束之后,鼓励学生参与第二课堂或者一些朗诵比赛、话剧活动等,这也是线下学习的方式,从而不断提升学生的口语交际能力。

第三节 高校英语读写译教学的创新策略

一、高校英语阅读教学的创新策略

(一)阅读知识

阅读能力是在阅读实践中形成和发展起来的,它是一个十分复杂的结构系统。近年来,中外研究者一般认为,认读能力、理解能力、鉴赏能力、活用能力等是构成阅读能力的重要组成成分。

1. 认读能力

认读能力就是学生对书面语言准确而快速感知的能力,具体指认知字形、认读字音、初步了解文字意义所表现出来的心理特征。认读能力主要表现在以下五个方面。

(1)具有一定的识字量

能阅读一般的报纸、杂志、科技读物和文学作品,满足日常学习、工作、生活的需要。

（2）视读广度

视读广度越大则知觉单元越大，理解越完整，阅读能力越强。心理学研究表明，学生视读广度随着年龄增长而逐渐增大。

（3）感知的选择性

它是指感知文字符号时，学生总是随着自己的思路，依据先前的信息预测后继的信息，并从冗长的文字符号中选择最精练、最需要的语言信号重组意义，不断证实和修正自己的预测结果。

（4）敏锐的语感

它是指学生迅速而有效地感知表层文字与深层内容的联系和统一。人的大脑和感官在接受语言文字信息时，是否能迅速地做出反应，在很大程度上取决于这种感知能力的强弱。

（5）感知的精确性

它是指学生在阅读时能够正确辨认输入感觉器官的言语符号和它们之间的组合关系，并准确地将这些符号化为语义加以吸收。

2. 理解能力

理解能力是指学生感知的书面语言符号经过大脑一系列分析、综合、比较、抽象、概括等复杂的思维活动，正确而迅速地认识文章本质意义的能力。理解能力有复杂的结构，主要包括以下六个方面的要求。

（1）理解词语的能力。

（2）理解语言构造（句、段、篇章）的能力。

（3）理解修辞格的能力。

（4）理解表达方法的能力。

（5）领会文章主题思想和社会价值的能力。

（6）联想和想象力。

3. 鉴赏能力

阅读鉴赏能力是指人们运用正确的立场、观点和方法，对阅读材料的思想内容、表现形式、文章结构、艺术技巧、写作风格等方面进行鉴别、欣赏和评价的能力。鉴赏能力是阅读能力发展的最高阶段，它直接关系到阅读的质量和效果。

4. 活用能力

活用能力是指在阅读过程中或在阅读一篇文章后利用已经掌握的知

识去学习新知识的能力。活用能力的高低，对阅读效率和阅读质量影响极大。活用能力是阅读教学中要培养的终极目标之一，也是人人需要的终身能力之一。教师要在教学实践中重视活用能力的培养。

（二）高校英语阅读教学问题分析

阅读教学一直都是英语教学的重要组成部分，备受重视，而且随着英语教学的改革有了长足的发展。但是目前的英语阅读教学依然存在一些问题，而了解并解决问题对英语阅读教学的未来发展具有重要意义。具体而言，英语阅读教学中的问题体现在以下几个方面。

1. 教学方式单一

高校英语教学改革出现了很多的教学理念，并且一些学者也主张将这些理论应用到高校英语教学中。但是，要想运用进去，还存在一些困难，因为当前的高校英语阅读教学仍旧采用传统的教学模式。

在高校英语阅读教学中，常有这样的情境：教师在课堂上认真地进行讲解，学生在下面认真地聆听，并且不断地进行记录；教师将文章中出现的一些词句进行重点讲解，并且分析整篇文章中的问题。基于这样的教学模式，学生的阅读学习是被动的学习，缺乏主动性，也丧失了他们展开思考的能力。在这样的教学模式下，学生的阅读能力很难得到有效提升。

2. 课外缺乏监督

课堂教学时间毕竟有限，在课堂上教师不可能教授所有的阅读知识，学生也不可能在课堂上完成全部阅读任务，因此学生的阅读任务需要在课外完成。教师也会为学生布置一些课外的任务，但是学生对教师过于依赖，如果教师不抽查学生的课外学习情况，很多学生就不会认真完成。这就造成了学生本身缺乏阅读量，再加上学生并不认真地进行课外阅读，导致学生的阅读学习效果并不好，也很难提升自身的阅读水平。

3. 文化意识薄弱

语言与文化有着紧密的联系，这就要求高校英语教师在阅读教学中应该教授给学生文化知识，提升学生的文化素养。但实际上，高校英语阅读教学中的文化教学很难开展，因为教师本身文化意识比较薄弱，对文化渗透的概念理解不够深刻，而且对文化渗透的方法缺乏一定的认识，这就导致高校英语教学中文化渗透的缺失。同时，教师对教材中的文化素材挖掘不深,缺乏文化素养方面的培训,这也导致教师文化意识不强、文化素养不高,从而影响了阅读教学中文化知识的导入。

4. 阅读的动力不足

学生从中学步入大学,脱离了教师与家长的严格管控,很多学习需要自主完成。如果学生并未形成自主学习意识,那么就会浪费大把的时间。另外,很多学生进入大学之后也变得非常松懈,错误地认为英语学习的目的在于应付考试,很明显缺乏阅读动力,如果遇到一些篇幅长或者难度比较大的文章,他们甚至放弃阅读。

5. 词汇量和阅读量小

要想对语篇进行顺利的阅读,具备一定的词汇量是必需的,如果学生的词汇量不足,就很难展开有效的阅读。显然,要想提升自身的阅读能力,首先就需要提升自身的词汇量。如果自身的词汇量薄弱,即便具有较高的阅读技巧,也毫无用处。

英语阅读需要很大的词汇量,并且因为英语单词中有很多的同义词、近义词,有些词汇的词义之间很难辨析清楚,这就使得学生的阅读难度更大。要想提升英语阅读综合能力,学生需要基于自身的词汇量基础来展开大量阅读。当然,二者是相辅相成的关系。词汇量需要依靠阅读进行积累,而词汇量多也是展开阅读的基础。当前,很多学生的词汇量缺乏,阅读量不够,导致他们很难提升自身的阅读能力。

6. 不爱阅读,不会阅读

很多大学生不想阅读,也不爱阅读,这主要是因为其对英语阅读缺乏兴趣,即使阅读文章并不难,但他们仍然对阅读提不起兴趣。此外,很多大学生也不会阅读,如单词不会读,句子不会拆分、不会翻译等,虽然学生想要阅读,但不会阅读,也难以有效提升阅读水平。因此,学生应培养阅读的兴趣,同时学习阅读的方法,这样才能有效提升阅读的水平。

7. 文化背景知识缺乏

现在的英语文章都隐含着一定的西方文化背景,如果学生不具备一定的西方文化知识,那么在阅读过程中遇到一些具有特定文化内涵的词汇时就难以理解其真实含义,阅读也就无法顺利进行。

(三)高校英语阅读教学的原则

1. 激活背景知识原则

文化语境知识即所谓的背景知识,是读者在对某一语篇理解的过程中所具备的态度、价值观、对行为方式的期待、达到共同目标的方式等外部世界知识。在英语阅读教学中,背景知识是重要的组成部分,尤其是对以母语为汉语的人来说,阅读那些源自汉语文化背景的著作要容易一些,但是阅读那些不同文化背景下的相关著作必然会遇到困境。要想对以英语文化为背景的语篇有着深刻的理解,必然需要具备相关的文化语境图式,这样才能实现语篇与学生文化背景图式的吻合。读者的背景知识会对学生的阅读理解产生影响。其中,背景知识包含学生在阅读语篇过程中应该具备的全部经历,包括教育经历、生活经历、母语知识、语法知识等。教师通过设定目标、预测、讲解一些背景知识,可帮助提高学生的阅读能力。如果学生对所阅读的话题并不清楚,教师就需要建构语境来辅助学生的学习,从而启动整个阅读过程。

2. 重视一般词汇知识教学原则

对于英语阅读而言,词汇是必不可少的组成部分,也是顺利进行阅读的基础。作为一名英语教师,应该理解词汇在阅读理解中所扮演的角色。学生理解基础词汇,有助于他们在阅读上下文时猜测出一些低频词汇的含义。根据研究显示,那些经常阅读学术性文章的学生对术语应付的能力要明显强于一般词汇的应付能力。因此,学生如何积累一般词汇是教师需要关注的问题。

在词汇积累教学中,单词网络图是比较好的方式。在英语阅读课堂上,教师可以给出一个核心概念词,然后让学生根据该词进行扩展,从而建构其他与之相关的词汇。需要指出的是,高频词教学在词汇积累中是非常重要的,其有必要渗透在英语听、说、读、写、译教学之中,并在细节层面给予高频词一定的关注,这样不但便于学生顺利完成阅读,而且便于学生根据这些高频词顺利猜测陌生词的意义。

3. 把握阅读教学关键原则

受中国应试教育的影响,阅读教学与其他教学一样,教师将更多的关注点放在教学检测结果上,而阅读理解中的理解却被忽视。实际上,成功完成阅读的关键就在于完善与监控阅读理解。为了能够让学生学会理解，可以从学生的自我检测入手，鼓励他们同教师探讨具体的理解策略，这是元认知与认知过程的紧密结合。

例如，教师不应该在学生阅读完一篇文章之后，提问学生关于理解的问题，而是应该为学生示范如何进行理解。全体学生一起阅读，并一起探讨，这样便于每一位学生理解文章的内容。

4. 速度与流畅度结合原则

在英语阅读教学中，虽然学生具备了阅读的能力，但是很难进行流畅的阅读。也就是说，教师将更多的关注点放在学生阅读的准确性上，而忽视了学生阅读的流畅性。这就要求教师在阅读教学中找寻一个平衡点，不仅帮助学生提高阅读的速度，还要保证学生阅读的流畅性，这是阅读教学培养速度的最终目的。一般来说，学生阅读的过程不应该被词汇识别干扰，而是应该花费更多的时间研读内容及语言背后的文化。要想提升阅读的速度，一个好的办法就是反复进行阅读。学生通过反复的阅读，进而实现速度与理解的结合。

（四）互联网时代高校英语阅读教学创新的具体策略

1. 发挥网络互动优势，激发学生的学习兴趣

教师可以利用信息技术为学生的英语阅读创建一个平台，让学生充分参与其中，利用这一平台来提升自己的阅读能力。利用信息技术，教师可以为学生准备丰富的阅读资料，实现阅读资源共享。在教学过程中，教师可以依据教材中的内容为学生建立一个网络阅读资料库，将教材中阅读的重点、难点都上传到网络上，同时为学生补充适当的课外知识，以拓展学生的阅读视野。此外，为了避免学生在阅读学习中出现乏味情绪，教师还可以在学生阅读的资料中添加一些图片、视频、漫画、音乐等，在材料的格式、设计上也可以体现自己的特点，让学生爱上英语阅读。

2. 科学合理地选择阅读材料

显然，学生阅读能力的提高离不开大量的练习，换言之，英语阅读属于一门技巧训练的课程，需要花费大量的时间进行阅读训练。因此，这就要求教师为学生准备科学的阅读材料。在信息技术的帮助下，教师可以为学生找到一些贴近课堂教学内容的阅读材料。在开始上课之前，教师

可以为学生设置一些阅读要点,让学生自己上网搜索浏览,这可以在一定程度上培养学生的查询以及获取信息的能力。随后,教师将自己所准备的阅读材料发给学生,让学生通过小组的形式阅读与交流,并分享心得。等到课堂结束的时候,教师可以安排学生对这次阅读活动进行总结,每一位学生都要写出总结报告,然后教师对学生的报告给予口头评价。

3. 课内外与线上、线下有效结合

在高校英语阅读教学中运用混合式教学,英语教师要将课内外教学与线上、线下教学相融合。首先,在课堂上,主要是教师引导学生对课文展开篇章阅读,使学生能够掌握阅读技巧与方法。其次,在课外的阅读学习中,教师可以为学生布置一些任务,让学生在课下完成,同时要求学生多阅读一些名著与报纸,让学生对文章主旨大意有所了解,从而培养学生的阅读习惯。

4. 科学地进行评估与分类指导

教师除了利用信息技术在课堂上授课之外,还可以利用信息技术对学生的学习成果进行评估。在设计一套合理教学评估方案之前,教师可以利用网络技术搜索与阅读相关的评价理论或内容,进而结合自身所教授阅读材料中的生词、语法、词汇量、句法等知识来设计评估内容,如此获取的评估结果可以让教师充分了解学生的阅读水平。同时,教师还可以对学生的评估结果进行线上统计,对学生阅读的时间、效率也有充分的了解。

总体而言,高校英语阅读实行混合式教学,有助于提升学生的阅读能力与水平,通过教师的设计,让学生对阅读技巧与方法进行合理的把握,帮助他们养成良好的阅读习惯。

二、高校英语写作教学的创新策略

(一)写作教学

1. 教师教法

从现有学生的实际水平来看,作为教师,首先要充分认识到不少学生的英语写作基础是比较差的。他们基本没有接受过具体和系统的英语写作训练,部分学生连起码的写作要求都知之甚少;同时在词汇、句子结构、

第五章 互联网时代高校英语教学的创新内容

段落扩展以及文章的选题等方面都存在很多问题,与教学要求相去甚远。此外,部分学生本人在思想上不够重视,认为只要会用汉语写文章就行了(问题是他们中的很多人连汉语作文也写不好),所以课上的基本训练也只是不得已而为之,课后又不注意温习写作技巧,更不愿自觉练笔。在这种情况下,教师一方面要吃透书本内容,讲课时既要以书本为依据,又要不拘泥于书本,坚决改变唱独角戏和照本宣科的传统做法,注意用心寻找更合适的例子,并能结合学生特点,从生活中寻找素材,教法灵活;另一方面教师应耐心疏导,尤其是对本班学生更应注意教学方法。

2. 学生学法

任何教学活动都是双边的,也就是说要有教师和学生的共同参与,只有这样才能保证教学活动的顺利进行。学生有一定的参与意识,有一定的表达欲望,但由于本身水平有限,部分学生也会打退堂鼓。他们怕出错,怕在众人面前丢脸,于是,虽然他们在课前已做了一定的准备,但他们没有足够的勇气把自己展现给大家,这是很致命的心理障碍。俗话说:万事开头难。勇敢地迈出第一步是很重要的。

那么如何才能迈出第一步呢?

首先是心理方面的准备。相信自己,有的问题是完全或部分能解决的。如英语写作,他们能表达一些观点,只是表达观点的句子在语法上还不够通顺,句意不够连贯;在方法和技巧方面还不够熟练,但这并不是他们的全部。经过一定的训练,相信他们以后一定能取得长足的进步。这就需要教师的耐心帮助,但更多的还是要靠学生自己的努力。

其次就是要找到适合自己的学习方法。据调查和个别交流,有相当一部分学生因为一时跟不上大学阶段的学习要求,不适应教师的教学方法,以及自身的现有水平低而显得束手无策,不知该从哪儿下手,从哪儿进行补缺。他们也曾诚心诚意地向别人讨教,询问学习方法,花钱买书买磁带,但往往收效甚微,于是就放弃了。这样,所有的努力都会前功尽弃。由此看来,学习的方法是学生取得进步的关键。

另外,学习还应有恒常性,不能因为一时的困难而止步不前;要勤练,注意课后的复习和巩固;要继续发扬参加专升本考试前的那种拼搏精神,发挥自学能力强的优势;同时做到不懂就问,不可一知半解,只有这样才能收到令人满意的学习效果。

3. 教材课时

教授写作的教材很多,教材介绍的方法大致相同,内容也相差无几。

▶145

互联网时代
高校英语教学思路创新与发展研究

作为从事英语写作课教学的教师,在挑选使用教材方面困难不大。但我们认为,重要的是在给学生举例或展示范文时,应有所选择。要避免过多的生词和大词,避免意思理解过难的段落,而且最好能紧密联系实际,注意使用他们平时的练习进行分析和讲解,使他们觉得容易接受,觉得有意思,从而克服学英语写作的畏难情绪,在学习过程中逐渐培养和提高自信心,在兴趣中学习,在兴趣中进步。

英语写作的学习和训练是一个系统工程,需要多方面的配合才能保质保量地完成。学生的英语基础参差不齐,按照这种实际情况,在课时的分配上应有所放宽。但该门课仅约 50 课时,每周只有 2 节课。由于课时少,要讲授的内容多,为了完成教学任务,教师往往顾不上学生英语底子差、知识匮乏的现状,只好加快节奏,必要的训练也得不到保证,更没时间及时了解学生对知识的掌握程度,或个别指导,这样势必会影响该门课的教学质量。因而,在排课时应该考虑课时分配的合理性,以保证教师能保质保量地完成教学任务,使学生学习的系统性更强,知识掌握得更牢,这是提高教学质量的有效保证。

随着形势的发展,社会对人们英语能力的要求会越来越高,广大教师与学生应增进相互间的了解,积极投入,注意总结,加强训练。同时,搞好其他各方面的综合训练。只有这样,才能把英语写作这门课教好、学好,从而顺利完成教学任务。

(二)高校英语写作教学问题分析

1. 教师的教学方法陈旧

受学时以及应试教育的影响,在英语写作教学中,教师仍旧采用传统的教学方式展开教学,即在课堂上为学生提供各种类型的范本,为学生讲解范本,要求学生进行模仿并完成课后写作任务,教师进行评价。这种教学方法重在写作结果,忽视了师生之间的交流,也忽视了学生兴趣的培养。这样下去的结果就是学生丧失学习兴趣和学习动机。

另外,模仿是学生写作的一个必经阶段,却不是最终的阶段,只有完成创造性的写作才是最终的目的。事实上,创造不仅是一个过程,也是一个结果,如果没有创造性,那么这样的写作也就毫无意义。因此,在英语写作教学中,教师需要与学生进行沟通,培养学生的学习兴趣和积极性,并灵活采用多种方法展开写作。

2. 教师在教学中重形式,轻过程

很多人指出,英语写作中应该注重形式,并认为这是必然的,因此导致教师在英语写作教学中对句子规范性和文章结构的教学非常侧重。甚至有时候,教师为了让学生快速写出一篇文章,往往会让学生对类似的文章进行模仿。这样下去导致教师和学生都将形式视作写作教与学的重点,忽视了写作的过程与内容。这样的写作仅仅是一种模仿,而不是创造,是流于形式,很少能够触及写作的核心。

3. 教与学相互颠倒

写作教与学相互颠倒主要有如下两点表现。

第一,写作是一个极富实践性的课程,因此写作应该以学生的操练为主,以教师的教授为辅。但在实际的写作教学中,教师往往花费大量的时间对词句进行讲解,只给学生留下少数的时间进行写作,这样实际是对教学内容主次的颠倒,对学生写作能力的提升是非常不利的。

第二,写作是学生个体的活动,尤其是从构思到写作再到修改。在英语写作教学中,教师过多的讲解浪费了学生的写作时间,也会令学生丧失写作的积极性。

4. 教师教学中忽视了文化差异问题

文化因素对英语写作教学有着重要影响,并且使学生在写作中常遇到一些问题。首先,由于英汉思维方式的不同,英语重视形式,而汉语重视意义,这就导致学生在谋篇布局上出现困难。其次,由于英语和汉语属于不同的语系,有些词语含义是不对等的,这就导致学生容易面临用词的困境。

5. 学生的语言质量不过关

很多学习者在使用英语写作文的时候往往不会使用地道的英语表达方式,所写出的英语句子存在大量语法错误,甚至还有很多单词也都拼写错了。英语与汉语存在很大差异,英语词汇在词性、用法、词义、搭配等方面都有自己的鲜明特点,如果学习者按照汉语的逻辑思维来组织英语作文,那么显然就会出现各种语言知识点层面的错误。

6. 学生存在严重的中式英语现象

中国学习者长期生活在汉语的环境下,受我国传统文化的影响比较深刻,也形成了相对固定的汉语思维习惯。然而,英语思维与汉语思维存在较大差异,汉语思维会影响到学生的英语学习进程,并且往往会带来各种消极影响,"中式英语"就是其中的一个突出表现。很多学生使用汉语的表达方式来写英语句子,所写出的句子往往词不达意,呈现出中式思维习惯,这一现象带来的后果是比较严重的。

(三)高校英语写作教学的原则

1. 以学生为主体的原则

为了解决学生地位偏差的问题,在高校英语写作教学中,教师应遵循以学生为主体的原则,即明确学生的主体地位,尊重学生的主体性,围绕学生展开教学。只有激发了学生的兴趣,发挥了学生的主动性,才能使学生成为学习的主体。总体而言,要让学生积极参与教学活动,发挥学习的自主性,使学生积极主动学习,提高自身的写作能力。

2. 循序渐进原则

任何一件事情的顺利完成都需要花费时间,都是一个循序渐进的过程,高校英语写作教学也不例外。在英语写作教学中,循序渐进原则主要体现在以下几个方面。

(1)语言层面:由低到高

在语言层面,教师可以先让学生进行句子写作方面的练习,然后逐步过渡到段落与篇章的写作。由于课堂教学时间有限,教师可以将对句子的写作训练穿插在其他技能课中,如精读课和听说课。此外,教师可以设计组织各种训练活动,如连词组句、补全句子、合并句子、扩充句子等,学生对句子写作逐步熟练后,教师就可以增加难度,过渡到篇章写作。

(2)语法结构层面:由易到难

在写作过程中,很多学生都因语法欠佳而无法使用哪怕稍微复杂一点的表达,这样势必会影响输出效果,写作质量也不会太高。因此,学生一定要重视语法学习,先掌握基础的语法结构,在此基础上再掌握更为复杂的语法结构。具体来说,在写作学习中,学生要先掌握简单句,然后掌握复杂句和并列句;先掌握短句,然后掌握长句;先掌握陈述句,然后掌握虚拟句和感叹句。对教师来说,也要坚持循序渐进原则,在语法结构上由易到难,帮助学生巩固基础,进而攻克薄弱环节。

（3）话题层面：由熟到生

学生对于自己熟悉的话题往往更有写作兴趣，写起来也相对容易。因此，教师在写作训练中，可以先从学生熟悉又感兴趣的话题开始，等学生掌握一定的写作技巧后，可以让学生就一些社会热点问题等表达自己的观点，锻炼自己的写作能力。

（4）体裁层面：由简到繁

对学生来说，不同体裁的难易程度各不相同。一般来说，记叙文的写作难度较小，其次是描写文，然后是说明文，议论文的写作难度最大。因此，在写作体裁方面，学生应从记叙文的写作训练开始，逐步向其他体裁过渡。

3. 交际性原则

写作是一种重要的交际方式，其最终目的也是交际，因此高校英语写作教学应遵循交际性原则。具体而言，遵循交际性原则要求教师做到以下几点。

首先，写作教学活动满足学生的即时需求，提高学生的交际能力。

其次，写作教学活动要为学生提供写作交际的机会，使学生从中获得乐趣。

最后，在修改中采用小组或同伴活动，加强学生之间的交流，让学生通过交流活动获得素材，从而为文章增添内容，锻炼学生的思维。

4. 恰当性原则

英语写作教学的恰当性是指写作任务的设计应该恰当。具体来说，写作任务需要具备如下两点特征：一是能够将学生思想交流的需求激发出来，让学生有内容可写；二是有助于提升学生的语言水平。具体而言，如果教师要想设计一个好的任务，就需要从学生的实际出发，让学生有充足的内容进行写作。同时，教师也需要考虑学生的语言水平，这样他们才能完成写作。

5. 多样性原则

英语写作教学中需要坚持多样性原则，主要体现在训练方式与表达方式上。

从训练方式上说，教师应该采用多样化的方式，如可以通过扩写、仿写等办法训练学生的写作能力，同时教师应该把握好每一种方法的优缺点，让学生在多种方法下掌握适合自己的方法。

从表达方式上说，教师应该引导学生采用多种表达方式展开写作，而不仅仅是一种方式，这样才是灵活的写作。

（四）互联网时代高校英语写作教学创新的具体策略

1. 倡导学生运用信息技术进行英文写作

教师利用信息技术进行英语写作教学可以打破时空限制，实现写作资源的合理共享，并且充分补充英语写作教学资源。教师在英语写作教学中融合信息技术，可以让学生在网上搜索相关写作内容，并且对所搜索的内容进行整理与分析，把得出的结论最终应用到自己的写作内容中，顺利完成写作任务。

现代高校大学生都熟悉网络，每天都利用手机上网，对此，教师可以利用网络资源为学生增加写作的机会，充分激发学生对英语写作的兴趣，并在学生进行写作的过程中给予指导，形成一种和谐、融洽的交流氛围。

2. 利用计算机文字处理程序辅助英语写作，代替原有写作形式

当前，随着计算机技术的快速发展，人们可以利用计算机完成很多工作。在写作练习的过程中，学生也可以利用计算机的快捷、方便特点来完成写作任务，很多计算机中都带有对写作中的标点、大写、小写、拼写等进行检测的功能，那么学生就可以利用这些工具来检测自己所完成作文中的错误并进行改正。

其中，拼写、语法功能可以有效减少学生作文中的拼写、语法错误，编辑功能还可以帮助学生完善段落之间的连接、组织、转移等要求。另外，学生还可以利用添加、剪切、复制等来修改自己的作文。此外，很多计算机还带有词典，学生可以利用这一功能迅速找到自己想要使用的词，或者检查自己所使用词语的正确与否。

计算机文字处理程序的功能在一定程度上减少了写作的重复劳动，省下了很多时间，因此学生能够花费更多精力在写作上，增强了他们对写作的兴趣。

3. 利用微信、QQ 辅助英语写作教学，加强师生间、生生间的交流

微信、QQ 可以成为英语教师教授写作课程的助手，帮助教师加强与学生之间的沟通与交流。在写作过程中，学生可以将自己完成的作文通过微信、QQ 发给教师，教师在完成批改之后，再利用微信、QQ 发给学生。

学生对于教师批改的作文进行修改与反思,最终形成一篇优秀的作文。此外,教师可以鼓励学生利用微信、QQ等与同学、他人用英语进行交流,尤其是与英语为母语的人进行交流,这可以有效帮助学生提升自身的英语运用能力。经过一段时间的沟通,学生可以将自己的交流心得写成作文,其中可以写生活、学习、旅游、家庭、爱好等各个方面的主题作文,从而实现自身英语写作水平的提升。

三、高校英语翻译教学的创新策略

（一）翻译知识

翻译理论与实践相结合构成的一个重要领域就是翻译教学。在研究翻译的过程中,翻译教学是一个不可忽视的内容。要想提高翻译教学的水平,首先必须对翻译教学展开深入探究。对翻译教学实践发展起着决定性作用的就是翻译教学理论。因此,随着社会对翻译人才需求的大幅度增加,对翻译教学理论的相关探究就显得极为重要。

但是,目前学界对翻译教学的内涵仍然存在较大争议。学者们对于翻译教学的范畴及翻译教学与教学翻译的区别并未达成共识。加拿大著名学者让·德利尔(Jean Delisle,1988)曾经对教学翻译(pedagogical translation)与翻译教学(pedagogy of translation)做过明确的区分。

让·德利尔指出:"学校翻译也称'教学翻译',是为了学习某种语言或者在高水平中运用这种语言与深入了解这种语言的问题而采用的一种方法。学校翻译仅为一种教学方法。翻译教学不是为了掌握语言结构与丰富语言知识,也不是为了提高外语的水平。纯正的翻译目的是要出翻译自身的成果,而教学翻译的目的仅是考核学校外语学习的成果。"

近些年的研究有了一些新的突破。罗选民认为,学者对教学翻译与翻译教学的阐述有利于对概念的澄清,但对翻译教学的概念要重新界定。翻译教学是由"大学翻译教学"与"专业翻译教学"组成的,他将原来公认的教学翻译也纳入了翻译教学的范畴,扩大了翻译教学的范围。

（二）高校英语翻译教学问题分析

英语翻译教学存在的问题主要体现在以下几个方面。

1. 教学理论与实践脱节

翻译是具有实践性特征的一项语言技能，需要理论与实践的有机结合。对此，在英语翻译教学中，教师除了传授学生基本的翻译知识与技巧外，还需要不断带领学生参与翻译实践，在实践中验证学生对课堂知识的掌握情况。但是从目前来看，我国很多学校在翻译教学中都是理论与实践脱节，仅传授理论，导致学生学习了大量理论知识，但无法有效运用于实践。

2. 教师素质有待提升

教师要教书育人，首先自身素质要高，这样才能起到榜样的作用。但目前，翻译教师的整体水平较低，很多教师翻译功底不足。在翻译教学中，很多教师也没有足够的经验，并未形成科学、规范的教学习惯，因此对于翻译人才的培养是十分不利的。另外，很多教师并非翻译专业出身，对翻译的基础知识掌握得并不透彻，因此很难有效地开展翻译教学，更不能有效培养学生的翻译能力。

3. 学生自身的双语能力薄弱

翻译涉及两种语言的转换，所以要想有效进行翻译，就要具备双语能力。所谓双语能力，就是两种语言沟通所需要的程序知识，包括两种语言的语用、社会语言学、语篇、语法和词汇知识。在翻译文本中，双语能力主要体现为一定语境下的翻译能力，如连贯与衔接、语法差异等方面。但由于学生普遍缺乏语境知识，双语能力薄弱，译文常会出现连贯性不强、语法错误较多等问题。

4. 学生的语言外能力不足

翻译涉及的内容和主题十分广泛，除了要具备翻译技能外，还要具备语言外能力，即关于世界和特定领域的陈述性知识。具体而言，语言外能力包括源语文化知识和目标语文化知识，也包括百科全书知识，还包括其他领域的学科知识等。但大部分学生在语言外能力上有所欠缺，文化知识的翻译表现不佳。

第五章 互联网时代高校英语教学的创新内容

(三)高校英语翻译教学的原则

1. 循序渐进原则

翻译能力的提高不可能一蹴而就,而是要经历一个过程。相应地,翻译教学也不能操之过急,应遵循由浅入深、循序渐进的规律,所选的语篇练习也应该是先易后难,逐步帮助学生提高翻译能力。从篇章的内容来看,应该是从学生最熟悉的开始;从题材来看,应该从学生最了解的入手;从原文语言本身来看,应该是从浅显一点的渐渐到难一些的。这样由浅入深,学生对翻译会越来越有信心,兴趣也会逐渐增强,翻译技能也会相应得到提高。

2. 精讲多练原则

精讲多练原则主要包含两个层面:精讲和多练。翻译教学如果仅从传统教学方法入手,先教授后练习,那么是很难塑造好翻译人才的。因此,在翻译教学中,教师不仅要教授,还需要练习,在课堂上将二者完美结合。

3. 实践性原则

仅教授翻译理论很难培养出好的翻译人才,还需要进行翻译练习,这就是翻译的实践性原则。在翻译教学中,教师应该为学生创造更多的机会展开练习。例如,教师可以让学生去翻译公司实习,通过实际翻译活动来进行体验。

(四)互联网时代高校英语翻译教学创新的具体策略

1. 制作个性化的翻译教学视频

在实施教学时,教师可以提前为学生制作视频,将教学内容进行模块化处理,每一个视频围绕某一知识点展开,如翻译理论、翻译技巧等。同时,在制作视频的时候,应该突出重难点,明确教学目标,为线上、线下教学做准备。此外,教师还需要考虑翻译教学的连贯性,为实现整体的教学目标努力。

在课堂开始之前,教师制作视频,设置教学任务,并将其发布到网络平台上供学生阅读,教师通过让学生观看,对学生提出的问题加以汇总并解决。在课堂上,教师对视频中的技巧与理论加以梳理,组织学生进行协作学习,实现知识的真正内化。在课后,教师还可以组织学生撰写翻译笔记,从中了解学生对哪些问题存在疑惑,进而对自己的教学方案加以调整。

2. 利用多媒体展开翻译课堂教学,增加英语习得

在翻译教学中,教师可以利用与教材配套的多媒体光盘辅助教学,不过,由于各个学校的多媒体设备资源配置不同,而且教材所配套的光盘往往在内容上缺乏系统性,所以教师需要酌情使用。对此,最好的方法就是教师可以根据教材内容自己动手制作多媒体课件,然后利用多媒体播放。多媒体课件的制作过程相对烦琐,需要依据具体的教学过程、教学内容、教学目标、教学媒体等,只有将这众多条件融合在一起,并体现互动性原则,方能制作出优良的多媒体课件。当然,这样的课件对于学生翻译能力的提升也大有裨益。

为此,在进行翻译教学活动之前,教师可以利用声音、图片、动画等教学辅助手段来激发学生的学习兴趣,使学生在学习过程中始终保持较好的状态,使枯燥的翻译理论变得生动、有趣。针对具体的教学过程,教师在其中不仅要教授学生英汉互译的技巧,而且还需要补充中西方文化背景知识,让学生对翻译理论形成一定的认知系统。虽然教师在翻译教学过程中使用的教学模式相对陈旧,但在内容与形式上与传统的翻译教学已经大不相同。这种不同主要体现在如下方面。

(1)形式上不再是单调的板书形式,而是以媒体形式呈现,节约了大量时间。

(2)内容上是针对不同层次的学生展开的,在课堂上由教师指导和学生自主选择,这有利于改善课堂教学的氛围。

第四节 高校英语文化教学的创新策略

一、高校英语文化教学的影响因素

(一)心理因素

心理因素指运动、变化着的心理过程,例如人的感觉、知觉和情绪等,

它们往往被称为事物发展变化的"内因"。广义地讲,人的心理因素包括所有心理活动的运动、变化过程。具体来讲,人的心理因素主要有两种:积极心理因素与消极心理因素,它们是相互排斥的。积极的心理因素对跨文化交际起着促进作用。在当今经济全球化条件下,跨文化交际日益频繁,其本身的作用也日益重要。不同文化背景下的人们在交际中只有具备相应的心理意识,才能使跨文化交际顺利进行。

消极的心理因素对跨文化交际具有阻碍作用。在跨文化交际过程中,潜在的障碍主要来自交际团体和个体间的心理取向。定式、民族中心主义、偏见、寻求相似性、普遍性假设等因素都会影响交际的顺利进行。只有交际主体提高对文化差异的认识,以尊重、平等、开放、包容的心态进行交际,才能获得跨文化交际的成功。普遍性假设也是跨文化交际的阻碍性因素之一。有些人认为自己与另一文化的人们有很多相似性,并以自己怎样看待事物为基础,去假设自己也知道别人的思维方式。这种假设会导致沟通障碍,甚至引发冲突。

(二)环境因素

跨文化交际研究的重点是文化差异,而文化的差异主要源于其所处的环境不同。环境包括因文化本身造成的生理环境和心理环境、社会环境、自然环境以及具体的语言环境,环境因素对跨文化交际的影响无处不在。

交际的物理环境对交际的影响是非常明显的。人们在社会化的过程中学会了在什么样的场景下说什么样的话、怎么说等。行为的场合具有约束力,人们对具体场合中什么是恰当的行为存在共识。在跨文化交际中,对于某一个具体环境,不同的文化会有不同的反应,如中国学生上课的教室环境要求与美国教室的要求完全不同。社会环境被人们塑造,但是又反过来影响人们的生活方式、价值观、思维方式等,所以对跨文化交际来说也有至关重要的影响。

(三)思维因素

语言是以特定的民族形式来表达思想的交际工具。思维通过语言来存在和交流,语言又与该民族的思维方式和水平相适应。不同的文化背景造成不同的思维方式,其理解方式也大相径庭,因而在跨文化交际中就存在或多或少的障碍。

美国学者罗伯特·卡普兰通过对来自不同文化的学生作文进行分析发现：英语的篇章组织和发展模式是直线形的，而东方语言则是螺旋型的。前者表达和理解直截了当，由 A 即可推出 B；后者则借助于中转站 C 方可到达。就拒绝而言，前者直接一句"I'm sorry but..."便了事；后者会罗列一堆理由，摆出许多联系并不紧密的缘由，但终究未能将"不"说出口，得靠听者意会。具有特定语言思维轨迹的人，习惯用一种特定的方式理解事物、分析事物。因此，当西方人在用其固定的严密的逻辑思维推导汉语词句可能的意思时，将不可避免地遇到思维方式障碍，其主要表现在以下两个方面。

1. 用线性思维方式理解汉语词句的含义

所谓的"线性"思维，其主要特点是用一元一维直线思维处理各种问题，又称"直线思维方式"。将多元问题一元化、复杂问题简单化；将问题的性质都看成非此即彼，凡事必须做出明确的"是""非"判断，非黑即白。这就难以避免主观化、绝对化和片面化。从某种程度上看，这是西方的严式逻辑推理思维过度强调精确的外化。例如，中国人有时会说"你妈妈真年轻，就像你姐姐一样"。在我们看来这是明显地称赞对方母亲年轻，而西方人则会认为这是在说自己看起来老于实际年龄。

2. 用主观性思维方式解释汉语词语的含义

主观性思维是使外部现实适应和服从自己头脑中固有模式的思维习惯倾向。换言之，是将外部事物强行融入自己的头脑模式，不管其正确与否。例如"韬光养晦"一词，美国国防部对"韬光养晦"所用英文为"hide our capabilities and bide our time"，意即"掩盖自己的能力，等待时机东山再起"。此后数年美国政府均采用同样的英文表述。另外还有一些英文书籍或文章译为"hide one's ability and pretend to be weak"或"conceal one's true intention"或"hide one's ambitions and disguise its claws"，以上解读显然是没有正确地把握词语的真正含义。

诸如"韬光养晦"等包含着中国传统辩证思维的民谚，单纯用线性思维和主观思维是无法理解的。英汉语言思维的差异致使对文本的理解有了沟壑，而线性思维方式与主观思维方式二者并无绝对区分。因此，当以线性思维看问题时就易陷入主观臆断当中；而主观思维反过来又促使线性思维直白、单一、片面的理解。对语言文化内涵的把握绝不可只限于从它产生的文化背景中了解它的一般所指，更重要的还在于能够从产生它的特定文化背景中去把握它所负载的、超出一般所指的特殊意义。

二、高校英语文化教学问题分析

（一）学生文化学习概念不清

我国很多学生的文化学习概念不清，这也是导致英语文化教学效果难以提升的重要原因。

由于英语文化内容并不作为考试的内容，加之学生英语学习的功利性程度高，因此很多学生只是被动地学习英语文化，单纯只是为了通过等级考试和结业考试。这种缺乏主观能动性的英语文化学习，必然导致文化教学效果不理想。

（二）文化教学内容具有片面性

现如今我国的英语文化教学存在着教学内容片面化的问题，很多教学者认为在课堂上介绍一些文化背景知识就是文化教学。

文化教学是一门系统的学科，涉及的内容与范围也都十分广泛，若想在英语教学中涵盖文化的方方面面是不可能的。鉴于此，教师往往重点教授学生如何在特定的文化场景下得体地使用英语进行交际。这种文化教学比较具体，同时也便于操作。但是这种教学方式带有强烈的灌输性，无法启发学生的思维。学生对文化知识的掌握也相对片面，无法应对复杂的真实语言交际。长此以往，学生的文化思维就会变得十分刻板，不利于学生日后文化能力的提高。

英语文化教材是我国英语教学的纲领性文件，但是对我国现如今的英语教材进行分析可以看出，在内容上主要以说明性和科技性的文章为主，对于英语文化很少涉及，同时也不能反映出英语国家的价值观、思维模式、伦理道德。

（三）文化教学缺乏目的性与计划性

我国英语教学长期以来都将关注点放在词汇、语法等基础知识方面，忽视了英语作为语言符号背后的文化意义。在这种教学理念的指导下，文化教学也缺乏一定的目的性与计划性。这种文化教学的无序性影响了文化教学的效果。

三、高校英语文化教学的原则

（一）主体意识强化原则

基于全球化的浪潮,西方国家凭借自身的话语权,采用经济、文化等手段推行其生活方式或意识形态,对包括中国在内的其他文化产生了冲击,导致文化输入、输出出现了严重的失衡情况,也对其他民族的文化造成了严重的腐蚀。

对此,在实施文化教学中,教师必须引导学生对跨文化交际过程中的平等主体意识加以强化,减少学生对西方文化的盲从,增强学生对中国优秀传统文化的认知与了解,使学生主动对中国传统文化进行整理与挖掘,吸取文化中的精髓,将中华优秀传统文化的底蕴凸显出来,强调中华优秀传统文化在当今世界的价值。

在文化教学中,教师要引导学生遵循"和而不同"的原则,既要对其他文化有清晰了解,又要保持自身文化的特点,让学生能够向世界展现中华优秀传统文化的精髓。

在文化教学中,教师要不断培养学生自信的气度与广阔的胸怀,让学生学会在平等竞争中,以多种形式将中华优秀传统文化传播出去,同时对西方文化霸权主义的侵蚀加以抵制。

（二）内容系统化原则

文化的内容非常丰富,其所包含的因素至今还没有一个定论,因此在实施文化教学时,教师不能一股脑地将所有文化内容纳入自己所讲授的内容之中。因此,我国的教育主管部门应该组织文化领域的专家、学者,从价值性、客观性、多元性等多个层面出发,对中国优秀传统文化的教学内容体系进行确定,具体包含中国的基本国情文化、社会主义核心价值观、民族文化、节日文化、生活文化等。

（三）策略有效性原则

在实施文化教学时，教师应该采取有效的策略。具体来说，可以从如下两项入手。

第一，教师要用宽容、平等的心态对中西方文化进行对比，通过对比来鉴别。这一策略就是将中国文化与其他文化进行比照，从而将中国文化与其他文化的异同揭示出来，避免将那些仅属于某一特定社会的习俗与价值当作人类普遍的行为规范与信仰。

在运用这一策略教学时，教师应该从跨文化交际中存在的现实问题着眼，以共识对比作为重点，克服那些片面的文化定性。也就是说，教师应该引导学生通过现象看本质，通过理性、客观的态度，对不同文化的异同加以分析。

第二，教师要为学生提供充足的空间与机会，让学生感受到中国传统文化的魅力。通过体验，可以将课堂环境与社会环境结合起来，加强文化与社会、学生与社会之间的关联性，使学生在英语教学情境下不断体验与感悟，进而形成文化理解力、文化认知力。

四、互联网时代高校英语文化教学的创新策略

（一）为学生设计学习单

为了让学生运用自主学习模式，教师可以从具体的内容出发为学生设计学习单，帮助他们从教学大纲出发，展开自己的自主学习活动。在设计学习单的时候，教师应该将学习内容、学习任务等列出来，学生在完成的过程中，要逐渐明确自己要学什么，从而实现知识的建构。

（二）要求学生进行课外自主学习活动

教师应该将教学内容进行分解，将制作好的视频发布到网络上，同时引导学生制订出符合自己的学习计划。学生一方面可以利用学校提供的平台进行自主学习，另一方面还可以选择学习任务与内容。在选择时，学生应该从自身的知识情况出发，不仅要保证与自身需求相符合，还要保证自身对新知识能够吸收，实现新旧知识的融合和内化。

第六章 互联网时代高校英语教学评价的多元化发展

教学评价是教学体系中的重要组成要素。通过教学评价，教师可以充分掌握学生的学习情况，进而调整教学方式、方法，以选择适合学生学习的教学模式来引导他们展开学习。教学评价的作用是毋庸置疑的，一直以来都受到人们的关注与重视。在互联网背景下，教学评价这一要素需要与时俱进，结合网络展开评价，体现出新颖性与有效性。本章重点研究互联网时代高校英语教学评价的多元化发展。

第一节 高校英语教学评价简述

随着信息技术的进步，高校英语教学有了更高的要求，而教学评价作为高校英语教学的一部分，需要不断改进教学评价的手段，以适应社会发展的需求。当前，高校英语教学存在的突出问题之一就是教学评价手段不完善，因此高校英语教学应该基于信息技术，改进教学评价体系，使教学评价更为多元化。

一、区分评价、评估与测试

对于评价，很多人会联想到测试、评估，认为三者是同一概念。但是仔细分析，三者是存在一定区别的。简单来说，测试为评价、评估提供依据，评估为评价提供依据，评价是对教学效果的综合评估。三者的关系如

第六章 互联网时代高校英语教学评价的多元化发展

图 6-1 所示。

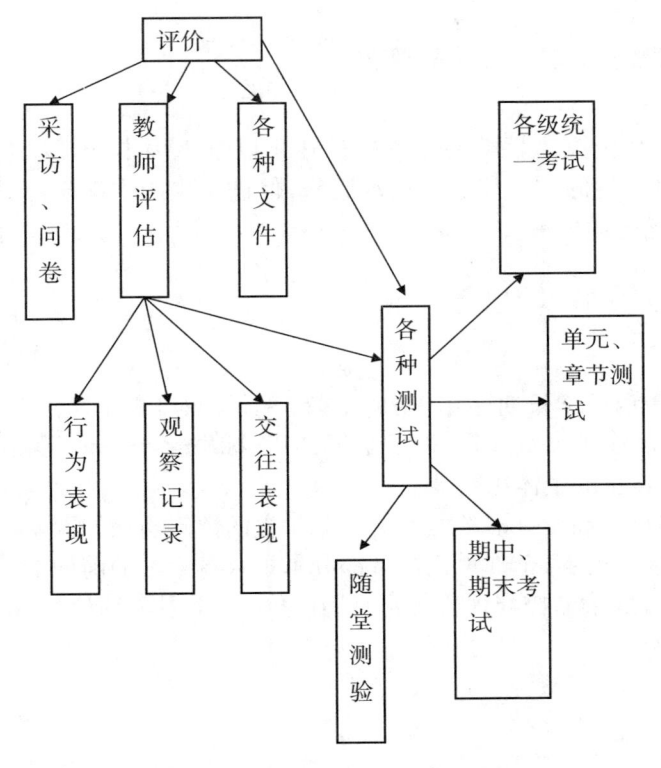

图 6-1 评价、评估与测试的关系

（资料来源：黎茂昌、潘景丽，2011）

从图 6-1 中可知，评价与测试、评估的关系非常密切，但是也不乏区别的存在。具体来说，可以从如下两点理解。

就目标而言，测试主要是为了满足教师、家长的需要，便于他们弄清楚学生/孩子的成绩。当今社会仍旧以测试为主，并且测试也为家长、教师、学生提供了很多信息。评估主要是为教师与学生提供依据，如学生在学习中遇到什么问题、学生学习的效果如何等，便于教师提升自身的教学质量，也便于学生提升自身的学习效果。评价有助于行政部门对教学进行合理配置。显然，三者有着不同的作用。

就数据信息而言，测试主要收集的是学生试卷的信息，也是学生语言水平的反映，但是试卷无法评估学生的语言运用能力。评估可以划分为终结性评估与形成性评估两类，终结性评估简单来说就是测试，而形成性评估主要针对的是学生学习的过程。评价往往是从测试、问卷、访谈等多种形式来的,属于一种综合性评估。

二、高校英语教学评价的理念

当前,高校英语教学的主流精神在于以学生为本,即以学生作为主体,通过将学生的学习积极性调动起来,促进学生的主动学习,进而推进学生的和谐全面发展。

(一)主体性

高校英语教学长期存在"费时低效"的情况,其根本原因在于高校英语教学过分重视教授,而忽视了学习,对于标准化与一体化教学过分看重,未重视学生的个体化差异。

在新时代,高校英语教学需要考虑学生的情感与认知因素,允许学生自行选择学习内容,全部承担或者部分承担自身学习的前期准备、实际学习以及学习效果监控与评价等责任,让学生在学习与评价过程中形成一种监控意识。

(二)交互性

每一名学生都是一个整体,教师与学生的工作目标是不同的,但是彼此之间也不是孤立的状态。教师和学生都是社会互动中的一部分,并且只有融入整个社会体系之中,才能将各自的效能发挥出来。高校英语学习本身属于一种社会性活动,对高校英语教学模式的探索必然与教师及学生相关,并且师生之间的互动也是高校英语课程的核心。师生互动对教学活动的质量起着决定性的作用,师生之间的交互模式也对他们各自角色起着决定性的作用。其间,学生从被动的听课角色变成学习活动的计划者、学习过程的调控者、学习结果的评价者。教师的角色也发生了改变,从之前的知识的传播者转变成课堂活动的组织者、教学活动的研究者、学生学习的指导者。

（三）情感性

外语学习不仅是一个语言认知的过程，还是一个情感交流的过程。当师生围绕着教材展开教学活动的时候，教师、教材与学生之间不仅是在传递信息，而且是在交流情感。在高校英语课程发展中，培养积极的情感是非常重要的。在新时代高校英语教学改革中，情感、态度、价值观需要引起教师与其他学者的关注。学生对英语学习的情感不仅能够激发学生学习的兴趣，还能够让学生感受到英语学习的快乐，是一个丰富的内心体验过程。

二、当前大学英语教学评价的变革

在当前的大学英语教学中，评价问题一直是一个瓶颈问题。自2001年教学改革的推进开始，英语教学评价成为热点问题之一，很多教师开始接受新的评价观念，凸显评价的发展性功能，并从评价内容、评价标准、评价方法等多个层面对其展开探究。就整体而言，大学英语教学评价呈现以下几点趋势。

（一）英语形成性评价被英语教师认识与实施

在当前的大学英语教学评价中，形成性评价占据重要层面，并在我国已经随处可见。由于受到应试教育等因素的影响，我国很多教师对于形成性评价的认识不到位。但是，随着英语教学的不断改革，形成性评价被很多教师认识，并逐渐实施起来。

英语形成性评价分为测试型评价与非测试型评价两大类。很多高校以这两种形成性评价为基准，从而关注学生的日常英语学习情况。当前，对于这两类评价，主要采用评价表、问卷、成长记录袋等多种形式。

（二）英语口语测试得到重视

在一些地区的英语考试中已经增设了口语测试，更多的地区、学校已经把口语测试列为考试的一个重要内容。没有口试的英语测试是不完整的。《英语课程标准》对学生听的能力有明确的要求。既然有要求,就必然会有相应的检测。

英语口试命题要坚持同步性、交际性、趣味性和激励性的原则。这里激励性原则非常重要。口试与笔试不同,它的评分主观性、随意性较大,要想取得绝对准确的结果是很难的。因此,在高考、中考以外的口语测试中我们不要过分强调甄别性,而要突出激励性。这就是以鼓励学生运用英语为出发点,在一定行政区域内推行的口试不强求各校之间的成绩可比性。把测试学生口语能力与考查学生的学习态度及学习潜质结合起来,使学生对口试不再望而生畏。通过口试调动学生的学习积极性是最大的收获,我们寻求合理相对准确的评分标准也会在这种和谐的气氛中得到认同。

通过人机对话进行口试,是口试数字化的一种尝试。例如,在深圳等地,英语口试就实行了人机对话。最近,在深圳市南山区的期末考试中,引进了国外 T-Best 任务型口试软件,通过人机对话进行口试。这种口试形式的优点是时间、人力上都很经济,标准更趋接近,缺点是人文性较差。但从口试形式上,与我们原来的形式可以形成互补关系。

(三)英语考试命题改革正在全面启动

自大学英语课程改革以来,各地对于学业考试命题都非常注重。其主要呈现了如下几点走向。

第一,将纯知识的考试比例降低。
第二,注重语言运用能力的考查。
第三,强调考试题目与实际生活紧密关联。
第四,在设计试卷的时候体现人文关怀。

(四)英语课堂教学评价关注点发生了改变

英语课堂教学过程是一个师生进步与发展的过程。在课堂教学评价中,过程与学生应该是两个关键词。而在传统的课堂教学评价中,人们对于教师的教过分关注,注重课堂知识是否传达,甚至通过考试成绩来评判教师的课堂教学效果。但是,在课程改革下,各地开始探寻新的评价标准,甚至出台了一些基本的方案,以推进课堂教学。一般来说,在新理念下,大学英语课程评价需要注意如下几个层面。

第六章　互联网时代高校英语教学评价的多元化发展

第一,大学英语教学目标需要与课程改革三维目标相符。
第二,大学英语教学方法的选择需要与学生的发展相符。
第三,大学英语教学中评价应该体现学生的主体性特点。
第四,大学英语课堂教学中是否应用了恰当的评价手段。

(五)英语教学管理的评价已经起步

目前,国内对英语教学管理的评价论述不多。已经有不少英语教研员、英语教师开始关注英语教学管理的评价问题。学校对英语教学的管理在很大程度上制约着学校英语教学水平的发展。多年来,我们只关注课堂教学评价、学业评价,而忽视了对管理者管理英语教学的方式、水平等进行评价,这是我们在讨论英语教学评价时必须面对的问题。近年来,我们把英语教学管理评价作为英语教学评价的内容之一进行研究,并有心得体会。这里所说的英语教学管理包括英语课程设置、英语校本教研、英语校本课程、英语教研组工作、英语模块教学等。例如,对英语校本课程的开设,我们就从课程开设的原则、开发类型与过程、课程特点及课程管理几方面进行评价。

四、大学英语教学评价的指标

(一)评价指标设计的原则

指标就是能反映评价目标某一本质属性具体可测的行为化的评价准则。对英语课堂教学的评价指标设计必须能反映英语教育目标的本质要求。大学英语教学评价的指标设计应采取行为化测量法,即通过学生英语语言行为表现推测内在结构的思想方法。所有指标都是外显的行为,评价就是从外显行为推测其内部结构。这类评价指标设计应遵循以下几个原则。

(1)有效性原则:所设计的指标能反映目标的本质要求,目标的本质要求能在指标系统中找到。
(2)可测性原则:不能测量的不叫指标,可用经典量度。
(3)要素性原则:抓住主要因素就行了,不要面面俱到。

(二)教学评价的指标要素

1. 三定、二中心

所谓"三定",指的是教师从教学材料的特点、内容出发,对本次课的达标层次位置进行设定,分析各个目标层次可能需要用到的时间,考虑课堂评价的内容,对课堂展开定性的评价与分析。

所谓"二中心",指的是课堂要以学生的活动为主体,教学任务主要是培养学生的能力。显然,这一原则是为了真正地适应学生的学习,并且也为学生的学习提供了时间与空间。

2. 知识再现

受考试题型的影响,当前的英语教学训练主要是以选择题的形式展开的。这样做导致仅仅是给学生提供对正确答案进行辨认的过程,是处于智慧技能的初级阶段。因此,在课堂训练中,一定要避免这种形式,从多种活动出发考虑,体现出学生以往所学的知识在具体的实践中运用。因此,在大学英语教学中,教师尽量少用或者在日常训练中不用选择题,否则学生的训练只能获得较低的水平。

3. 全员参与

在公开课上,许多外语课堂活动设计精良,但遗憾的是活动参与仅局限于小部分人。在一般的英语课堂上还有相当多的教师习惯于以个别提问的方式让学生参与课堂活动。教师的工作方式、公平态度、组织策略等都会影响到学生的学习状态,过程教学要求教师既要懂得活动设计,又要善于组织活动,如能采用两两对话、两两检查、小组讨论、小组编故事或对话、全班辩论、角色扮演、信息沟通(文字和图片),效果会特别明显,在几分钟内全班几十个学生同时受益。全员参与是组织课堂活动的重要策略。

4. 目标层次活动定位

各层次活动设计各有要求,设计与目标层次相适应的课堂活动体现了科学性。目标分层多指把一节课分为各目标层次,但也可把一篇课文的教学分成几个侧重的层次,即在定量时根据进度侧重某几个层次,绝不是一节课只一个层次,原则是每节课至少保证达到第三层次的要求,下节课则侧重第四层次。另外,也可采用一条主线串层次的策略。

第六章 互联网时代高校英语教学评价的多元化发展

5. 优化配置各类活动

大学英语的课堂有很多的活动,但是当前的课堂活动出现了多而乱的情况,一些梯度不够或者不同梯度的活动顺序出现了颠倒的情况,这就明显需要对课堂活动进行优化配置。要想对其进行合理的配置,教师需要做到如下几点。

第一,活动层次梯度应该明显。
第二,梯度要与学生的认知规律相符。
第三,让全体同学都能够参与其中。
第四,要设置多种多样的活动形式。
第五,对活动的时间进行合理的调整。

五、高校英语教学评价的要素

(一)教师评价

在高校英语教学过程中,教师占据着主导的地位。教师素质对教学效果、学生的健康成长等有着直接的影响。因此,对教师素质的评价就成了教学评价的基本内容之一。具体而言,对教师素质的评价主要包含如下几点。

(1)对教师工作素质的评价,包含教学质量、教学成果、教学研究、教学经验等。

(2)对教师能力素质的评价,包括独立进行教学活动的能力、独立完成教学工作量的能力等。

(3)对教师政治素质的评价,包含工作态度、遵纪守法、为人师表、教书育人、政治理论水平、参与民主管理、良好的文明行为、坚持四项基本原则等。

(4)对教师可持续发展素质的评价,包含教师发展的潜能、自觉求发展的能力、接受新方法与新理论的能力、本身的自学能力等。

(二)学生评价

高校英语教学评价应该从教学目标出发,对学生的学习程度、学习现状进行考察。由于当前社会的迅猛发展,对人才素质的要求也在不断提高,因此对学生的评价不单单是学业评价,还有学力评价与品德、人格的评价,即由传统的单一化学生评价转化成学生的综合性素质评价。下面对学生评价的这三大内容展开分析。

1. 学业评价

学业评价是高校英语教学中最基本的、最传统的学生评价,是指从课程标准规定的学习目标、学习内容出发,对学生的学习过程、学习成果进行评价。一般来说,学业评价的基础是测量,因为测量能够反映学生的学习过程和学习效果,从而对学生进行价值判断。

为了确保评价状况和评价结果的准确性,学业评价可以采用多重手段,如诊断性评价、形成性评价、安置性评价等,其适用的测量工具也有很多,如自我报告清单、预备性测验、成就性测验等。

但是,就当前的学业评价来说,存在着许多矛盾和困惑,主要体现在评价理念和评价方法上。因此,为了提升学业评价的质量,应该对学业评价的四种模式有一个清晰的了解。

(1) 目标模式。该模式将学业评价看成学生学习结果与预期目标相比较的过程,强调课程目标的价值,即学业评价的目的在于为课程决策服务,因此通常会选用终结性评价。

(2) 主体模式。该模式将学业评价看成评价者与被评价者之间意义构建的过程,强调学生的主体价值,即学业评价的目的在于为学生的自主发展服务,因此通常会选用自参照评价。

(3) 诊断模式。该模式将学业评价看成诊断与改进教学的过程,强调教学诊断的价值,即学业评价的目的在于为改进教学服务,因此通常选用诊断性评价。

(4) 过程模式。该模式将学业评价看成评价学生的全部学习过程,强调教学过程的价值,即学业评价的目的在于为学生的社会化发展服务,因此通常会选用过程性评价。

2. 学力评价

学力评价也是高校英语学生评价的一项重要层面,是指学生在学业上达到的程度,如学生通过学习达到的知识水平、获取的技能水平、具备的学习潜力等。

对学生进行学力评价的目的主要包含以下三点:一是了解学生的学习能力及个体差异,二是为实现教师的既定教育目标提供资料,三是为培养学生的综合能力服务。

第六章 互联网时代高校英语教学评价的多元化发展

可见,开展学力评价不仅对于教师的教、学生的学有重要作用,而且有助于学生进行元认知监控。一般来说,学力评价的手段有很多,如实验法、观察法、评定法等,最常用的手段就是智力测验与标准学力测验。

3. 品德与人格评价

除了学业评价、学力评价,学生的品德与人格也是学生评价的重要内容。在教学中,教师的责任不仅是传授知识,更重要的还需要对学生的品德与人格进行教育。因此,对品德与人格的评价也就成为学生评价的一部分。这一评价主要侧重于教学内容的思想性和科学性对学生的品德与人格产生的影响及变化的测定。

(三)课程评价

科学、有效、合理的高校英语课程设置有助于提高高校英语教学的质量,因此对高校英语课程进行评价也必然是教学评价的重要部分。高校英语课程评价主要评价的是高校英语课程的价值与功能,但为了提升高校英语课程评价的质量,需要对以下三种评价模式有所了解。

(1)行为目标评价模式,是由学者泰勒(Taylor)提出的。该模式以确定的目标为中心来组织教学活动和评价。在泰勒看来,预定目标对教学活动起决定作用,而教学评价就是对实际教学活动达到的目标进行判定,进而通过信息反馈来改进教学,使其更接近于预定目标。

(2)决策导向评价模式,又可以成为"CIPP 模式",是由著名学者斯塔弗尔比姆(Stufflebeam)提出的。该模式是以决策为中心,将背景—输入—过程—结果相结合的一种评价模式。在斯塔弗尔比姆看来,泰勒的行为目标模式也应该将目标本身作为评价对象。

(3)目标游离评价模式,又可以称为"无目标模式",是由学者斯克里文(Scriven)在对行为目标模式进行批判的基础上提出的。在斯克里文看来,为了尽量降低评价中主观的影响,不能在方案制订和设计中将活动目的告诉评价者,使评价不受预定活动目标的影响。

(四)教学过程评价

在当前的高校教育中,大多数教学评价都侧重于教学结果、学生的学习成绩,却忽视对学生在整个学习过程中的整体评价。基于此,学者们从形成性评价中延伸出了一种新的评价——对教学过程的评价。一般来说，教学过程评价可以从两个层面分析：一是对教学过程的系统性评价，二是对教学过程各个环节的评价。

（1）教学过程的系统性评价。对教学过程的系统性评价是以某一课时、某一章节的教学目标和内容为单位，对课前学习、课堂教学、课后练习等一个完整教学过程的系统性分析和整体性评价。也就是说，这一评价虽然将教学环节、教学活动等囊括在内，但是更强调教学过程的系统性与整体性。

（2）对教学过程各个环节的评价。对教学过程各个环节的评价是对教学过程中的课前学习、课堂教学、课后练习、课外学习等各个环节进行观测和评价，目的在于引导教师对各个环节的教学活动有一个精心的设计和把握，使各个环节的教学活动更有意义。

（五）教学管理评价

高校英语教学管理评价对于教学工作来说也有着重要意义，为高校英语教学管理工作指明了方向。要想恰当、准确地对高校英语教学管理进行评价，首先就需要了解高校英语教学管理的概念。所谓高校英语教学管理，是指以高校英语教学的规律和特点为依据，对高校英语教学工作进行计划、组织、控制和监督的过程；而高校英语教学管理评价就是对这一过程和结果进行评价。通过高校英语教学管理评价，评价者可以发现高校英语教学管理中的问题，并及时对当前的高校英语教学管理工作进行改进和加强。

进行高校英语教学管理评价，需要明确两个层面的内容。

（1）评价的内容。高校英语教学管理评价包含对高校英语教学课堂的管理评价、对学校及下属单位教务管理的评价。

（2）评价的指标。高校英语教学管理评价的指标应该是科学的、合理的。一般来说，评价指标包含教学计划、教学规章、教学检查、教学实施、教务工作等。

六、高校英语信息化教学评价

（一）信息化教学评价的理念

随着教学评价研究的进展，当前的学习评价在理论和方法上都已呈现出多元化的趋势。各种学习评价新理念,如发展性评价、真实性评价、多元化评价、动态性评价等越来越受到关注。

1. 发展性评价理念

发展性评价由形成性评价发展而来,它是根据一定的教学目标,运用适当的技术和方法,对学生的发展进程进行评价解释,使学生在学习过程中能不断认识自我、发展自我和完善自我的评价活动。该理论认为,教学评价要尊重和体现个体差异,以便激发学生的主体精神,促进每个个体最大可能地实现自身价值;评价是与教学过程持续并行而且同等重要的过程,它贯穿教学活动的每一个环节,是教学活动的有机组成部分,其目的是促进学生发展,并不仅是检查学生的表现。因此,发展性评价更加强调以人为本的思想,重视通过评价来发现人的价值、发掘人的潜能、发展人的个性、发挥人的力量。

2. 真实性评价理念

真实性评价是 20 世纪 80 年代末在美国兴起的一种新型评价方式,它要求学生运用所学的知识和技能去完成真实世界或模拟真实世界中一件很有意义的任务,并试图用接近"真实生活"的方式来评价学习的成就水平,任务完成的绩效主要通过依据学业标准制定的评价量规来进行评定。真实性评价是对标准化评价方式的有效补充,根据实际需要,教师可以在教学过程中交替使用这两种方式开展学习评价。目前,真实性评价已逐渐从教学评价的边缘走向中心,并成为信息化教学评价的重要理念和方式。

3. 多元化评价理念

现代智力研究成果认为,学习能力是多方面的,不同的学生可能擅长以不同的方式学习,其知识表征与学习方式有许多不同的形态;学生在意义建构活动中表现出来的并不是单一维度的能力反映,而是多维度能力的综合体现。因此,应该通过多种评价手段来衡量不同的学生,应该针对学习的不同维度综合评价,以便全面反映学生的学习状况和学习成果,并给学生多元化、弹性化、人性化的发展空间。

4. 动态性评价理念

动态性评价理论源于苏联著名心理学家维果斯基的社会发展认知理论。相对于传统评价只提供学生在单一时间点上的测验表现或成就信息的相对静态化评价来说,动态性评价能够统整教学与评价过程,它兼重过程与结果,兼顾社会介入与个别差异,并通过师生间的双向沟通与互动关系,同时考查认知潜能和学习迁移能力,因此,可以评价与预测学生最佳的发展水准。

(二)信息化教学评价过程

信息化教学与传统教学在评价方面的最大区别,就在于它对学生发展过程的关注和促进。单就评价的一般过程而言,二者并无本质的区别,其一般过程大致可分为信息化教学评价的准备、学习信息收集和整理、学习信息的判断和分析,以及评价结果的形成和反馈等阶段。

1. 信息化教学评价的准备

古人云:"凡事预则立,不预则废。"由此不难理解,准备阶段是评价实施的预备阶段,准备阶段的工作质量将直接影响评价结果的质量。在信息化教学评价中,除进行传统的相关评价准备外,重点要进行各种信息化评价量规、手段和工具等方面的准备,具体可分为以下四个方面。

(1)明确评价目的和评价目标。

(2)设计评价量规体系。科学、合理的量规体系是评价取得成功的基础,也是评价结果可信和有效的关键。因此,开展教学评价并对教育现象进行价值判断,必须有一个严密的衡量参照依据,即评价量规体系。通常,评价量规体系的建立应在评价活动开始前进行设计,而且量规体系的设计过程应尽量让学生及家长参与。

(3)确定收集和处理评价所需信息的方法。

(4)设计评价生成工具。

2. 学习信息的收集与整理

在信息化教学评价中,学习信息的收集是指评价者运用科学的方法,系统、全面、准确地收集评价所需的学习信息,并将其作为进一步对评价对象进行分析、判断的主要依据。它是教学评价的基础性工作,是评价过程中的重要环节,也是评价过程中最为费时、费力的一项活动。

收集评价信息,首先要明确需要什么信息,其次是确定信息源的数量,再次要选择收集信息的具体方法。

(1)应收集的学习信息

在信息化教学评价中,需收集的信息不仅要包括传统评价中用到的各类测试成绩,还要包括学习过程中的相关信息,以及合作伙伴方面的信息等。

①各类测试结果。无论是在传统教学评价还是在信息化教学评价过程中,测试成绩都是极其重要的评价信息。但不同的是,在信息化教学评价中的测试结果不仅仅是一个分数,还要包括测试中的各种分析,如学生对知识点掌握的分析、学生在同伴中的相对位置分析等。

②各类评估表。评估表(assessment form)是以问题或评价条目形式组织而成的,它主要用于学生的自我评价,也可提供给教师或学习同伴进行开放式评价。信息化教学评价过程中可用到多种评估表,如学习成果评估表、合作或协作小组评估表等。通过各类评估表的收集,可有效地评价学生的反思过程,收集师评、互评资料。

③学习社区积分。社区积分就是学生在"相互对话"与活动过程中的表现信息。其基本内容可包括学习者在学习社区(如学习论坛)中活动情况的记录,如在论坛中的发帖数、回帖数,参与研讨的次数,回答别人问题的次数,精彩论题数等。另外,还有学生个人学习课题的基本档案,包括文章上传学习信息的收集、作业提交情况、优秀作品和精华帖的情况等,并按照一定的权重计分。

④学习档案袋。学习档案袋可实现学习过程中信息的收集,其内容包括"个人信息""学习过程信息""作品信息"和"课程相关项目信息"等。通过此类信息的收集,可为综合性、过程性、对话性、表现性、反思性的评价活动服务。

⑤可参照的评价案例。网络的共享性为评价者进行选择提供了许多可参考的资源,因此,可事先收集一些其他评价过程中完整的典型案例,这样可使评价活动直观易行,但也需要评价者根据不同的分类视角,如成果形式、学习者差异等进行一定的推荐和整理,便于进行同类评价参照。

(2)学习信息收集的方式

在信息化教学评价过程中常用收集信息的方式有以下五种。

①测验法。测验法就是针对评价对象,运用教育测量理论和方法编制高质量的量表,并施测于评价对象,以获取评价信息的一种方法。同时,在设计测验时应注意同时考虑其信度、效度、难度和区分度等相关因素。在信息化教学评价中,可利用基于计算机和网络技术的电子测验系统进行测验。

②查阅相关资料。查阅相关资料就是对现有的资料进行检索、阅读、整理、统计以及浓缩,从而获取定量和定性的评价信息。在信息化教学评

价过程中,可通过网络、计算机技术等检索学生的电子学习档案来获取学生学习过程中的信息,也可通过网络搜索引擎查找相关信息。

③个别访谈。个别访问即评价者通过与评价对象面对面的谈话来了解情况、收集资料的方法。现在,除进行面对面访谈外,还可通过建立评价者邮件列表、访谈对象邮件列表开辟专门的访谈区等方法进行同步或异步的个别访谈。

④问卷法。问卷法是为了获取较大范围内教育活动的信息,向有关人员分发印好的表格,要求按题作答,然后集中整理统计提供评价信息的方式。当前,为了进一步扩大获取信息的范围、提高问卷收集的效率,常将问卷以网页的形式生成发布。而且,接受调查也可直接通过浏览器填写问卷。这样做的优点在于免去传统方式下邮寄的时间、费用,提高有效问卷的比例,统计方便;免去很多人为的处理环节,比较容易获得真实的信息。

⑤观察法。观察法就是在深入评价的自然场景中去实际观察已发生和正在发生的事情,从而获取评价对象信息的方法。通过现场观察,可以使评价者了解学生学习所处的现实环境,使其获得第一手信息,消除头脑中的旧观念和旧看法,还可以发现一些平时没有注意到的问题。尽管通过网络进行的观察在技术上可以实现(如视频会议),但目前由于成本等方面的原因,观察法的远程实施相对比较困难,还只能由专人进行现场观察。

(3)评价所需学习信息的初步整理

利用上述信息收集技术获取的各类资料并不是都有用,有些隐含"水分",有些无法直接进行处理,因此,必须经过整理才能进入分析处理阶段。学习信息的整理是根据评价对象的本质特征,评价活动的目的、任务以及统计分析时所用统计方法的可能性,将所获得的信息进行分组归类。它是对评价信息进行归纳整理、简化概括的第一步,为进一步的分析打下基础。

一般来说,所收集的学习信息包括数据信息资料和质性资料。其中对评价数据主要利用统计表、统计图、频数分布表、累积频数分数表等工具进行初步整理。而对于所收集的质性评价资料,则需要对其中遗漏的细节进行及时补充,对简化的内容进行扩展,对不全或错误的记录进行必要的补充或纠正。另外,在原始资料经过初步整理和编号后,需对所有资料进行备份。

3. 学习信息的判断和分析

评价的判断、分析阶段是评价准备阶段和评价信息收集阶段的延续，这一阶段得出的结论是前面两个阶段工作成绩的反映。通过对学习信息细致、深入的分析还有可能揭示出蕴含在评价信息中的其他信息，从而使评价的作用得到真正发挥，对学习起到推动作用。

4. 评价结果的形成与反馈

评价结果的形成与反馈是信息化教学评价活动的最后一个阶段，它的质量高低关系到评价作用能否得到充分发挥。因此，这也是一个重要的阶段。

（1）评价结果的形成

信息化教学评价是一个复杂的、多元性的评价，其所得的各初步评价结果往往不能全面反映被评价者的整体情况。只有在对各种初步的评价结果进行全面、细致分析的基础上形成最终的综合判断，才能对被评价者作出完整、全面的评价。

（2）评价结果的反馈

①教学反馈信息要及时。在信息化教学过程中，应及时地把评价意见反馈给学生。如果评价信息不能及时反馈，学生就无法准确获知自己的学习情况和存在的问题，不能从评价中得到有效的刺激并适当调整自己的学习进度和方法，评价的发展性功能也就得不到有效的发挥。

②评价反馈内容要全面。一次评价活动所蕴含的信息是非常丰富的，教师一定要深入评价过程中，全面挖掘评价信息，同时，也要到评价之外了解其他方面的情况，弥补评价信息的不足，矫正评价信息的误差，把准确而全面的信息反馈给学生，使学生从评价活动中真正受益。教师要从促进学生全面发展的角度来处理评价和反馈信息，为学生的发展提供明确的指导和帮助。

③反馈要与指导意见相结合。教学评价不是目的，它是为学生的发展服务的。在处理评价信息时，教师不仅要给学生指出学习中存在的问题，更要帮助学生发现造成问题的原因，不能只把评价结果交给学生。如发现学生的学习方法不恰当，教师则要为学生提供学习方法指导。

④要注意交互反馈的实施。在信息化教学评价中，评价反馈不单指教师将评价结果信息反馈给学习者，还包括学生将自己的学习情况、对评价活动的意见和建议等向教师的反馈。因此，在评价过程中，应注重分析来自学生的反馈信息。

第二节　互联网时代高校英语教学评价的意义与原则

一、互联网时代高校英语教学评价的意义

教学评价是构建内部质量的保证体系。以教学诊断与改进工作为抓手，开展学校质量保证体系顶层设计，从质量监控主体、监控层次和监控内容三个层面构建"多元化、多层次、全覆盖"开放性的质量保证体系。进一步完善由学校、专业课程教师、学生与决策指挥、质量生成资源建设、支持服务、监督控制构成的五横五纵工作标准体系，形成质量标准链。

（一）传统教学评价的不足

传统教学评价主要以各类测试为基础。尽管以测试为主的评价方式在检验教学效果、促进知识学习和选拔鉴别人才等方面都具有重要作用，但由于在传统的教学评价过程中过分强调了考试的作用，因此，其弊端也日益凸显出来。其不足主要表现在以下四个方面。

（1）评价内容过于注重学业成绩，考试强调甄别与选拔的功能，相对忽视了评价的改进和激励功能，忽视了对学生综合素质和全面发展的评价。

（2）以考试为主的评价方法主要考查学习的结果，从而导致过分关注考试分数，而忽视了评价过程本身的意义，忽视了评价对象在学习过程中的努力表现。

（3）评价主体单一、标准机械，忽视了自我评价的价值，忽视了评价主体多元化和评判标准价值的多向性；过于注重量化评价和书面测验，主要强调了一般共性，而相对忽视了个性发展的差异性。

（4）评价对象基本处于被动地位，评价过程缺乏有效的互动交流，忽视评价结果的反馈与认同，从而导致评价的反思和调控功能无法得到充分的发挥等。

（二）信息化教学评价的优点

为适应信息化教育发展的需要，信息化教学评价应体现"以学生为中

心""面向学习过程""促进学生发展"的基本特点。与测试型的传统教学评价相比,信息化教学评价与教学的关系应由过去那种孤立的、终结性的关系,转变成将评价贯穿在学习过程之中并作为学习过程不可分割的有机部分,而且在教学评价的目的、重心、主体、方式和标准等方面都需要进行适当调整和变化。

首先,互联网教育背景下的大学英语教学能够对学生的学习情况进行监控,保证学生学习的质量,促进学生学习的进步与发展。根据学生在学习中的情况,对其学习态度、学习过程等展开评价,有助于为学生的学习计划与学习调节等提供支持。根据评价的结果,教师能够对学生的英语学习加以指导,对学生学习中存在的问题提出意见,并让学生进行弥补,从而将学生的潜能发挥出来。

其次,互联网教育背景下的大学英语教学评价还有助于教师的进步与发展。这是因为,教师评价目的的主要是对教师工作现实和潜在价值做出判断。

二、互联网时代高校英语教学评价的原则

原则就是规律的反映,教学评价原则反映的是高校英语评价的规律。要想对高校英语教学评价有一个真正的把握,还需要遵循一定的教学评价原则。根据这些评价原则来制定评价手段和方法,才能与教学评价规律相符合,才能与教学规律相符合。

(一)发展性原则

发展性教学评价原则是根据发展性理念,提出一定的发展性目标和发展性的评价方法及技术,对高校英语教学过程中教与学的状态进行价值评判。与传统教学评价指标不同,发展性教学评价不仅注重教师的主导地位,还注重学生的主体地位,对学生进行学习评价是发展性教学评价的核心。

在高校英语教学中,教师应该构建创造性、教育性、操作性、实践性的以学生为主体的教学形式,让学生主动参与思考且主动实践,以实现学生的综合能力发展。过程与方式、知识与技能、情感与价值观是发展性教学评价原则的重要内容。

（二）差异性原则

由于受生活环境、家庭背景的影响，每一位学生都会有着自身的个体特征，即每一位学生都存在着自身的特点。另外，在教学过程中，教师对不同的学生也会有不同的指导，这也导致学生的发展存在很大差异。因此，针对这一情况，在进行教学评价时，需要遵循差异性原则。

在高校英语教学评价中，教师首先应对不同学生存在的差异性有一个基本的认可，并根据不同学生的水平和要求来制定不同的学习要求，在这一基础上建立一种和谐、平等、尊重、理解的师生关系，也有利于构建良好的课堂教学氛围。在这样的教学氛围中，学生才能积极地发表自己的观点和见解，在教师的鼓励下充分地发挥自己的个性。

对于中等以上水平的学生而言，教师需要给予适当指导，从而更好地促进学生的长远发展；对于中等水平及以下的学生来说，教师需要不断地激发学生的学习潜能，灵活地运用各种教学手段调动学生的主动性与积极性，最终不断地提高学生的学习能力。

（三）导向性原则

高校英语教学评价是根据一定的教学目标制定的，其通过对比现状与目标之间的距离，能够促进被评对象不断与既定的目标相接近。因此，教学评价具有导向的功能。

高校英语教学评价并不是单一的评价问题，其评价目标也不仅仅是评优与鉴定，而是在此基础上引导教师更新观念，将新的观念在具体的教学过程中展现出来，也激励教师在内心深处产生一种研究欲望。在对教学活动的评价上，教师需要充分调动教学双方的积极性及主动性，力求为教学双方在教学活动中展现自身的潜质，构建出恰当的评价方法与体系。但是，在构建评价体系标准的过程中，发挥评价的导向原则是必然的，并应将这一原则贯穿始终。

（四）开放性原则

在高校英语教学中，开放性是最重要的特征。在基于网络多媒体的大学英语课堂，学生的心态、思维等处于开放状态，教师也需要将学生的思考、体验、领悟、探索等潜能激发出来,因此对其评价也必然是开放的。

开放性教学评价虽然遵循了教学评价的基本标准,但并不是统一不变的。例如,开放式的课堂导入强调开放的发散性、合理性与深刻性。在这样的教学中,教师要注重学生的个性化,鼓励学生展开发散性思维,主动展开探究性学习和合作学习;对于教学中的提问,学生也愿意主动回答,内容也强调延伸性和推进性;在作业的布置上,教师要保证内容的拓展性和实践性。从这些层面来看,英语教学都坚持了开放性的原则,符合开放性的标准,有助于教师和学生形成符合自己的教学及学习风格。

(五)客观性原则

高校英语教学评价需要坚持客观性原则。教学评价的客观性原则是指评价中不能主观臆断,而不能掺杂个人感情,应该实事求是。

在高校英语教学工作中,教学评价具有很强的科学性。一般来说,评价是否具有客观性往往对教学效果产生直接的影响。如果评价是客观的,那么就有助于促进教学目标的实现;如果评价是不客观的,那么教学就会远离预定的目标。因此,教学评价中必须坚持客观性原则,即要求教学评价要根据一定的教学目标来确定评价的标准,并结合多重因素,考虑该标准是否能够得到人们的认可。评价的标准确定之后,任何人不得更改,这就能较好地体现客观性原则。

(六)针对性原则

教学评价具有明确的针对性,其往往是针对教学中的具体问题进行的,这在高校英语教学评价中也是非常明显的。对于教师和学生而言,如果教学进行得非常顺利,师生之间也配合得更为默契,那么就需要进行教学评价,以帮助教师和学生总结经验,便于推广;如果教学进行得不顺利,出现了较多的问题,那么也需要进行教学评价,从而帮助教师和学生解决教与学的问题,便于之后解决这些问题。

此外,如果教师改变了教学方法与手段,需要进行教学评价,以确定该教学方法是否发挥了效果;如果学生积极性不高,也需要进行评价,以增添学生学习的自信心,活跃课堂气氛,扭转这一教学局面。

总之,高校英语教学评价具有极强的针对性,但是它针对的不是积累层面,而是过程层面;不是结论层面,而是诊断层面;不是总体层面,而是具体层面。

第三节 互联网时代高校英语教学评价的多元化手段

一、互联网时代高校英语教学评价的实施步骤

高校英语教学的评价过程可以划分为制定评价标准、应用评价标准进行测量、划分测量结果等级、给出评价结论四个步骤。

(一)制定评价标准

制定评价标准的过程就是把评价目标的主要属性细化为一系列具体、可测量的指标的过程。划分好的指标构成一个相对完整的评价指标体系,它能反映评价目标的主要特性。在构建评价指标体系时,应该注意列举能够反映目标的哪些主要特性,对于重叠、交叉的指标需要进行一定的合并。

(二)应用评价标准进行测量

测量是依据评价指标体系,用数值来描述评价对象属性的过程。测量是一个事实判断的过程,即测量是反映评价对象的客观状态,不对这种状况进行主观评判。凡是测量都需要有测量的标准或法则,这是测量的工具。教学中的测量工具不像测量身高用的皮尺、测量体重用的秤一样直观,需要评价者按照评价标准中的每一个指标对评价对象做出实事求是的判断。

(三)划分测量结果等级

教师需要对评价对象实施测量以后的测量结果进行界定,界定这个结果达到了什么程度。对测量结果的界定通常采用划分等级的方法,比如,在以百分制计分的测量里,一般把90分以上称为优秀,80～90分称

为良好,70~80分称为中等,60~70分称为合格,60分以下称为不合格。在划分测量等级时,采用定量评价与定性评价相结合的方式,这样能充分发挥定量评价和定性评价的优势。

(四)给出评价结论

评价的最后一步是根据测量结果对评价对象进行价值判断,给出评价结论。评价结论包含了对评价内容能否通过评价的判定,有时候也会对评价对象达到什么水平进行界定,并且对评价对象的优势与不足做出判断。

根据以上的过程来看信息技术教学评价,可以发现教学中通常采用的纸笔考试并不是评价的全部。考试是评价中的测量环节,考试成绩(即测量的结果)并不是评价要得到的唯一和最终结果,如何使用学生的考试成绩分数是每一位教师都应该关注的问题。

二、互联网时代高校英语教学评价系统的设置

当前,高校英语教学评价系统也得到了进一步完善与发展。具体的设置程序如下。

(一)网络实时评价系统

网络实时评价系统以网络通信手段为依托,通过文字、图像、音频、视频等方式进行相互交流,在沟通过程中实现具体的评价。利用这一评价系统,学生可以不再受时间、空间方面的限制,及时获取教师的有效反馈。这一系统可以帮助教师有效监控、管理学生的学习,可以大大提升学习效率。

(二)网络考试系统

网络考试系统通常涉及针对学生的考试系统、题库系统、自动批阅系统等。学生可以随时随地登录这一系统,通过从题库中抽取试题进行回答,在完成之后就会给出结果,系统会对学生的题目回答情况进行评判。

教师可以利用这种系统进行阶段性测试或者综合性测试,学生也可以自由控制题型、时间、难度等。网络考试系统通常可以自动生成答案,并且给出评估报告,对学生的学习风格、学习效果、学习倾向等进行汇报。

（三）网络答疑系统

网络答疑系统一般包括在线讨论、互动交流两种形式。当前,很多外语教学网站中都设置了在线互动讨论区,学生在这个讨论区中可以自由发帖,发表自己的学习看法与成果,并通过回帖与其他学生进行沟通与互动。网络答疑系统可以对学生提出的知识难点进行记录,教师可以通过系统记录的难点分析学生的学习情况,进而发现自己教学中存在的问题,及时调整与改变教学策略。通过网络答疑系统的搜索引擎功能,学生可以通过关键字搜索等技术快速得到问题的答案。

（四）网络多媒体考试系统

网络多媒体考试系统是网络在线考试系统进一步改进之后形成的。在传统文本考试的试卷上,网络多媒体考试系统增加了一些多媒体数据,如音频、视频、图像、漫画等,利用虚拟现实技术组建虚拟的考试环境,非常适合运用到英语网络教学评价中。网络多媒体考试系统使全面、多元的评价成为可能。

三、互联网时代高校英语教学模式的具体评价活动

对教学模式的评价关注的是学生学习情况的鉴定、调节。通过教学模式的评价,教师能够了解学生真正的学习难点,以此指导课内教学活动的设计。教学模式的评价也非常关注学生的学习过程,如学习安排、学生的问题选择、独立学习表现、小组学习表现、结果表达和成果展示等。教学模式中常用的评价形式主要有以下几种。

（一）在线测试

在线测试主要是通过网络技术进行学习效果的检测。网络平台能自

动收集学生的测试结果,并能自动完成测试批改和分析等工作。根据教学模式的学习目标,可以采用的在线测试形式有低风险的自我评价、在线测验等。

(1)低风险的自我评价。它主要用来帮助学生判断自身对自主学习内容的理解程度,是一种能快速反馈的评价方式。

(2)在线测验。它以单项选择、多项选择和填空题为主要形式,考查学生对学习内容的识记和理解。

(二)课堂概念测试

这是一种简短、具有针对性的非正式学习评价方式,通常针对一个知识点设置1~5道多选题,学生通过举手、举指示牌或选择器等形式回答问题。概念测试的主要目的在于获得学生对当前讲述知识点的理解程度,以便教师进行教学调整,这是一种低风险的评价方式。

(三)概念图评价

概念图是一种用节点代表概念,用连线表示概念间关系的图示法。它能反映出学生的思维与知识点之间的关系。例如,教师可以针对课外学习内容给出一份不完整的概念图,让学生填补空缺的概念及概念间的逻辑关系,以此了解学生对所学概念的理解程度,并适当地安排进一步的教学活动以加深学生对某些薄弱概念的理解。

(四)同伴评价

同伴评价是由合作学习的同伴对学习者做出的评价。它有利于学习者更好地参与小组学习活动,能够培养学习者的合作精神。

四、互联网时代高校教学模式常用的评价工具

教学评价往往借助于评价工具来收集资料。以下是教学模式评价常用的一些工具。

（一）结构化观察表格

结构化观察是人们通过感觉器官或借助一定的仪器,有目的地对自然状态下的现象进行观察的一种方法。这种方法主要用来收集学生学习行为的反映信息。表6-1是用于观察学生在课堂中出现不集中注意力行为的表格。

表6-1　学生出现不集中注意力行为的观察记录

	0～5	5～10	10～15	15～20	20～25	25～30	30～35	35—40
S1								
S2								
S3								
S4								
……								
Sm								

（资料来源：柯清超,2016）

（二）态度量表

态度量表是针对某件事物而设计的问卷。被试者对问卷所作的反应,反映了被试者对某事物的态度倾向。态度量表主要用来收集学生的学习态度反应信息。表6-2是为了了解学生对课堂教学的态度所设计的量表,针对的问题是"您对该节课感不感兴趣"。

表6-2　态度量表设计实例

很感兴趣	感兴趣	不感兴趣	很不感兴趣

（资料来源：柯清超,2016）

（三）形成性练习

形成性练习是以各种形式考核学生对本学习单元基本知识的掌握程度。表6-3是一个形成性练习设计实例。

第六章　互联网时代高校英语教学评价的多元化发展

表6-3　形成性练习设计实例

知识点	学习水平	题目内容
什么是限制性定语从句？	理解	判断（正确就打√，错误就打×） It is Mount Tai that lies in Shandong Province.

（资料来源：柯清超，2016）

（四）自我评价表

在基于网络多媒体的大学英语教学评价中，学生自我评价是一个重要的方法，体现了以学生为中心的教学理念。通过学生自评，不仅学生能够发现自己学习中的问题，并寻找改进措施，而且教师也可以了解他们的学习态度和成果。

自我评价的内容包含学习过程、学习态度、学习手段、努力程度、学习优缺点、学习结果等。在自我评价中，教师需要做到两点：一是根据评价目的制定自我评价表，引导学生进行自我评价；二是通过与学生讨论自我评价的结果和过程，了解学生的学习态度。

一般情况下，自我评价往往采用电子自评表和自我学习监控表两种工具。

1. 电子自评表

电子自评表对于教学评价的效率来说至关重要，而且操作起来也非常省时、方便。一般来说，教师可以选择在网络多媒体课程结束之后发送给学生，让学生对自己的学习情况进行自评。表6-4是针对网络阅读课堂中阅读方法的使用进行自评。

表6-4　阅读方法使用电子自评表

Self-evaluation Sheet Date：＿＿＿＿＿　Name：＿＿＿＿＿			
Question	True	Partly true	Untrue
I skimmed the story to first find what it is mainly about.			
I was able to select a story I am interested in.			

续表

Self-evaluation Sheet Date: _____ Name: _____			
Question	True	Partly true	Untrue
I then read the story carefully, interested in some of the details.			
When I failed to guess out the words, I referred to the Chinese version for reference.			

2. 自我学习监控表

自我学习监控表是对学生学习过程进行监控的表格,在大学英语教学评价中有着十分重要的作用。其具体步骤和注意事项如下。

(1)使用该表前,教师需要向学生介绍该表的用途和操作方式,便于学生认识和使用。

(2)在新单元学习之前,教师可以让学生从自己的实际情况出发,提前制定一个理想的目标,然后在活动栏中写上自己的预期任务。在之后的学习过程中,学生可以根据这些任务和目标监控自己的学习进度。

(3)尽管在使用学习监控表时,完成预期目标和任务是学生的事情,但是教师也需要参与其中,需要时刻提醒学生对自己的目标和任务进行检查,为他们调整下一次的目标和任务给予指导意见。

(五)同伴互评量规

同伴互评是开展合作活动常用的过程性评价,其实施可以借助类似表 6-5 的互评量规进行。

表 6-5　小组活动互评

评价内容		较满意	满意	很满意
我觉得我们组	自觉完成了教师布置的任务			
	与伙伴们相处融洽			
	我们组学到了一些知识			
其他同学认为我们组	能自觉完成教师布置的任务			
	大部分时间里提出的意见对小组有帮助			
	对我们组的总体表现是喜欢的			

第六章 互联网时代高校英语教学评价的多元化发展

续表

评价内容		较满意	满意	很满意
老师夸我们组	乐于完成学习任务			
	在活动中积极表达自己的想法			
	喜欢与其他组沟通交流			
我们组得到了	颗星			

（资料来源：柯清超，2016）

（六）作品集评价法

作品集评价法实际属于一种形成性评价，即教师与学生以学生一段时间内按照教师和自己的要求，完成一系列有序、系统的工作、学习日记、研究报告、测试等为基础，对学生这一段时间所付出的努力、学习的态度、学习的方法、收获的成果进行评价。从评价的依据、目的来说，这一评价方法是一个可靠的、真实的、全面的方法。

作品集评价法有如下几个特点。

（1）以目标为基础。

（2）是学生学习愿望与学习进展情况的反映。

（3）是学生学习项目、代表作品、学习情况、测试记录的汇集。

（4）是学生进步的证明。

（5）跨越一个教学时段。

（6）便于反思与反馈，有利于提升与改善学生的学习水平。

（7）用途广泛且灵活多变。

作品集评价法的这些优点对于教师和学生而言有着重大意义。

首先，作品集评价法能使学生的学习态度、学习过程、进步程度、学习深度与广度体现出来，这在标准化笔试中是很难体现出来的。并且，通过评价内容、评价目标的确定，学生对自己的学习任务有一个清晰的把握，就更能督促学生全心全意地完成学习任务，为自己的学习目标努力。可见，作品集评价法有助于调动学生学习的积极性和主动性，督促自己对学生的学习负责，更好地实现自主学习。

其次，作品集评价法有利于教师对教学任务有一个更好的设计和控制，从而创造出更好的学习气氛。这是因为，教师扫除了自身标准化评价的压力，将更多的注意力集中于教学活动的设计和教学气氛的营造上，有助于构建生动形象的、学生喜欢的课堂环境。

互联网时代
高校英语教学思路创新与发展研究

对于高校英语教学而言,作品集评价法可谓雪中送炭,因为它帮助当前的大学英语教学评价走出了困境,与其称其为一种方法,倒不如称为一种新思路、新观念。那么,在高校英语教学中如何实施作品集评价法呢?可以从学期开始、学期中间、学期结束三个角度来考虑,其中包含多个步骤。

(1)学期开始:确定作品集内容,确定作品形式,确定评价的标准,确定时间计划。

(2)学期中间:学生按照计划完成学习任务,教师对学生予以指导,教师与学生进行面谈。

(3)学期结束:教师将电子评价表发给学生,让学生进行自评;交换作品集,学生间进行互评;教师对作品集进行终评。

下面就对这些步骤逐一说明。

1. 确定作品集的内容

作品集的内容就是高校英语教学的内容,是英语教学目的的反映。在高校英语教学中,教学目的包含语言知识、语言技能、文化知识等层面,因此评价所用的作品集应该能够反映出学生为了实现这些目的而付出的努力、增长的知识、增长的能力、完成的任务情况等内容。因此,作品集的内容主要取决于教学目的、教师、学生等因素。

2. 确定作品的形式

学生学习过程、学习效果的形式有很多,除了传统的标准化测试之外,调研报告、学习日记、学习档案袋、学习成果展示、团队合作项目等也是比较好的形式。这些形式可以是口头的,也可以是书面的;可以是实物的,也可以是声像的;可以是历时的,也可以是现时的;可以是探索性的、实验性的,也可以是描述性的等。评价内容不同,其采用的评价形式也不一样。例如,要想评价学生的跨文化交际能力,观察描写法、角色扮演法就是最好的方法。

另外,作品的形式还取决于教师与学生对不同评价形式的熟悉程度。当然,教师应该对学生进行指导和培训,尽可能地使用更多不同的形式。

3. 确定评价的标准

传统的标准化测试的最大优点在于:有明确的标准,易于评价,而其他非定量的测试往往具有较强的主观性,很难保证可靠性。虽然有这些问题,但近年来随着口语测试、写作测试研究的深入,针对非标准化测试、非客观测试的可靠性已经确定了一些好的评价标准。这些评价标准往往是针对知识、态度、能力等评价项目来说的,根据不同学生不同等级的表现来进行描述,可能是优秀,可能是很好,可能是一般,也可能是较差。

4. 确定时间计划

与传统英语评价方式不同,作品集学习评价法是从学期开始延续到学期结束,包括很多内容与形式,因此在学期开始之前,教师应该让学生确定整个计划。学生在与教师确定各个项目的标准、形式、时间的过程中,学生自然而然地就成为学习评价的参与者,他们不仅清楚自己的学习任务,而且由于自己之前已经参与制定标准与制订计划,因此在执行的时候也比较轻松和主动,积极性较高。

5. 学生按照计划完成学习任务

评价活动不仅仅是在课内进行,也有很多是在课外进行的。诸如介绍、演讲等往往在课堂上进行,而课外阅读、课外听力、学习日记和写作练习等往往在课外进行。但是,无论是在课内进行的评价,还是在课外进行的评价,学生都需要按照一定的时间计划来逐一进行。

6. 教师对学生予以指导

虽然评价内容、评价形式、评价标准、时间计划等都已经得到了确定,但是教师不能完全撒手不管,任由学生独立完成。由于每一个评价项目都包含英语知识与技能的评价要点,因此教师需要教授和引导学生弄清楚每项学习任务的目的与意义,并且对评价标准予以重申。只有在这样的指导下,学生才能把握住基于网络多媒体的大学英语学习要点,掌握英语学习的技巧和方法,按时完成学习任务,更好地实现高校英语教学的目标。

7. 教师与学生进行面谈

当学生在完成任务时,教师还可以和学生面谈,了解学生任务的进展情况,并回答学生在完成任务时所遇到的问题,这样才与因材施教原则相符合。当学生与教师进行单独交谈时,往往可以畅所欲言,向教师真心地表达自己的学习困难和学习体会。同时,通过这样的交流,教师也可以了解学生的学习情况,指出学生学习中的缺点和不足,并帮助学生解决学习任务中的问题。

另外,这样的交流也可以拉近教师与学生间的关系,使学生不再惧怕教师，而愿意与教师亲近。在高校英语教学中使用作品集学习评价法，学生的最终成绩是根据整个学期学生完成的各项学习任务来评定的，如果在这期间教师能够与学生多进行几次面谈，并给予学生足够的鼓励和建议，这样就会体现出这是教师与学生共同的成果。

8. 根据评价表，学生进行自评

在学期结束之后，所有学习任务的作品集已经完成，这时候教师需要将评价表发给学生，让学生对自己的学习情况、任务完成情况及完成任务过程中的表现进行评价。

学生的自评不仅有利于让学生回顾自己的学习过程和所取得成绩并进行反思，还有利于学生发现自身的不足，明确自身以后努力的方向。

9. 交换作品集，学生间互评

高校英语教学更加推崇学生与学生间的相互学习。通过阅读和学习其他同学的作品集，学生不仅可以了解他人的学习情况以及取得的成就，也可以反思自己的不足，从而做到取长补短。

另外，在对他人的作品集进行评价时，学生必然会对评价标准进行斟酌，力求给出一个公正、客观的成绩，这就为学生提供了再学习的机会。

10. 教师对作品集进行终评

事实上，在整个学期中，教师都在对学生的英语学习进行评价，因为每次作品、学习活动，教师都需要进行批阅和评价。而学期结束之后的评价，是教师对学生之前情况的综合评价，是在参考学生自评、同学评价的基础上进行的最终评价。

综上所述，作品集学习评价法是一个人性化、用途广泛的评价方法，符合以学生为中心的理念，适用于学生英语学习的各个阶段。

第七章　互联网时代高校英语教学的创新发展趋势

进入 21 世纪,高校英语教学不断进行改革,人们认识到人类之所以进步,与生态有着密切的关系,当然高校英语教学也可以从生态层面进行研究,这与可持续发展的规律相符。就生态语言学角度而言,高校英语教学是一个完整的微观生态系统。同时,很多学者认识到,我国的高校英语教学应该进行战略性的调整,即从普通型教学转向专业型教学,而 ESP 教学自身的实用性、专业性恰好体现这一点。可见,高校英语教学中融入生态教学与 ESP 教学以满足应用型人才培养的要求,是社会发展的一种必然趋势。另外,立德树人是高校的一项根本任务,因此思想政治教育也是一项非常重要的课程。高校英语作为一门学时最长的学科,也需要起到向学生传递价值观、培养学生崇高人格的作用。因此,高校英语教学中也需要融入课程思政的内容。本章就从这三大视角着眼进行创新探究。

第一节　互联网时代高校英语课程思政教学

一、课程思政理论与高校英语教学结合的意义

长期以来,高校英语教学中融入课程思政教学一直未得到应有的重视。在高校英语教学中,很多教师对于语法、词汇、结构等过多地讲解,学生学习的目的也多是进行必要的考试,进而顺利毕业,然后期待毕业后能找到适合自己的工作。这样的教学模式更多是教书功能的展现,而忽视了育人功能。简单来说,当前的高校英语教学过分注重知识的传授,但是

忽视了让学生认识世界与中国发展的大势,也忽视了让学生树立共产主义远大理想与中国特色社会主义共同理想的信念。因此,在高校英语教学中,课程思政教学的融入有助于提升学生的思想素质与道德素质,有助于培养学生具备正确的人生观与价值观,使学生努力成为建设社会主义事业的接班人。

二、高校英语课程思政教学的目标

基于经济全球化的背景,我国提出了"一带一路"倡议,这就要求我国应该努力培育出一批英语专业能力强、能够展开跨文化交流的全方位人才。基于此,高校英语课程的思政改革需要从如下几点着手。

(一)弘扬中华文化精髓,培养大学生的文化自信

中华文化有着五千年的历史,直到今天,中华文化的价值理念一直为人类文明的进步提供重要启示。对中华优秀的传统文化进行研究与传承,有助于树立中华民族的文化自信。习近平总书记认为,没有高度的文化自信,没有文化的繁荣兴盛,就没有中华民族伟大复兴。因此,高校英语课程的思政建设需要融入文化自信,从而让学生树立中华文化的自豪感。

(二)立足国际,胸怀理想

未来世界的竞争主要体现在国际人才上,能够从全球的角度对问题进行观察、处理等,是对未来国际人才的要求。随着世界一体化的推进,学生需要具备国际视野,这也是我国人才培养的一项重要目标。

当代大学生不仅需要具备爱国主义情操,还需要具备与国际接轨的能力,让自己逐渐成为具备多元价值观的公民。

(三)助推心理健康,构建完善人格

受功利主义的影响,传统的教育主要强调成绩,只有成绩好,学生才能形成自己的认同感,也能够得到教师、家长的认同。如果成绩不好,学生很容易产生抵触情绪,也比较容易产生挫败感。显然,自尊在学习中非

常重要,有助于学生发挥主观能动性。只有具有明确的理想,才能够对自己的生活、学习安排处理得当,也能够处理好人际关系。课程思政教学就是要帮助学生树立崇高理想,使大学生成为德才兼备的人才。

三、新时期高校英语课程思政教学的策略

(一)增强高校英语教师的"思政意识"

基于互联网技术,为了将课程思政融入高校英语教学,应该从教师的角度着眼,对教师的教学观念进行转变,让教师认识到对高校学生展开思政教育的意义,不断提升教师的思想政治素养,构建一批具备较高思想政治素质的英语教师团队。

作为课程思政理念的实施者,高校英语教师本身应该具备较高的思想政治素质,并且不断提升自身思想政治教育的专业能力,为了提升这一能力,可以从如下三点着手。

第一,学校应该为教师提供这一层面的培训,让教师不断提升思政教学的观念,让教师对思想政治课的教材进行研读,充分挖掘出英语这门课程与思想政治教育课程之间的关联性。同时,将国家对高校英语教学的要求传达给教师,让教师知道这一方针政策,并根据这一方针政策制订相应的教学方案和策略。

第二,教师应该努力学习中国传统文化知识,在英语课堂上引入我国传统文化,从而将英语文化与传统文化结合起来,提升学生对本土文化的自豪感。

第三,高校要不断对教师的课堂教学效果进行评比,鼓励落实思想政治课堂的政策,利用激励手段,促进教师认真钻研,从而为学生提供包含德育因素在内的高效课堂。

(二)丰富高校英语教材的"思政内容"

教材是高校英语课堂的一项重要资源,是教师展开教学的一项重要辅助手段,是学生学习英语的重要材料。对教材内容的编排非常重要,不仅要思考学生英语学习的效率,还需要考虑内容中渗透其他理念。为了不断加强高校英语课堂的思政功能,需要对高校英语教学的大纲进行调整,将思政元素融入其中,对教材内容加以丰富,将充满重要意义的思政要素与高校英语教材结合起来,在教材中凸显政治文化与中国良好的形象,从而在教学中帮助学生构建良好的社会主义核心价值观。

在选择教材、安排课程的时候,教师需要将典型的政治、经济、文化元素融入其中,或者在英语练习中加入中西方文化交流的内容,通过中西方文化的对比与辨别,推进高校英语教学。例如,教师在为学生讲解西方传统节日的时候,可以先用英语介绍我们国家的一些节日,在具体教学中引入思想政治文化内容,促进学生不断对比中西方的节日,增强自身对本国节日文化的了解,增强自身的爱国主义情感。

(三)完善英语教学"课程思政"的教育模式

首先,教师要努力提升自身的思政水平,在自身的英语课堂中融入思想政治的理念,从而让学生不断形成对我国社会主义核心价值观的认同。

其次,高校英语教师应该在实际工作中提升学生的高尚道德素养,提高学生的人文水平,为学生传递正确的价值观。

最后,在高校英语教学中,要深入分析和研究课程思政,研究高校英语课程思政的创新路径,挖掘高校英语课程思政的要素,创新教学手段,掌握课程思政的融入方式,引导学生在英语学习中不断提升自身的语言水平,强化自身的爱国主义情怀,培养学生正确的人生观、价值观。

第二节 互联网时代高校英语生态教学

一、生态教学课堂

生态教学课堂是从生态学的视角出发,对生态状态下的课堂加以研究的学科,其强调教师、学生、教学信息与组织、教学环境、教学评价等环节要实现和谐统一,是对师生关系、课程结构等进行的新型建构,是一种各个环节之间彼此联系与和谐共生的教学形态。

二、高校英语生态教学环境的设置

互联网时代下高校英语生态教学的优化需要遵循一定的原则展开,从而保证优化目标的明确。具体来说,需要坚持如下几项原则。

(一)目的性和计划性

设计生态教学环境,要有目的、有计划,不能随意、盲目。在高校英语教学中,一般都是高校英语教师以英语教学目标、学生身心发展特点以及英语教学基本规律为依据来设计和运用英语生态教学环境。由此可以看出,教师在设计英语生态教学环境时,是有目的性、计划性的,这充分体现了英语生态教学环境的目的性与计划性特征。

(二)自发性与潜在性

英语学习离不开英语生态教学环境,学校是学习的重要场所。由于英语教学环境是主体知觉的背景,刺激强度较弱,这就决定了其具有暗示性的重要特点,这也使得学生在不知不觉中受到潜移默化的影响与熏陶。

(三)规范性和教育性

英语生态教学环境具有规范性。英语生态教学环境作为育人的专门场所,承担着育人的重要任务,这就要求英语生态教学环境的各个方面都必须是规范的。另外,英语生态教学环境作为学校英语教学活动赖以进行的物质依托和舞台,其教育功能比其他功能更受关注和重视,因此英语生态教学环境具有教育性特征。

(四)科学性和可调控性

英语生态教学环境不是盲目建设的,而是按照一定的目标和需要,对其构成因素进行充分论证、合理选择、科学加工及高度提炼而建立起来的,因此英语生态教学环境具有一定的科学性。另外,在英语教学实践中,为了更好地促进学生身心发展,要随时根据教学活动的需要及外部条件的变化调控英语生态教学环境,英语生态教学环境具有可调控性。

三、高校英语生态教学优化的原则

(一)整体协调性原则

高校英语生态教学要遵循整体协调性原则,从整体联系的角度考察高校英语教学环境,用系统的、整体的观点对待高校英语生态教学的创设问题。高校英语生态教学系统是各组成要素之间、要素与整体之间相互联系、相互作用的矛盾统一体,具有从要素的组合达到系统整体质的飞跃的总效应。

从这个意义上说,高校英语生态教学系统就是由相互联系、相互制约的诸要素组成的具有特定功能的综合整体。它在功能上具有新质,这种新质不是单个高校英语生态教学要素的机械相加,而是由各种高校英语生态教学要素按照一定规律组织起来的系统所具有的综合整体功能。因此,要想充分发挥高校英语生态教学的整体功能,就有必要运用系统整体的观点优化高校英语生态教学各要素。

(二)简便优化原则

建设高校英语生态教学不仅要追求系统性、目的性、有效性,还要追求简便易行、高效率、多功能等。因此,优化高校英语生态教学必须遵循简便优化原则。简便优化原则从系统的价值标准角度反映了系统存在和发展的客观规律,这不仅揭示了教学主体对高校英语生态教学系统的一般要求,而且还揭示了高校英语生态教学系统优化发展的方向和趋势。

(三)主体性原则

在建设高校英语生态教学系统的过程中,要充分重视学生主体的作用,培养他们在特定环境中的自控能力,使学生学会自己管理学习过程。高校英语教师和学生都是高校英语生态教学的主人。高校英语生态教学的建设离不开教师与学生主体的参与、支持和合作。正因如此,在优化高校英语生态教学的过程中,高校英语教师应充分调动学生的主动性与积极性，使高校英语生态教学的创设得到最广泛的支持，进而长久维持优良的高校英语教学环境。

四、互联网时代高校英语生态教学的优化策略

互联网时代下高校英语生态教学系统的优化需要在坚持上述原则的基础上，结合各个生态因子之间的关系，采用恰当的优化策略。当然，这是一个复杂的过程，在这一过程中，需要以教师作为突破口，因为教师在英语生态教学中的作用非常关键，教师教学的态度、理念等如果发生改变，那么就会影响具体的教学情况。具体来说，需要从如下几点做起。

（一）加大经费投入力度，促进对英语教学硬件设施的维护与更新

高校英语教学硬件条件的好坏对教学活动开展的顺利与否和教学效果的优劣有直接的影响。学校应加大经费投入力度，改善高校英语教学硬件条件，为学生提供良好的学习环境，提高学生的学习兴趣。

（二）提供各种书籍、期刊等丰富的学习资料

高校英语教学书籍、期刊等资料对学生学习英语知识起到关键的作用。为了让学生学习和了解更全面、新颖的高校英语信息，学校应丰富图书馆中的英语学习资料，确保英语学习资料的种类、数量和质量能满足学生的需求，营造浓郁的学习氛围。

（三）建立和谐的人际关系

高校英语教学中师生、生生之间建立和谐的人际关系对于营造良好的课堂氛围、优化教学环境及提高教学效率具有重要意义。具体来说，师生要从以下几方面努力建立、改善及维持关系。

第一，高校英语教师要想与学生建立和谐关系，就要先对每个学生的英语基础、英语学习兴趣等加以了解，在英语课上针对不同学生的需要进行个性化教学，并尊重学生的个体差异，重视每一位学生的主体地位，平等对待每一位学生，积极调动学生在英语课上的学习热情与自觉性，鼓励

学生参与集体的英语教学活动,与学生建立亦师亦友的关系。

第二,高校英语教师在课堂上善于运用现代化教学手段与学生互动,如播放教学视频,与学生共同讨论视频中的内容,提醒学生应该注意哪些细节,并启发学生思考和提问,现场解决学生的疑问,这样不仅提升了学生的学习兴趣,也使师生互动交流的机会更多。

第三,高校英语教师在英语课堂教学中组织一些集体性的游戏或比赛,使学生以小组为单位参与活动,引导学生团结友爱,互帮互助,相互配合,培养学生的集体主义精神与合作意识,使学生在合作中建立与巩固友谊,共同学习与进步。

(四)培养高校英语教师的信息化教学能力

在信息化的高校英语教学中,不管是高校英语教师还是学生,都能迅速便捷地获取丰富的教学信息与资源,而且师生在这方面拥有均等的机会。学生获取学习信息突破了课堂教学与教师传播这些单一的渠道,而且能够自主从网络上获取更多可靠的、有帮助的重要学习资源。这种教学变化形式对高校英语教师的角色、作用及能力都提出了更高的要求,高校英语教师要主动适应信息化教学环境,树立信息化教学理念,学习信息化教学方法和手段,将这些理念、手段充分融入教学中,加快推进高校英语教学的现代化、信息化发展。这是时代的要求,也是高校英语教师自我发展和实现自我价值的要求。高校英语教师要参与网络课程的开发设计、分析研究、辅导领航等,角色的多样性增加了高校英语教师的责任感和使命感,高校英语教师必须自觉提升自己的信息化教学素养和现代化教学能力,扮演好每一个角色,为学生学习提供优质的服务。

第三节 互联网时代高校英语 ESP 教学

一、ESP 的内涵与分类

(一)ESP 的内涵

ESP 的全称是 English for Specific Purposes,也就是"专门用途英语",

第七章 互联网时代高校英语教学的创新发展趋势

如商务英语、法律英语、旅游英语、广告英语等都属于这一类。随着科技的不断进步,金融、贸易等交往更为频繁,而英语作为一种通用语言,应该向各个领域靠拢,以迎合社会发展对英语人才的要求。

ESP 教学具有明确的目标与针对性,并且实用性很强。其具备两大特点。

第一,ESP 的学习者主要面向成年人,或者是那些正在从事某职业的专业人才,如金融类、商业类、旅游类等,或者是在校的大学生,因为他们的学习也是为以后的工作服务。

第二,ESP 学习者学习英语主要是为了将英语当作一种工具,展开专业化的学习,以满足不同学习者的需要,提升自身的专业能力。

(二)ESP 的分类

随着社会的发展,ESP 教学不断壮大,下面介绍一些学者对于 ESP 教学的划分。

1. 达德利·埃文斯和圣·约翰的两分法

达德利·埃文斯和圣·约翰是以职业领域为基准,将 ESP 分为两大类,如图 7-1 所示。

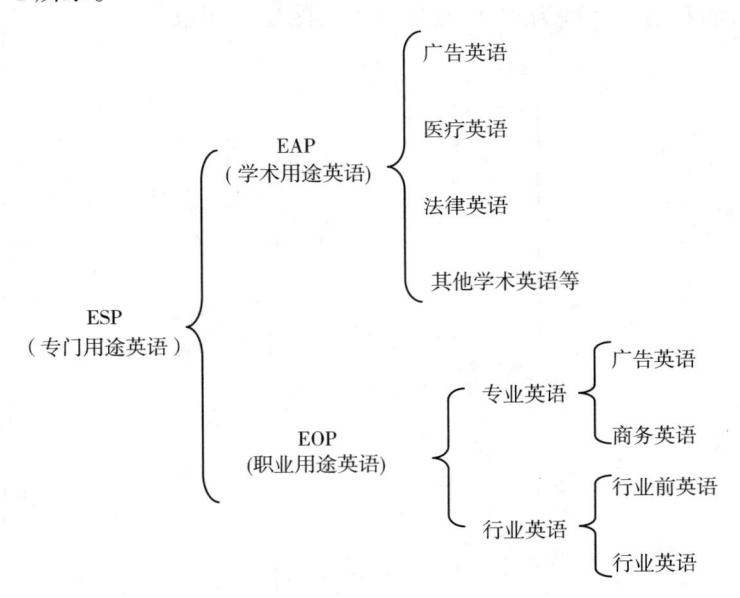

```
                           ┌─ 广告英语
                           │
              ┌─ EAP ──────┼─ 医疗英语
              │(学术用途英语)│
              │            ├─ 法律英语
              │            │
              │            └─ 其他学术英语等
ESP ──────────┤
(专门用途英语) │                        ┌─ 广告英语
              │            ┌─ 专业英语 ─┤
              │            │            └─ 商务英语
              └─ EOP ──────┤
               (职业用途英语)│            ┌─ 行业前英语
                           └─ 行业英语 ─┤
                                        └─ 行业英语
```

图 7-1 达德利·埃文斯和圣·约翰的两分法

▶199

2.哈钦生和沃特斯的三分法

哈钦生和沃特斯以科目类别为基准,将ESP分成了三类,即科技英语、商务英语以及社科英语,如图7-2所示。

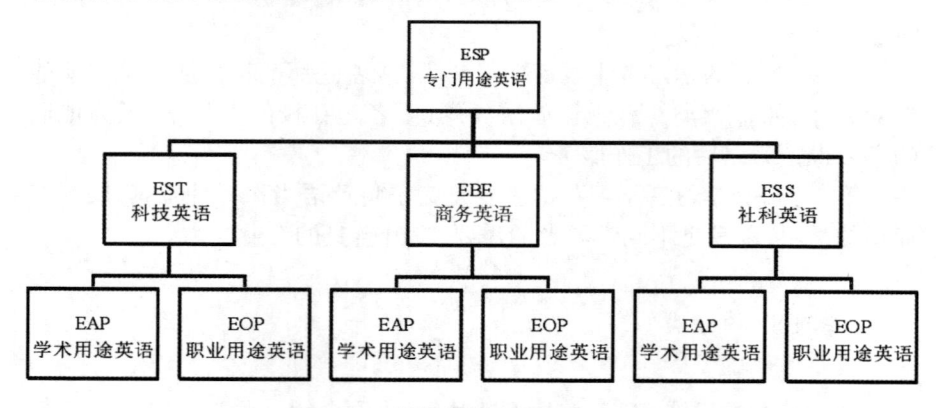

图7-2 哈钦生和沃特斯的三分法

(资料来源:张雪红,2014)

3.乔丹的两分法

乔丹是在哈钦生和沃特斯的基础上将三分法简洁化,主要是以语言使用目的和语言环境为基准,具体分类如图7-3所示。

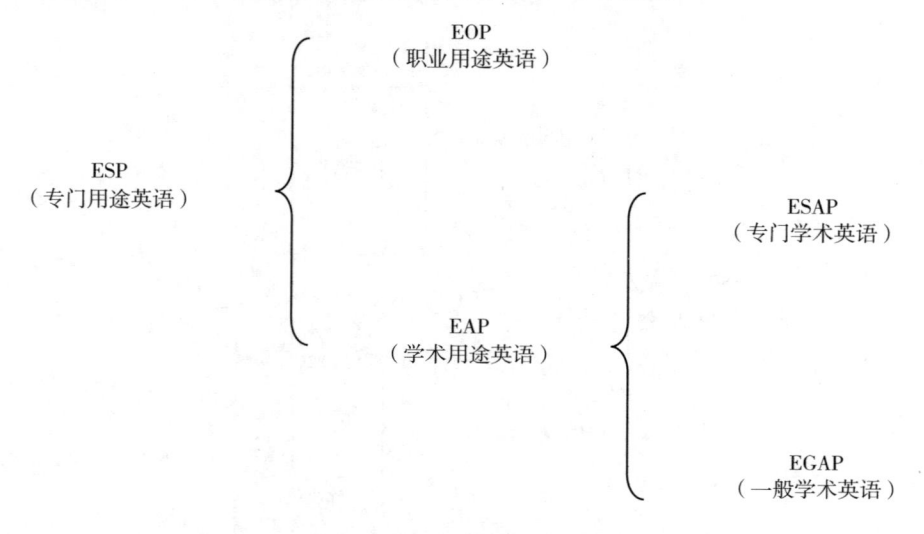

图7-3 乔丹的两分法

4. 罗宾逊的两分法

罗宾逊主要是以学生的经历为基准进行划分,将 ESP 划分成职业用途英语和学术用途英语,如图 7-4 所示。

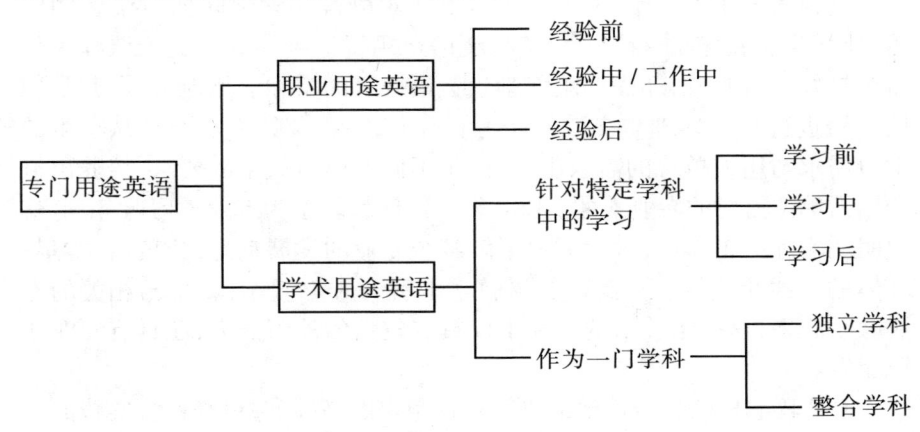

```
专门用途英语 ─┬─ 职业用途英语 ─┬─ 经验前
             │                ├─ 经验中/工作中
             │                └─ 经验后
             └─ 学术用途英语 ─┬─ 针对特定学科中的学习 ─┬─ 学习前
                              │                        ├─ 学习中
                              │                        └─ 学习后
                              └─ 作为一门学科 ─┬─ 独立学科
                                              └─ 整合学科
```

图 7-4 罗宾逊的两分法

当然,如果不将通用英语和专门用途英语加以区分,那么对专门用途英语的研究也就失去了意义。因此,我们将罗宾逊的分类方法进行修正,如图 7-5 所示。

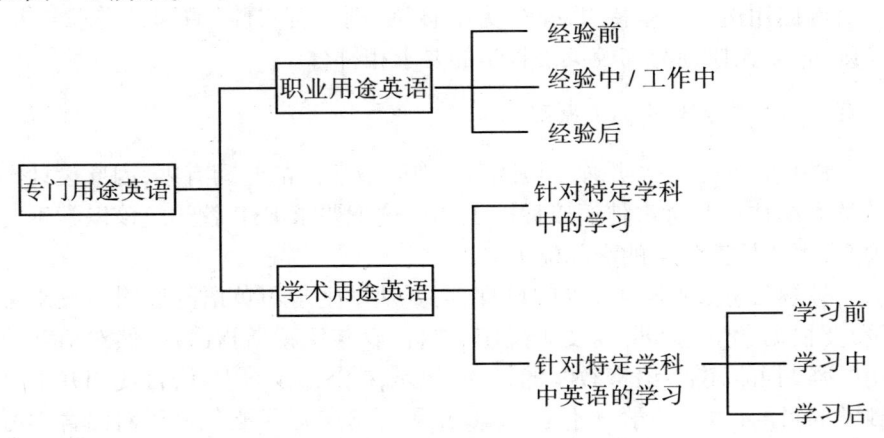

```
专门用途英语 ─┬─ 职业用途英语 ─┬─ 经验前
             │                ├─ 经验中/工作中
             │                └─ 经验后
             └─ 学术用途英语 ─┬─ 针对特定学科中的学习
                              └─ 针对特定学科中英语的学习 ─┬─ 学习前
                                                          ├─ 学习中
                                                          └─ 学习后
```

图 7-5 ESP 分类结构图

(资料来源:张雪红,2014)

二、高校英语教学与 ESP 理论结合的意义

英语教学的最终目的在于让学生从对语言的学习转向对语言的使用,让学生在特定的职业中能够将英语运用得恰到好处。英语课程不仅需要打好语言基础,还需要培养学生英语语言的实际运用能力,尤其是运用英语进行日常处理与交流的能力。因此,高校英语教学必须从学生的学习需求与用人单位的需求出发,满足不同专业对教学的要求,培养出符合用人单位需要的专业人才。ESP 教学使语言教学为专业学习服务,这就说明在实际的工作中,学生需要了解各个专业的发展动态,让英语学习与具体的实践相连接。在高校英语教学中引入 ESP 教学,就是与相关的专业联系起来,这样培养出的人才不仅具有较强的外语能力,还具有专业知识能力。

ESP 教学是社会语言学给语言教育制定的高标准,也是社会实践的基本要求,运用专门用途英语理论指导高校英语教学是可行的。

(一) ESP 教学原则符合高校英语教学要求

专门用途英语坚持"以学生为中心"原则、"真实性"原则、"需求分析"原则,这三大原则与高校英语教学的要求相符合。

1. "以学生为中心"原则

ESP 的目标非常明确,即成年人,但是成年人的时间有限,因此设计的教学大纲往往是考虑他们以后的工作。这就要求 ESP 教学应该以学生为中心,主要培养学生的交际能力。

教学目标、教学内容等的设计,需要从学生学习英语的原因出发来考量,要根据学生的实际需要来确定。哈钦森与沃特斯指出,虽然对语言使用的强调可以说明语言教学的目的,但是在 ESP 教学中,语言使用并不是教学的目的,语言的学习才是。[①] 真正展开 ESP 教学必须基于对语言学习过程充分了解的层面。这里的语言学习指的是能够让学生掌握教学方法与学习策略。对语言学习的强调,实际上是抓住以学生为中心这一理念,这一理念恰好与高校英语教学理念相符。

---

① 梦红.ESP 框架下应用型本科院校高校英语教学模式研究 [M]. 长春:吉林大学出版社,2015:1.

第七章　互联网时代高校英语教学的创新发展趋势

在当代的高校英语教学中,需要对传统的以教师为中心的形式加以改变,在课堂教学中强调以学生为中心,设计的课堂活动要多样化。从课程需求出发,对语言水平不同的学生,设置不同的课堂学习任务,从而调动学生的积极性,将学生的主观能动性发挥出来,从而不断培养他们的跨文化交际意识与能力。

2."真实性"原则

在ESP教学中,需要坚持真实性的原则,这一原则是ESP教学的灵魂。具体而言,教材内容应该是与专业密切相关的语料,课内活动、课外活动以及练习的设计也需要与英语社会文化情境相符合。当然,只有具备真实的语篇,再加上学生真实的任务,才构成ESP教学的特色。

当然,真实的材料还需要考虑体裁的特点,考虑听、说、读技能的训练以及学习策略的培养。高校英语教学应该尽可能使用真实的材料,便于学生在毕业后能够将其运用到自己的岗位中,这样高校英语教学的实用性也就呈现出来。

3."需求分析"原则

需求分析是ESP教学大纲制定、教材编写的前提。在ESP教学中,需求分析涉及两点内容。

第一,对学习者的目标需求加以分析,即分析他们可能遇到的交际情境。

第二,对学习者的学习需求进行分析,即涉及哪些层面的知识、技能,哪些知识、技能需要先掌握,哪些需要后掌握等。

一些学者认为,学习需求分析涉及对教学环境的考查,因为教师队伍、校园氛围等因素也会对教学产生影响。对于高校学生来说,他们自身存在着明显的差距,运用英语的能力也明显不同,因此高校英语教学强调以实用为主,基于学生的实际需求展开教学。[1]

高校英语教学应从不同学生的基础出发,对教学层次展开调整,凸显职业岗位的能力,凸显侧重点,促进学生各项能力的协调发展。高校英语教学的课时安排是有限的,应从学生的专业需求出发,传授给学生必要的知识技能,从而提升学生的学习水平与效率。ESP教学基于需求分析理念,对学习者的不同需求进行分析,通过将学习与使用相结合,为高校学生获取自身所需的交流形式提供了可行性。

---

[1] 梦红.ESP框架下应用型本科院校高校英语教学模式研究[M].长春:吉林大学出版社,2015:21.

就上述内容而言，ESP教学体现了高校英语教学与学习是为职业岗位服务的，这有助于调动学生学习的积极性与主动性。ESP教学的原则也与高校英语教学对学生的尊重理念相契合，都是侧重于以学生为中心。

（二）ESP教学理念与未来高校英语教学培养目标一致

ESP教学基于专业的需求，探究一种英语与专业的结合形式，其侧重实用性，体现专业性，注重培养学生的语用能力。这和现阶段我国高校英语教学强调的培养与职业能力相匹配的英语使用能力这一目标一致。

ESP教学对于学生交际能力的培养非常侧重，主要目的是让学生能够适应以后的岗位。现阶段，我国高校英语教学的培养目标也是让学生能够在某个岗位运用英语这门语言。

ESP教学目标的设置将需求分析视作教学的落脚点，提炼出与专业或者职业相匹配的英语运用能力，然后对词汇、语法等知识进行整合，形成一个具有针对性与实用性的教学途径。现阶段的高校英语教学也以职业、岗位作为目标，培养学生能够在以后的工作中运用英语完成任务。可见，ESP教学为教师提供了实现高校英语教学的手段。

（三）高校学生具备接受ESP教学的基础

ESP的学习者都是成年人，其中包含某一职业的高级人才，有些甚至正在某一岗位上接受培训，或者也包含一些在校大学生。对于他们而言，英语是一种手段，学习的目的是能够在其自身的岗位或者职业、专业上有所突破，从而有效地完成某项工作。

对于高校学生来说，他们在高中已经具备了英语语言基础，对一些语言能力有清晰的掌握，即不管学生以后从事什么类别的工作，这些语言基础知识是必须的。学生的词汇量、语法知识等已经能够帮助他们完成基本的工作，基于这样的知识，进行ESP教学，那么他们就能够在某一专业上有所突破，从而激发他们的学习兴趣与积极性。

ESP教学是EAP教学的拓展，是从基础英语能力转向英语应用能力的过渡。高校学生通过掌握一定的专业词汇、专业会话，对一些专业说明、操作指南等能够阅读，对行业英语写作规范有所熟悉，实际上是对自身专业能力的补充，是为他们的终身学习做准备。

（四）高校教师具备ESP教师的潜质

从EAP过渡到ESP需要一个过程，ESP教学需要ESP教师具备较高的英语水平，具备一定的专业知识，这是普通英语教师与专业英语教师的融合。

高校英语教师要想具备ESP教师的能力，需要经过不断的培训，从而使自身具备综合语言技能。可以对一些英语水平较高的教师进行专业培训，鼓励年轻教师攻读硕士、博士等，从而壮大ESP教师的队伍。

另外，高校英语教师与专业教师之间应该不断合作，展开跨学科的交流，对彼此知识的不足加以弥补，不断提升自身的专业素质与能力，建构一个专业知识与英语知识都过硬的队伍。当前，高校与企业也不断合作，以此提升高校英语教师的动手能力。教师应对于学科专业知识与实践有更深层的了解，从而为ESP教学奠定基础。

三、互联网时代高校英语ESP教学的建构

（一）创新教学目标，完善教学设计

要想推进ESP教学改革，首先需要对教学目标加以创新，对教学设计进行完善，对教学内容加以确定。一般来说，教学内容往往是基于教学目标建立起来的。高校ESP教学是英语基本知识与专业知识的融合，因此教学内容可以划分为两部分：一部分是学术知识，另外一部分是专业知识。前者指的就是英语基础理论，后者指的是学科知识，二者有着紧密的联系。并且，英语基础理论知识是学科知识的前提与基础，学科知识是基础理论知识的扩展。高校ESP教学就是要实现二者的融合。具体来说，可以从学生的实际情况出发，对课程加以设计，对传统的英语教学内容加以安排，并将专业知识融入普通教学之中，满足学生的实际需求。

在具体的高校英语教学中，应该采用渗透式教学与分层教学相结合的模式，有助于学生适应不同的教学模式。两种教学模式相结合就是对高校四年ESP教学的综合设定，即在大一、大二主要讲述基本的英语技能，同时渗透ESP教学的知识，到了大三可以设置ESP教学，并从不同的专业出发进行课程设计，这样才能符合不同学生的专业发展。

在教学活动的设计上，要注意英语语言与教学内容的融合，可以鼓励

学生采用小组形式展开学习。合作学习强调对知识的建构,教师要在熟悉教学内容的层面上创设一定的情境,让学生在小组讨论中对专业内容进行积极的建构,从而不断提升学生的语言运用能力。其中情境的创设有助于学生明确学习目的,激发他们学习的兴趣和积极性,最终提升教与学的效果。

(二)充分利用空间,建立多元交互的课程体系

在高校 ESP 教学中,要实现课程设置与教学风格的一致,这是基本的前提条件。因此,教师在高校 ESP 课程的设计中要付出一定的辛苦和精力,具体来说要注意如下两点。

第一,要将必修课与选修课充分利用起来。例如,在学生进入学校之后,可以进行摸底测试,测试学生是否可以直接接触 ESP 课程,并从学生的个人专业、自身水平出发,选择适合他们的专业英语。另外,可以从难易程度上对课程展开划分,简单的课程可以用作对必修课的补充,让学生在富裕的时间内进行学习,难度较大的课程可以到了大三再学习,当然不同的高校可以根据学生的实际情况自行制定。

第二,要建构多元交互的课程体系。这一体系主要基于通用英语教学,目的是对学生的基础知识加以巩固,并将 ESP 教学作为核心,目的是脱离传统的教学模式,让学生接触专业英语,并让学生学会将专业英语用到具体的实践之中。同时,设置跨文化交际课程,拓宽课程范围,对教学内容加以丰富,并基于基础英语、专业英语等,让学生运用网络对中西文化差异有清晰的了解,以培养学生的人文素养。

(三)利用现代化教学手段,拓展学习空间

随着信息技术的进步与发展,学生知识获取的途径变得更为丰富,一些碎片化的学习机制也不断出现,这些变化对于 ESP 教学有很大的影响。

首先,要充分发挥信息技术的作用。高校 ESP 教学主要是为了培养具备国际视野的专业英语人才,因此在教学中采用信息技术,将慕课、微课等多种教学模式引入其中,有助于激发学生的学习兴趣,也便于扩充学生的学习内容。

其次,要营造学生学习的氛围,为学生拓宽学习的空间。教师可以为学生设置学习情境,让学生身临其境地感受,这样便于学生转变角色,以

便与专业需求相适应。

（四）注重教材的多元性，开发辅助资料

无论什么学习，教材都是其重要载体，也是教学的一部分。当前，高校 ESP 教学始终处于辅助地位的原因就在于教材的缺乏。英语基础知识与专业知识无法联系在一起，导致教师无法深入地开展 ESP 教学。因此，必须开发适合的 ESP 教材。各大高校可以从教学大纲、学校宗旨等出发，选择合适的教材。当前，高校可以组织教师对 ESP 教材加以编写，但在编写的过程中需要注意如下几点。

第一，教材要具有衔接性与实用性。高校 ESP 教学是由多个模块组成的，因此在编写教材的时候，需要各个模块之间的衔接。另外，高校 ESP 教学的性质也要求其教材的编写更为专业与实用，要从市场与学生的需求出发。

第二，教材要具有趣味性，同时也要考虑职业性。这就是说，教材不仅要有助于学生专业知识的学习，还需要具备趣味性，这样才能激发学生的学习积极性，真正做到寓教于乐。

第三，开发利用辅助资料。如果教师仅仅依靠教材，是很难提升教学效果的，因此还需要一些配套的资料。因此，在编写 ESP 教材的时候，应该注重辅助材料的开发。具体来说，可以构建基于信息技术的 ESP 学习资料库。将相关专业的语料包含在内，丰富 ESP 学习的资料。

参考文献

[1] 蔡基刚. 中国大学英语教学路在何方 [M]. 上海：上海交通大学出版社，2012.

[2] 蔡先金等. 大数据时代的大学：e 课程 e 教学 e 管理 [M]. 济南：山东人民出版社，2015.

[3] 曹霁丹. 高中生英语学习倦怠调查研究 [D]. 南昌：江西师范大学，2018.

[4] 陈俊森，樊葳葳，钟华. 跨文化交际与外语教学 [M]. 武汉：华中科技大学出版社，2006.

[5] 陈阳芳. 中国大学生英语口语自主学习动机培养研究 [M]. 上海：上海交通大学出版社，2019.

[6] 崔长青. 英语写作技巧 [M]. 北京：中国书籍出版社，2010.

[7] 樊永仙. 英语教学理论探讨与实践应用 [M]. 北京：冶金工业出版社，2009.

[8] 龚芸. 高职学生学习倦怠问题研究 [M]. 北京：北京理工大学出版社，2015.

[9] 何广铿. 英语教学法教程：理论与实践 [M]. 广州：暨南大学出版社，2011.

[10] 何少庆. 英语教学策略理论与实践应用 [M]. 杭州：浙江大学出版社，2010.

[11] 贾冠杰. 英语教学基础理论 [M]. 上海：上海外语教育出版社，2010.

[12] 蒋景东，金晶. 高职学生英语学习阻碍机制应对策略"协同"研究 [M]. 杭州：浙江大学出版社，2015.

[13] 剧锦霞，倪娜，于晓红. 大学英语教学法新论 [M]. 北京：中国书籍出版社，2013.

参考文献

[14] 康莉. 跨文化视角下的大学英语教学：困境与突破 [M]. 北京：中国社会科学出版社,2014.

[15] 柯江林等. 大学生心理资本研究 [M]. 北京：知识产权出版社,2015.

[16] 柯清超. 超越与变革：翻转课堂与项目学习 [M]. 北京：高等教育出版社,2016.

[17] 科林·比尔德,约翰·威尔逊著,黄荣华译. 体验学习的力量 [M]. 广州：中山大学出版社,2003.

[18] 黎茂昌,潘景丽. 新课程小学英语教学理论与实践 [M]. 成都：四川大学出版社,2011.

[19] 李莉文. 英语写作教学与思辨能力培养研究 [M]. 北京：外语教学与研究出版社,2011.

[20] 李宪美. 大学生外语学习焦虑研究 [M]. 合肥：合肥工业大学出版社,2014.

[21] 李鑫. 英语教学的理论与实践 [M]. 北京：知识产权出版社,2012.

[22] 李永鑫. 工作倦怠的心理学研究 [M]. 北京：中国社会科学出版社,2007.

[23] 刘聪慧. 大学生英语学习焦虑研究 [M]. 青岛：中国海洋大学出版社,2008.

[24] 刘尔思. 大学生体验学习 [M]. 昆明：云南大学出版社,2011.

[25] 梦红. ESP 框架下应用型本科院校高校英语教学模式研究 [M]. 长春：吉林大学出版社,2015.

[26] 任美琴. 中学英语有效教学的一种实践模型 [M]. 宁波：宁波出版社,2012.

[27] 任庆梅. 英语听力教学 [M]. 北京：外语教学与研究出版社,2011.

[28] 史利红. 大学英语教学中学习拖延问题研究 [M]. 北京：北京理工大学出版社,2019.

[29] 孙慧敏,李晓文. 翻转课堂,我们在路上 [M]. 杭州：浙江大学出版社,2018.

[30] 王笃勤. 小学英语教学策略 [M]. 北京：北京师范大学出版社,2010.

[31] 王丽. 积极心理教育：培育学生心理资本 [M]. 成都：西南交通大学出版社,2015.

[32] 王亚盛,丛迎九. 微课程设计制作与翻转课堂教学应用 [M]. 北京：机械工业出版社,2015.

[33] 王志敏. 外语学习动机激发策略的理论与实证研究 [M]. 北京：光明日报出版社, 2014.

[34] 维多利亚·弗罗姆金, 罗伯特·罗德曼著；沈家煊, 周晓康, 朱晓农, 蔡文兰译. 语言导论 [M]. 北京：北京语言学院出版社, 1994.

[35] 文卫平, 朱玉明. 外语学习情感障碍研究 [M]. 西安：西北大学出版社, 1998.

[36] 严明. 大学英语自主学习能力培养模式研究：体验的视角 [M]. 哈尔滨：黑龙江大学出版社, 2009.

[37] 杨涛. 外语学习倦怠与动机关系研究 [M]. 北京：科学出版社, 2015.

[38] 杨仲明. 困境与解说：人的潜力开发及心理疗法 [M]. 北京：人民出版社, 1989.

[39] 于永昌, 刘宇, 王冠乔. 大数据时代的教育 [M]. 北京：北京师范大学出版社, 2015.

[40] 战德臣等. MOOC+SPOCs+翻转课堂：大学教育教学改革新模式 [M]. 北京：高等教育出版社, 2018.

[41] 郑茗元, 汪莹. 网络环境与大学英语课程的整合化教学模式概论 [M]. 北京：中国水利水电出版社, 2015.

[42] 钟玉芹. 大学英语混合式教学探究 [M]. 北京：电子工业出版社, 2017.

[43] 周文娟. 大数据时代外语教育理念与方法的探索与发现 [M]. 上海：上海交通大学出版社, 2014.

[44] 朱仲敏. 青少年心理资本：可持续开发的心理资源 [M]. 上海：学林出版社, 2006.

[45] 崔冬梅. 翻转课堂视域下的大学英语教学状况研究 [D]. 吉林：辽宁师范大学, 2015.

[46] 郭琬. 微课的应用及其开发研究——以初中语文为例 [D]. 西安：陕西师范大学, 2015.

[47] 黄兰. 微课在初中课堂教学中应用的现状分析与对策研究 [D]. 宁波：浙江师范大学, 2015.

[48] 刘妮. 普通高校大学生英语学习焦虑研究 [D]. 西安：西安外国语大学, 2011.

[49] 闵婕. 思维导图在高中英语阅读教学中的应用研究 [D]. 聊城：聊城大学, 2017.

[50] 穆顺. 农村留守儿童英语学习倦怠感的小组工作介入研究 [D]. 兰州：兰州大学，2019.

[51] 潘清华. 微课在中职英语教学中的应用 [D]. 济南：山东师范大学，2016.

[52] 齐婉萍. "微课"在高中语文教学中的运用 [D]. 哈尔滨：哈尔滨师范大学，2015.

[53] 王曼琪. "慕课"教学模式评析及实施建议 [D]. 呼和浩特：内蒙古师范大学，2015.

[54] 谢惠茹. 高职生学习倦怠与自我效能感对英语成绩的影响研究 [D]. 漳州：闽南师范大学，2020.

[55] 叶鸣. 高中生对教师人际行为的感知和英语学习倦怠关系研究 [D]. 安庆：安庆师范大学，2019.

[56] 于修娟. 基于初中生英语学习倦怠的归因训练实证研究 [D]. 呼和浩特：内蒙古师范大学，2019.

[57] 张晋芝. 高中生英语自我效能感与英语学习倦怠的关系研究 [D]. 南昌：江西师范大学，2021.

[58] 赵富春. 大学英语口语探究式教学研究 [D]. 南京：南京航空航天大学，2010.

[59] 周兴国. 对话教学：有待进一步澄清的几个问题——对当前对话教学理论研究的审视与反思 [J]. 课程．教材．教法，2010，30（7）．

[60] 张楠楠. 基于慕课时代的大学英语课堂教学模式探索与研究 [J]. 科技创新导报，2014，(36)．

[61] 畅肇沁. 大学生学习特点探究 [J]. 山西师大学报（社会科学版），2010，(5)．

[62] 陈艳. 成果导向教育（OBE）理念下95后高职学生英语学习倦怠特征及应对策略 [J]. 海外英语，2018，(5)．

[63] 邓道宣，江世勇. 略论中学英语语法教学的原则与方法 [J]. 外国语文论丛，2018，(12)．

[64] 黄宇元. 大学英语课堂教学有效性探究 [J]. 学术论坛，2009，(11)．

[65] 黄志成. 布鲁姆对影响学习的变量的系统研究综述 [J]. 外国教育资料，1990，(4)．

[66] 霍玉秀. 基于"项目式学习"模式与学生综合能力的培养 [J]. 语文学刊·外语教育教学，2013，(11)．

[67] 籍俊慧. 引导小学生自主学习英语的策略研究 [J]. 海外英语，2017，(16)．

[68] 蒋竟莹. 教师专业化及教师专业发展综述 [J]. 教育探索, 2004, (4).

[69] 蒋亚瑜, 刘世文. 大学英语课堂教学现状剖析及有效性研究 [J]. 集美大学学报, 2015, (3).

[70] 焦建利. 微课及其应用与影响 [J]. 中小学信息技术, 2014, (4).

[71] 黎加厚. 微课的含义与发展 [J]. 中小学信息技术, 2013, (4).

[72] 李松林, 李文林. 教学活动理论的系统考察与方法论反思 [J]. 外国中小学教育, 2008, (1).

[73] 李燕鸣, 郭鸿雁. 动态评价对缓解非英语专业大学生外语学习倦怠的作用研究 [J]. 现代英语, 2020, (7).

[74] 梁为. 基于虚拟环境的体验式网络学习空间设计与实现 [J]. 中国电化教育, 2014, (3).

[75] 刘红霞, 赵蔚等. 基于"微课"本体特征的教学行为涉及与实践反思 [J]. 现代教育技术, 2014, (2).

[76] 刘卉. 大学英语文化教学中阅读圈教学模式的构建与探索 [J]. 教育现代化, 2018, (45).

[77] 刘俊玲, 曾薇. 慕课在高校英语教学中的应用研究 [J]. 课程研究, 2016, (5).

[78] 刘敏. 大学英语教学课堂思考 [J]. 新疆大学学报(社会科学版), 2003, (S1).

[79] 刘晓红, 牛睿欣, 郭继东. 英语学习师生支持及其与学习倦怠的关系 [J]. 江西师范大学学报(哲学社会科学版), 2020, (5).

[80] 刘艳晖. 多媒体网络环境下的英语词汇教学 [J]. 湖南第一师范学报, 2009, (2).

[81] 刘正光, 冯玉娟, 曹剑. 二语习得的社会认知理论及其理论基础 [J]. 外国语, 2013, (6).

[82] 欧阳日辉. 从"+互联网"到"互联网+"——技术革命如何孕育新型经济社会形态 [J]. 人民论坛·学术前沿, 2015, (10).

[83] 彭睿. 大学英语听力水平影响因素及对策 [J]. 安阳工学院学报, 2019, (1).

[84] 秦静. 高校英语分级教学模式刍议 [J]. 宜春学院学报, 2010, (2).

[85] 邵敏. 大学英语听力教学实践与研究 [J]. 课程教育研究, 2018, (48).

[86] 宋艳玲, 孟昭鹏, 闫雅娟. 从认知负荷视角探究翻转课程唐——兼及翻转课堂的典型模式分析 [J]. 远程教育杂志, 2014, (1).

[87] 苏小兵,管珏琪,钱冬明,祝智庭. 微课概念辨析及其教学应用研究[J]. 中国电化教育,2014,(330).

[88] 隋志娟. 高职英语混合式教学模式研究[J]. 中国教育学刊,2014,(12).

[89] 孙宝凤. 高职学生英语学习倦怠成因及对策研究[J]. 才智,2018,(7).

[90] 汪晓东,张晨婧仔. "翻转课堂"在大学教学中的应用研究——以教育技术学专业英语课程为例[J]. 现代教育技术,2013,(8).

[91] 王广新. 微课设计与制作的理论与实践[J]. 远程教育杂志,2014,(6).

[92] 王珏. 基于慕课环境的大学英语翻译教学[J]. 湖北函授大学学报,2016,(18).

[93] 王曼文,丁益民. 浅议远程教育教学资源的建设与应用[J]. 河南广播电视大学学报,2004,(3).

[94] 韦晓保. 第二语言习得研究的新视角——D-C-G模式[J]. 外语界,2012,(5).

[95] 谢大滔. 体验式教学在大学英语自主学习学习中的应用[J]. 教育探索,2012,(9).

[96] 杨治中. 从实际出发,求实际成效——关于大学英语教学的若干思考[J]. 考试与评价(大学英语教研版),2013,(4).

[97] 尹苗苗. "互联网+教育"在我国的发展历程探析[J]. 文教资料,2016,(16).

[98] 曾春花. 网络多媒体辅助下的英语语法教学探究[J]. 福建广播电视大学学报,2015,(4).

[99] Dale Edgar. Audio-Visual Methods in Teaching[M]. New York: The Dryden Press,1954.